U0830996

中国近代口述史学会丛书

imaginist

为了人与书的相遇

唐德刚作品集

书缘与人缘

广西师范大学出版社
·桂林·

图书在版编目(CIP)数据

书缘与人缘 / 唐德刚著 . —2 版 .
—桂林：广西师范大学出版社，2015.2（2020.1 重印）

ISBN 978-7-5495-6271-8

Ⅰ . ①书… Ⅱ . ①唐… Ⅲ . ①文史－中国－现代－文集
Ⅳ . ① C52

中国版本图书馆 CIP 数据核字 (2014) 第 310045 号

广西师范大学出版社出版发行

广西桂林市五里店路9号　邮政编码：541004
网址：www.bbtpress.com

出 版 人：黄轩庄

责任编辑：曹凌志　罗丹妮

装帧设计：马志方　涂星村

内文制作：陈基胜　马志方

全国新华书店经销

发行热线：010-64284815

山东临沂新华印刷物流集团有限责任公司

开本：965mm × 635mm　1/16

印张：19　字数：240千字　图片：10幅

2015年2月第2版　2020年1月第2次印刷

定价：59.00元

唐德刚（1920—2009）

安徽合肥人。国立中央大学（重庆）历史系学士，美国哥伦比亚大学（纽约）硕士、博士。曾先后任职于安徽省立安徽学院、哥伦比亚大学、纽约市立大学，长期从事历史研究与教学工作，并对口述历史的发展贡献良多。著有《袁氏当国》、《段祺瑞政权》、《李宗仁回忆录》、《胡适口述自传》、《胡适杂忆》、《史学与红学》、《书缘与人缘》、《五十年代的尘埃》、《战争与爱情》等，包括历史、政论、文艺小说多种，及诗歌、杂文数百篇。

1976年5月，顾维钧将口述回忆录的英文原稿赠给母校哥伦比亚大学。

上图：顾维钧与负责口述回忆录前期访谈的唐德刚。

下图：顾维钧与哥伦比亚大学教授韦慕廷、负责口述回忆录后期访谈的舍德曼夫人。

1976年5月，顾维钧将口述回忆录的英文原稿赠给母校哥伦比亚大学。

上图:1990 年 1 月,唐德刚与张学良首晤于台北来来饭店。

下图：1990 年，唐德刚与张学良讨论文稿。

1990 年，唐德刚与张学良讨论文稿。

贝聿铭与陈其宽（右）合影。

“以一人而敌一国”的《传记文学》创办人暨社长刘绍唐先生。

唐德刚与周策纵（中）、刘绍唐（左）合影。

目 录

序

胡菊人

本书以论胡适为首，并以《胡适时代，卷土重来——胡适先生逝世二十五周年纪念演讲会讲稿之一》为第一篇，足见对胡适先生的尊重。唐德刚先生为胡适先生的门生，在纽约时还时相过从，对胡先生可说是知之甚稔的。而唐德刚先生还亲自做胡适的口述传记，并出版专书，是胡先生晚年交往最亲密的人之一，为胡先生逝世二十五周年纪念做演讲，唐先生是最适当的人选。

当今，中国大陆走改革开放的经济路线，胡适思想重新抬头，受到青年一代之肯定，是必然的结果。因为，胡适所提倡的民主与科学，原是人类社会所必须达致的，不管有没有胡适都一样为人们所追求；但胡适在中国最早提出来以为建设国家所必需，是必定要肯定他的功劳的，胡适本人虽不及见这一天在大陆的来临，但他必定知道这一天终必来临的。

在各种讨论胡适的文章之中，《〈刍议〉再议——重读适之先生〈文学改良刍议〉》一文指出，胡适之是反对五四运动的，因为胡适说这个运动是对他和一批朋友——蔡元培、陈独秀、钱玄同等人——所正在进行的新文化运动的一种“政治干扰”，这指的是 1919 年 5 月 4 日学生在北平天安门集会，反对巴黎和会出卖中国山东青岛权益予日本的运动。

事实上这是谁都应该支持的，中国学生做出正义的举动，并且取得了胜利，致使中国代表拒绝在条约上签字。此所以胡适在当时并不能站出来反对之。

历史学家必须公正，必须敢言，否则历史学家就不能得人敬重了。唐德刚教授是一位让人敬重的历史学家，即以公正和敢言见称。像张学良得到唐先生的赞扬，即为显例。《张学良将军的赤子之心》一文，有如下的一段话："所以我们如以'春秋大义'来观察张学良将军，他实在是一位动机纯正、心际光明、敢作敢为、拿得起放得下而永不失其赤子之心的爱国将领。"

西安事变之后，张学良副司令亲送蒋介石总司令返南京，冯玉祥闻之叹曰："少不更事！"这句叹语应该说是正确的，因为观之后来的发展，蒋介石一直将张学良囚禁，而且随时可将他枪毙。然而就另一面看，张学良这样做正表示他以抗日战争为第一要义，个人利害是不顾及的，随蒋赴南京正表示他光明磊落，如果他不跟从蒋介石而去，他的后果恐怕是悲惨的。

唐先生认为对日抗战对于蒋介石也是有利的，如果蒋介石继续"攘外必先安内"的既定政策，没有西安事变，则国府对日还得继续"忍辱"，而"忍辱"又伊于胡底呢？唐先生提出了这个问题，确是令人思考的。依唐先生之见，抗战者"玉碎也"，忍辱者"瓦全"不可得也。如果没有西安事变，国民党一再忍辱而弄出"瓦碎"的结果，则蒋介石与国民党在中国历史上将奚止"身败名裂"而已哉！所以西安事变对蒋介石、对国民党，也是塞翁失马，安知非福。

这一段评述，我认为是确当的。

顾维钧先生也是唐先生做"口述历史"的人物，原先由哥伦比亚大学的夏连荫小姐在做。夏小姐是"中国口述历史学部"的两位研究员之一，另一位是唐德刚先生。但夏小姐访问了顾维钧的童年事迹之后，就以太忙太累而辍工不干了，结果由唐先生承担下来，就从顾先生自哥伦比亚大学获博士那一段开始。

顾维钧博士得到唐先生的帮助，自是喜欢不尽，并且以后亦要唐先生来做这项工作，此因唐先生对民国的历史如数家珍、熟悉得很，而且还能改正他的错误。有一次顾先生把“金佛郎案”当中一段故事张冠李戴了，唐先生便说明他错了，顾先生不服，并说“事如昨日”也。唐先生乃拿“顾总长”当年自己签署的文件来再次反证，顾先生才服输。于是，他对唐先生说：“唐博士，这一章是错了。下礼拜，我俩重行写过。”

对顾先生的外交究竟如何评价，唐先生这样评论：“他是世界上的第一流外交干才、举世闻名的国际政治家，但是他搞的却是个弱国外交——他个人在外交界所代表的分量，往往超过他所代表的政府。”“五十年中，凡他所经办的外交事件，多半可说是百分之七十的成功吧——至少他没有丧权辱国，没有在国际上丢人现眼。”这种评价是公允的，事实上，没有丧权辱国已经很难得了，所谓弱国无外交，中国是弱国，顾先生挺住了，已经是难能可贵的了。

唐先生有两篇文章述及他的岳丈吴开先。一篇是悼念文，吴先生住院之时唐先生适在台北，每日到医院侍奉，在吴先生弥留之际，唐先生急电太太昭文及弟妹速归，结果终于有子女婿媳五人亲侍床侧，看着吴先生咽下最后一口气。丧礼十分隆重，极尽哀荣，此因吴先生为民国之重要人物。

唐先生的另一篇文章《〈沪上往事细说从头〉迟来的导论——珊瑚坝迎候吴开先感赋诗史释》，则说明吴开先先生在民国的业绩。抗战时期，吴先生在上海租界抑制汪精卫政权之扩展，汪政权以十万现洋重赏以购其头颅。吴先生是国民党中央执行委员兼该党组织部副部长，是重庆国民政府驻沪之最高级干部，于汪政权威胁甚大，但因格于他在上海租界，伪政权无法向他动手。然而“珍珠港事件”一发生，太平洋战争一起，日军乃冲入租界，逮捕了第一“要犯”吴开先。

何以将吴开先逮捕、关押之后，日军又终于在 1943 年 4 月以专机将其运送至广州湾释放，使之辗转逃还重庆？原来是日方想以吴开先的开释和送归谋求与蒋介石讲和。此时，抗日已经六年，日军败相已呈，才有“讲和”之说。然而蒋介石认为胜利已成定局，没有“讲和”的道理。吴开先先生实为夹缝中的人物，然亦无愧于党国。唐德刚先生称吴先生为“活烈士”，乃是因为吴先生准备做烈士而不可得，唐先生为吴先生的解说，是极有见地而又应该做的。

因为为刘绍铭先生作序而写成了《书中人语——序刘著〈渺渺唐山〉》，述说了唐德刚先生在纽约市立大学设立“亚美学”的经过，及唐先生对美国亚裔受欺凌的感受，在美华人以及在世界其他地方的华裔居民都应一读。对于怎样能心平气和、不偏不倚地做点“综合工作”，唐先生还提出了四点意见，极为难得。而对于刘绍铭先生能把华侨文学中的各种心理状态，乃至中美两大文化中所发生的文化冲突，以最睿智的眼光来选择，并以最生动而真切的笔调译出来，唐先生深为赞赏。

此外，《陈其宽画学看记——兼论国画现代化》，以及赞誉卓以玉小姐的“个展”等文，和其他文章，都可一读。此外，本书所选文章大多都在刘绍唐先生的《传记文学》上发表,其中有几篇称赞《传记文学》的文章，都是实至名归的。在《传记文学》二十周年时，唐先生写了文章并做了演讲，在二十五周年时又写了长文，十分难得。唐先生以“壮哉绍唐！以一人而敌一国！”来称赞刘绍唐先生，“一国”者，意指大陆的“文史资料”是由全国的“战犯”所写的，数目庞大，唐先生要看也看不完；“以一人而敌一国”原是梁任公说李鸿章的话，唐先生移用来称赞刘绍唐先生确也贴切，而唐先生为《传记文学》写这么多文章，亦是难能可贵的。

2003 年 8 月 31 日　温哥华

自序

记得胡适之先生以前告诉我他读书和作文的要诀。他说读书有心得，一定要写下来；写下来之后，才能变成你自己的知识。

胡老师这句话真是深得我心，因为我自己很早便有相同的体验。回忆自己的青少年期，我识字不久，便由双亲和塾师的引导，养成了写日记的习惯，写日常见闻和读书札记很自然地就会变成日记的一部分。真的，写日记、札记最能帮助记忆；纵是忘记了，也能一索即得。

写读书心得的小品，其内容有的是选自人家的著作，有的则是自己的意见。世态所见既多，书又读得五花八门，札记也就写得七零八落。长的札记往往变成一篇小论文，乃至自我欣赏的小创作，最短的则可能只是一两句隽语名言。阅读的范围渐次扩大到古今中外、文法理工，那么下笔的兴趣也就随遇而安了。

抗战期间读大学，害了“发表欲”，每把这些小札记分类编纂，然后按其性质，分别向有不同好恶的报刊上去投稿。这些小稿件，往往也被一些有好心肠而又有相同好恶的编辑采纳了，并寄来少许稿费。在那一碗猪肝面便立刻可以减轻夜盲的岁月里，小小的稿酬实在是大大的鼓励——漂母一饭，终生难忘。

大学毕业后，在海内外也做过一阵子期刊编辑什么的，助编、合编、轮编、主编都干过。值得一提的是，50 年代之末，在胡适之的策动之下，我们十来个硕士博士者流，为着宣扬民主、提倡新学，曾在美国纽约办了三年的中文月刊叫作《海外论坛》，由大家“轮编”。那时海外作家既少，又发不起稿费，本社社员停笔不写，外界就拉不到稿子。为赶印刷限期，轮编者就只好自己动笔了。最糟的稿荒时期，有时甚至从头到尾、从社论到副刊，往往出于一人手笔。在这一窘迫情况之下，有写杂文习惯的人就可大派用场了。

我们筹办《海外论坛》的原始目的，本是针对时艰，提倡民主。这家小刊物，虽然胡适之、雷儆寰诸前辈对它都呵护备至——雷先生竟把它列为《自由中国》的海外姊妹刊，但是《论坛》的本身确是一桩很痛苦、很深刻的失败经验——它失败的基本原因是起于中国知识分子不能民主合作的传统劣根性。古人说：“既不能令，又不受命，是绝物也。”事实上正相反。中国知识分子之“绝”，是我们对下既能发“令”，对上也善于“受命”，可是我们彼此之间却不能平等合作。我们平等合作的结果必然落得个“拳脚交加”（像台湾今日的“立法院”）或“按铃控告”。所谓“中国知识分子”，事实上个个都是单干户。单干户找不到“伙伴”（company），组织不了“公司”（company），《海外论坛》也就关门了。

“提倡民主政治？”我们生为中国知识分子，“我们配吗？”——这问题太大了，学问太深了。哪是“全盘西化”这四个字可以解决得了的？个人自惭不学、自惭浅薄，也就不再造次以汉语来写“时文”了。是“失败主义”在作祟吧，一停笔便几乎停了二十年！

二十年不是个短时间。任何一种文字，你如丢下二十年，重提笔杆你会觉得这支笔其重无比；用这枝重笔你也会写得别字连篇。

既然抛荒二十年，为什么又重董旧业、再作冯妇呢？这就不能不感激刘绍唐、胡菊人这两位与我有“相同好恶”的大编辑了。

绍唐最初派给我的是一项中文翻译工作：他要我把早期用英文写的《胡适自传》翻译成汉语。这项翻译工作，我原先是不想干的。但是这位长于辞令、善于派工作的刘传记却说，胡适是位历史人物啊！也是你的老师，别人如把他的英文自传译糟了，你不好说，同时对你也不太好。我仔细想想，绍唐之言实在大有道理，心里一直很矛盾（我不想把时间浪费在翻译自己的著作上），最后还是承担下来了。一翻两年，竟然变成刘传记“野史馆”内的“野史作家”了。“野史”原是写不尽的。在绍唐兄不断地鼓励和领导之下，胡适传记之外，想到适之老师“写下来”之遗训，历年治史心得，一时亦竟如脱缰野马，一发难收，十余年来又写了数十万言。

这些不成系统的随笔札记之作，值不值得选辑成书、保留下来？我自己一直也是很矛盾的。个人数十年之所学，不及先师适之先生之什一。胡适二十来岁便暴得大名，思想已成定型，从心所欲不逾矩，一辈子没有变动，死而后已。然而我这个不争气的学生，虽已年逾古稀，而思想却时时“逾矩”。个人学殖浅薄固然是主要原因，然数十年来历经忧患，国破家亡，阅历之多也一言难尽，而古今中外，名儒硕彦又插架琳琅，做到老、学到老，我掌握了几家学说呢？值此诸子蜂起、百家争鸣的开放年代，余小子如不知轻重，自觉对国事民生已找到答案、自己思想已有定型，岂非妄自尊大？

我个人虽不敢说像梁任公“今日之我与昨日之我挑战”，然在此十年千变的大时代中，不断观察、不断思考、不断摸索、不断读书的求答案心情，则数十年未稍辍也。既然尚在摸索，难成一家之言，则“藏之名山”亦且大可不必，自出选集就更是犯不着了。此吾心理之所以矛盾也。

但是人毕竟是社会动物，你自己个人之外，还有家庭、亲友和社会大众对你的影响。刘绍唐先生是我的挚友、编者和发行人。多少年来，他一直要为我出版“唐氏四书”（因为他已替我出了三本书）；而我个人则因为事忙人懒，始终把好友诤言当成耳边风，没有抽出时间和他认真合作。

最近我的另一位老友陈宏正先生也要替我出书。他这出书的行动，比我这位疏懒的作者本人更要认真十倍。宏正是一位有至高成就的企业家，而近年来在海峡两岸的文化界却是无人不知的怪杰和“文化大护法”。他把他辛勤得来的企业利润，不用之于吃喝玩乐（他个人生活实在简朴不堪），而用之于文化事业——尤其是推动“胡适学”的研究。近年来海峡两岸所召开的有关胡适的大型国际学术研讨会、讲演会、论文竞赛和胡适百岁纪念邮票之发行等，几乎都是陈君一手推动的。在这“七十子亡而大义乖”的沉闷时代，胡老师地下有知，对这位与他毫无关系的小崇拜者的义举，该会由衷地感激吧。宏正知道我是一个颇招物议的“胡适小门生”，因而他也就极力劝我把零星旧作拼起来出书。他甚至主动地把拙作搜出若干篇，编好目录，弄到“万事俱备”的程度，真令我惶愧不尽。我的这些不成系统的旧作，泰半都是在《传记文学》上发表的，《传记文学》享有版权；刘绍唐兄乃请该社执事先生再事搜罗，由绍唐亲自主持，分编为两卷：有关史学与红学者，编入《史学与红学》；有关传记、书评诸类，则编入《书缘与人缘》。这两卷书名也是绍唐代取的。

传记文学社诸执事都是当今最有效率的出版工作者，他们不但把拙著杂文编排妥当，并打出清样，三校竣事，登出预告，如揿动电钮，则旦夕之间便已书在坊间矣。然社长先生客气，纯为礼貌问题，他要我这位作者于出版前看一下大样。孰知他却高看了我这个马虎文人。我把这万事俱备的出版样品带回了美国，一旦走入课堂，教起书来，便把我自己的书稿搁下了，一误经年。

绍唐知我拖拉的个性，倒未迫催，而宏正则是个注重效率的现代企业家，他向我催书则函电交驰。有些对我过誉的读者，看见预告之后，也写了些热情洋溢的催书信函，读之令我脸红。本年10月，我又携眷返台，自知实在不能再拖，乃把沉重的样稿背到北京、背到沈阳和避暑山庄，最后背回台北，原封未动地还了刘绍唐。

绍唐没有责我。然而我自己却每好事后自悔自责。承两位老友及读者如此高看，而我个人则“不识抬举”一至于此。因此写这篇小序算是向老友磕头赔罪。并向爱护我的读者们报告这两本拙著迟迟出版的来龙去脉，敬祈海涵，并请严厉指教。

至于胡菊人先生替我在香港出版的那本小书《中国之惑》，那就更说来话长了。

我认识菊人三十多年了。在50年代末期，他还是个青年，那时他和他那位美丽而甜蜜多才的女友，原是我们海外论坛社在香港编辑发行的总代理。我和他二人真是鱼雁常通、情同手足。菊人“妻宫”极好，后来他和另一位甜蜜美丽而多才的刘美美嫂结婚，他以前的女友也嫁了我的一位极好的朋友，我们三家仍保持着通家之好，直至今天。

《海外论坛》之后，当菊人接编《明报月刊》时，不久我们又有了职业上的联系。原来我在50年代末期曾写了一部《李宗仁回忆录》的中文底稿（是专给李宗仁看的）。这一底稿后来由于李宗仁自美“潜逃”而被哥伦比亚大学所“查封”，一封十余年。至70年代中期，哥大当局恩高德厚，竟将原稿发还予我，并允许我“觅商出版”。这一下我同菊人才又搭线了。

菊人这时正主编《明报月刊》而誉满海外。他得到有关李稿的消息，乃争取该稿的首印权和连载权。我们双方都安排好了，可是哥大当局则因此稿部头太大、复印困难而迟迟未能交出。在我二人都有点儿失望的情况下，我们也时时提起了《海外论坛》的往事。菊人说，暂时拿不到李稿，你也可单独替《明报月刊》写写稿子嘛。

这是1976年的春末。也是无巧不成书，我这时刚有位搞图书馆的朋友送我一本大陆上（“文革”时期）官方出版、“内部发行”、每本书都编有特别号码的“秘籍”，叫《毛泽东思想万岁》，分上下两卷，都百余万言。

这本大书太精彩了。爱不忍释之余，这年暑假我携妻女去加拿大度假，乃携此书为唯一“度假书”。

搞历史的人，抓到一本奇书或秘籍、禁书，是放不下去的。我把这百万言巨著细细地咀嚼了。从纽约咀嚼到渥太华，再从渥太华咀嚼到纽约。习惯支配我写点札记，一动笔，不得了，一下便写了六万五千字。

写了这大堆垃圾干吗呢？灵机一动，小胡不是要我写稿子吗？这不是稿子吗？——这是一包大垃圾，但其中或许有点儿可用的材料——有“新闻价值”嘛。足下可选用则选用之，不可用则拿去抹抹桌子，丢掉它。

函去不久，我就收到菊人的回信。菊人说，他把这包稿子和他的老板一道看了，他二人决定全部采用。菊人的来信使我感到惊奇，也感到尴尬。惊奇的是，编者和作者臭味相投到如此程度；尴尬的则是，哪有这样长的“书评”呢？纵使是评“毛主席的书”。再者，我评了些啥子，我自己也糊涂得记不清了。

我这篇书评，在《明报月刊》竟然连载了半年才由《李宗仁回忆录》出来接班。还有，当我撰此稿时，毛泽东还健在，“四人帮”风头正健；到《明报月刊》刊载时，毛泽东已过世，“四人帮”也已锒铛入狱。因此在行文口气上，就要烦编者酌量修正了。

在编排次序上，菊人也做了新安排，以配合每期的文气而避免“连载”的枯燥。至于作者姓名，我们也同意保密。因为我的八十老母还健在故乡，在海外乱评“毛主席的书”不是闹着玩的。

一转眼十来年过去了，国事沧桑几变，而菊人亦自《明报》转《中报》，后来自办《百姓半月刊》。在1988年，菊人兄忽然提议要把我当年那篇“书评”配上若干近作来出个单行本。说做就做，他编排、打字、校样，一切也都弄到“万事俱备”的程度。也是为着循例送作者一观把校样寄给了我，而我事忙人懒，竟至一拖两年，最后还是原封未动还给了菊人。其后由陆铿兄写了篇序，并代取书名“中国之惑”，两个礼拜就出版了。但是这部校样在我的办公室却躺了两年，为此我自己也无法原谅自己，真也要向菊人伉俪磕头才对。书此以志吾过，并感激老朋友们的好意。

以上便是这三本小书《史学与红学》《书缘与人缘》及《中国之惑》从撰稿、发表到编印成书的大略。它们都是笔者平时意到笔随的札记性的零星作品之汇积，没有显明的系统，也谈不到深度。不过笔者渐入老境之时，数十年国仇家难的煎熬和千百卷中西典籍的浸润，以及半辈子教读异邦、心怀故国的感慨，发而为文，也不能说没有发愤之作。只是我祖国文明深厚，当前世界学问无边。老骥伏枥，志在千里。终日恓恓惶惶，追随群贤，日夜进修之不暇，何敢以愚者点滴之得，故步自封？贤达读者批览我书，如不遗在远，随时惠函辱教，则企拜不尽矣。是为序。

1991年10月13日于台北南港

胡适时代，卷土重来

胡适先生逝世二十五周年纪念演讲会讲稿之一

引言

胡适之先生逝世时，我在纽约未能作比较郑重的悼念表示，只是：一、写封长信给胡夫人；二、作纽约追悼会上四个发言人中的最后一位（据说“中央社”在用英文拍回的电报上，因不知我的中文名字，就把我的发言删掉了）。今天来作“二十五周年祭”,也可稍补我心中的缺憾。胡夫子道之不行，赍恨以终，死不瞑目。我们今天纪念他逝世二十五周年，希望能搞出个“胡适的复活节”来，所以我用了“卷土重来”这个成语做讲题。胡氏其人虽死，其说长新，又将光照天下。我是为着这一点，特地自纽约飞来参加的。

我是胡适最失意时期的学生

首先要说明我以什么身份、什么资格来讲这个题目：

第一个条件，我是胡适的学生。胡氏是教育家，授徒半世纪，桃李满天下，生徒数万人——良莠不齐，“拥”、“反”、“左”、“右”、“独”（独立思考）各派，皆人山人海，门生遍天下——我也是个门生和小门生之一，千万人中之一而已。今天只是学生谈老师的“一‘生’之言”，请众“生”指教，此其一。

但是，在这个有人数上万的学生大队里，如果说傅斯年、罗家伦、张国焘等北大学生是胡老师的开山门生，什么俞平伯、千家驹、吴健雄、苏梅算是第二代学生……等而下之，则有四五代乃至六七代之多了。我不能不承认我也是胡适之的学生。胡老师生前一直是这样替我介绍，我也从未否认过。做胡老师的学生，不是什么名誉学位，不是什么了不起的光荣，但也算不了什么缺陷或负担。但是我这个学生，除追随他去听他讲演之外，我没有正式拿他的学分，但是我却单独上过“胡适学”大课在一千小时上下，这是胡适所有的学生之中，前所未有的事。我不是去替胡先生提皮包、延宾客，我是真正地在上课——这一点我得感到师恩独厚！——做了胡老师收山的小门生，此其二。

我是胡氏最失意时期、最孤独时代的学生——胡氏自幼“暴得大名”，一生荣华富贵，平时得意非凡、意气风发，但他一生却有个最低潮，那就是50年代初、中期。老实说，那时他老人家很惨，大陆上正在批胡适。那时与现在不同，那时许多中国知识分子正诚心诚意地洗心革面，来接受一套新东西来救国，胡适那套太腐朽，要丢到茅坑去——这是当时知识分子诚实的看法。那时台湾亦无力扭转这局面。海外的老胡适在海内亦不太受欢迎，任他去“自生自灭”。我那时和我老师比，觉得在海外我绝对可以“自生”，我可以打工、开出租车、洗盘碗；而可怜的胡老师，那时贫病交迫，心脏衰弱、胃溃疡……十分可怜，又受洋人忌妒，他再无法“自生”，却在等着“自灭”，情况是十分凄凉的。他虽然有点儿养老金，但那养老金抵不了一场大病。社会是冷酷的。一个学生带一个西瓜、半只板鸭去看一个贫病交迫的老师和师母，和一个鞠躬如也、通过三重秘书去看一位特任大官、太学祭酒的老师，感觉是不一样的呢！换言之，我是胡适最失意、最穷困、最灰溜溜的时代最孤独的一个小门生。胡先生那时很需要我们，我对他老人家，读得太多（家庭也有点儿关系），礼敬甚重，交情是自然发生的，不是哪个机关、哪个政党派我去的。后来我和胡氏合组个计划，我变成哥大的研究员，那时哥大财多势大，把我胡、唐二人合作的小研究计划吃掉了，胡先生被吃得老大不痛快，痛心地说我们在讨饭吃。胡先生那时同我的关系，是一个穷愁潦倒的乞丐老和尚和乞丐小和尚的关系。这两个老幼乞丐的关系，不是马融绛帐或程门立雪的关系。在那种关系之下，老师高坐讲台之上，小学生只有站着的份儿、叩头的份儿，偶尔老师赐座，也只坐半个屁股，另半个屁股还要悬空，才能表示敬意。这和老幼乞丐一同箕坐草窝内的情况就大有不同了，传道的语调、内容也就大有不同了。我讲的和胡先生其他的学生所讲的如果略有不同的话，那也由闻道的方式不同所致，此其三。

我看到胡老师生活和学问的另一半——众人皆知胡老师是终身讴歌美国的。但是美国所谓“资产阶级的自由化”，在三十年前，不用说大陆视如蛇蝎，台湾也不会接受——胡适在为程天放所写的《论美国》作序时，就把“这年头”慨乎言之。但是胡适之会全盘接受美国式的“资产阶级的自由化”，何也？就因他在美国住得太久，知道美国最深，只有他才配说什么接受不接受。胡适在美国住了多久呢？我曾改李白诗，作了一首有关胡氏的打油诗，念出来大家听听就知道了：

人生七十不稀，胡生七二何奇？
前二十年还小，后十年未老。
成熟时期共有五十二年，有二十七年在美国过了！

所以胡老师的成熟期,有一半以上在美国过了。一个研究胡适的人,要不和胡老师一样在美国长住过,便很难掌握胡适在美国住了二十七年的心态。在美国住久了,有一种半中不西的特殊心态——这一心态平时不易看出,只有观察今日大陆留美学生现状,才能略有启发——从一个古老文化,接触另一个新兴文明和完全不同的生活方式,这种震撼是可怕的。这种震撼,新留学生最明显,老留学生四十年来亦余震未已。胡适的震撼显然比任何留学生都强大,所以他回国以后才搞起新文化运动来。因此,我这个在美国住了四十年的老留学生,对一位在美国住了二十七年的老师的研究,或可弥补国内学者在某些方面的空白。国内研胡书籍,详中略西,略得可怕,反之亦然。当然,海外学人更得向国内同文学习,以弥补其另一方面的空白,两者相辅相成,才能得出比较客观而接近事实的结论。这也是我斗胆前来班门弄斧的原因之一,向国内同文乞教,此其四。

洞山和尚的批判态度

至于我这个学生对老师的学问的学习保持个什么态度呢?我认为"老师"一词的意义,并不代表真理的终点,但是老师毕竟是老师,所以对老师的全盘否定,甚至把老师的祖坟也给挖掉,那就太混账了;相反,对老师的全盘肯定,也是病态,胡先生一辈子都叫我们做个"不受人惑的人"。记得胡适生前对我们教诲,常常引用一些和尚的语录,以加重对我们的教诲——胡是禅宗史大师——他经常引用"洞山和尚"的故事。洞山和尚是云崖和尚的及门高足。于是有人问洞山和尚说:"你肯先师也无?"意思是说,你赞成你老师云崖和尚的话吗?洞山说:"半肯半不肯。"其人又问:"为何不全肯?"洞山说:"若'全肯',即辜负先师也！”洞山和尚这句话，也是胡适治学精神的精髓所在。今日的名史学家余英时先生，他的治学方法与胡适学派本有很大的距离，但是他在替胡颂平先生所编的《胡适之先生年谱长编初稿》上所写的长序，也征引了这一段胡适之的口头“禅”。足见对“先师”学术思想持“半肯半不肯”的批判态度，是任何严肃学派里的“学生”所应该共同遵守的态度，不是某一个“学生”对他的“老师”的不敬或心存离经叛道、哗众取宠。记得元曲里有个白话曲牌叫《一半儿》——有一曲子，描写一位男士跪在地下向一位女友求爱的故事。那女的所唱的便是这“一半儿”的牌子。她唱道：“碧纱窗外悄无人，跪在床前忙要亲……骂一声可憎回转身，不是奴心狠，一半儿推辞，一半儿肯。”这位女士为什么“一半儿推辞，一半儿肯”呢？因为她如“全肯”，那就不但辜负了爱情，也辜负了文化。洞山和尚、胡适之博士和胡博士之下的一批学生，对他们的老师不愿“全肯”，不是不敬爱其老师，正是由于“不辜负先师”，才不愿“全肯”。“全肯”则没有进步，没有进步则文化便停摆了。做个胡老师的真正的学生，就要遵从师训，不能“全肯”，“全肯”便是辜负文化了。

我今天为什么未触及正题，却首先说了这么一大段态度与方法呢？这也是于师训有据的。胡先生说他一生治学，都是围绕着“方法”二字打转的。方法和态度不弄清楚，谈胡适是不能开口的。现在再谈谈什么是“胡适”，什么是“胡适时代”，这“时代”何以离去，又何以“卷土重来”。

什么是“胡适”？

“胡适”在中国近代文化史上已不是个单纯的人名，它代表一个“文化整体”（cultural entity）。因为胡老师已不只是某一行的老师，他简直是众多重要文化行道中的共同宗师，例如文学（包括新文学、白话文、新诗、新旧文学的比较与批判等）、史学（包括对旧考证学的再肯定和对新史学方法的介绍）、哲学（包括对先秦诸子、宋明理学的再估价；对欧美传来的实用主义的介绍和对辩证玄学的批判）、宗教（包括对佛教禅宗的研究与批判；对耶教的立场与看法）、政治学（尤其是对民主、自由等形式和西欧北美的政治模式、生活方式的介绍）等。在上述各项中，无一项他不是个开山老祖或总司令。近七十年来的中国思想家——不管他是反胡的、拥胡的，还是“左”、“中”、“右”、“独”（独立思考）各派——都是围绕着胡适在打转，不提胡适，话便无从讲起了。

所以“胡适”这个题目太大了。他是近代中国文化史中的一座大山，从外面看胡适，亦如从外面看一座大山。古人看庐山，说它是“横看成岭侧成峰”,两面不一样。看南岳衡山,也有人说“帆随湘转,望衡九面”,也是九面不同。我个人前不久去了泰山,从泰安宾馆仰视南天门十八盘,才了解到什么叫作“泰山仰止”。苏东坡写他看庐山的经验是“不识庐山真面目，只缘身在此山中”。其实看中国任何名山都是如此，只要身入此山中，便必然地不见此山真面目。

胡适便是这样的一座大山。一个学者，误入“胡山”，搞了一辈子，结果还是不见“胡山”真面目。如果来他个老办法,从山外看山,来个“帆随湘转，望衡九面”，而每位学者各有其行道、各有其主观，他也只能否定或肯定“胡山”的九面之一而已。因此今天我所想讲的，也只是个胡适的笨学生讲他老师的九面之一而已。通盘检讨，则小子何敢，尚乞听众专家见谅。

在此我想附带插一句话。我每次飞过东京，总喜欢看富士山。有时飞机绕富士山达二十分钟之久，我始终就看不出两样的富士山来，真是太单调了。将山比山，将思想家比思想家，日本人比我们还差一大段，可能也是地理环境使然——日本没有像我们胡适那样的多彩多姿的大山。所以我们的政治家、思想家，要想在历史上搞得多彩多姿，也应该冲出一个小岛的自然环境，然后才能心胸开朗！

什么是“胡适时代”？

以上说的是什么是“胡适”，但是什么又是“胡适时代”呢？

要了解胡适时代，我们得把整个近代中国这个时代分析一下。我们是今日世界上最古老、最原始、受外界文化影响最少的古老民族，在文化上自给自足（self-sufficient），无求于人，亦无害于人。在人类文明史上，实在是只此一家，别无分店。现代的革命家、历史学家、评论家，往往把我们的老祖宗骂得一文不值。我们的老祖宗可能真的一文不值，但是研究文化学不能孤立地看某一文明之优劣，要比较着看，不怕不识货，只怕货比货——将货比货，我们老祖宗的那一套，包括帝王专政的政治制度，可能还是“近代以前期”（the pre-modern era）中最好的一家。这自给自足、十分自满自足的一家，向不怀疑自己有什么不好。只是近百余年来，尤其鸦片战争之后，在西力东渐的压力之下，才发生变化，丧失了自信和自满。因此，我们搞历史的人可以大胆地说：近代中国是什么样的时代呢？近代中国是一个“挑战与反应的时代”（Age of Challenge and Response）。西方文明向我们挑战，我们不得已而应战。我们战得很艰苦，而这一应战也是层次分明的——吃一堑，长一智。

鸦片战争（1839—1842）之后，我们应战的方法侧重科技性，也就是坚船利炮政策。这一时代的发言人魏源（1794—1857）把这一发展概念化一下，叫作“师夷之长技以制夷”。这一套注重科技反应的政策，一直延续到甲午战争（1894—1895），大家才觉悟：中国问题不在科技落后，而是在政治、社会制度方面，政治问题不解决，科技也搞不上去，即使搞上去也无用。因此，大家才又集中于政治改革，缓进派乃有康、梁维新的“戊戌变法”（1898）；激进的政治改革乃有孙中山先生的排满革命运动。康、梁的缓进派是失败了，中山的激进派是成功了，终于建立了民国（1912）。但是民国成立之后，袁氏窃国，军阀横行，事实上却弄得“民国不如大清”。经过超过半世纪的改革而国运仍然如此，症结何在呢？仁人志士在绞尽脑汁之后，发现科技落后、政治失常都不是民族病症的根源所在——我们民族的绝症是我们不健康的文化、百病从生的文化，非把这落伍的、野蛮的、吃人的旧文化彻底改造不可，否则，其他一切的革命、改良，都是治标之策。因而在 1917 年以改良起，到 1919 年五四运动的再造文明、全盘西化终，这个所谓“新文化运动”，出了个大英雄，这个英雄就是胡适之，这个新文化勃起的时代，也就是“胡适时代”。

“胡适时代”的内涵是什么呢？

“胡适时代”的内涵是改造旧文化，再建新文明。再建新文明的办法是尼采的名言“重新估定一切价值”（transvaluation of all values），而估定一切价值标准的标准，便是“科学”和“民主”。凡固有道德、传统制度之不科学、非民主者，则一概锄而去之，要锄得彻底，除恶不尽则新善不立。但是胡适是反对革命的，他不主张大刀阔斧、流血革命，他是“实验主义”的信徒，主张一点一滴的改革，改革的最后目标是“全盘西化”——后来他嫌此语有语病，乃改为“充分西化”。可是不论“全盘西化”也好，“充分西化”也好，中国政治社会的最后的形态便是“美国模式”。换言之，胡适锋头最健、最能颠倒众生的“胡适时代”之内涵，有四大要项，那就是“科学”、“民主”、“实验主义”和“美国模式”。

根据胡适的解释："科学"是一种方法，合乎逻辑，合乎法理，用这种方法，可以在实验中求出真理来，换言之，也是有一分证据说一分话，不是像宗教或玄学之中可作虚无缥缈之谈；"民主"则是一种人类生而平等、与生俱来的不可分割的天赋人权的个体或团体的生活方式；"实验主义"则是一种由哲学向科学过渡期的哲学，它没有终极真理，只有有实用价值的观念才是真理，真理可以随时制造、随时扬弃，不是一成不变的；至于"美国模式"，则是在科学、民主、实验主义交互为用的配合之下所产生的一种"较好的政府"、"比较合理的社会"。所谓"全盘西化"者，就应以美国模式为鹄的。

胡适之说，大体上自他 1917 年返国便风靡一时，为青年学生所崇拜。这一崇拜热潮，在 1919 年五四运动盖达于巅峰，直至国民革命军北伐之后始渐次减退，到 30 年代，中国高级知识分子渐向"左转"（此是世界潮流，和 1929—1936 年美国经济大不景气使然），胡适思想才如他"左"派学生千家驹所说——"臭名昭彰"矣。

至于 30 年代中，胡适个人思想虽无变动，然已陷入低潮，影响力甚微了。而他自己却矢志不懈，坚持到底。

并不实用的实用主义——胡适思想的退潮期

胡适的思想在 30 年代已急速退潮，至 40 年代，除为少数所谓"民主人士"利用为借口而兴风作浪之外，胡适思想对青年、对政治、对社会，甚至对学术的影响，可说微乎其微；连自称"民主人士"之人，也只搞他们自己的"民主"，而反对胡适的"民主"。这是什么道理呢？说起来也很简单。胡适是服膺实用主义之人，而实用主义最基本一条原理便是：凡是没有实用价值的观念都不是真理，真理是有立竿见影的实用价值的；没有实用价值的真理，不论如何动听，只是一些伟大的空话。“科学”、“民主”、“一点一滴的改革”，在那个军阀横行、强寇压境、饥荒遍野、饿殍载道、官吏贪赃枉法、洋奴大班与富商地主骄奢淫逸的不平社会之下，“科学”、“民主”值几个钱一斤？“一点一滴的改革”从何改革起？我国古人讥笑宋明理学家，说他们“置天下饥馑于不顾，而空谈明心见性”。胡适的情况几乎是一样的，他置天下饥馑于不顾，而空谈“科学”、“民主”、“一点一滴的改革”，这在当时看来，是一场完全没有实用价值的“伟大的空话”。

胡适的“伟大的空话”解决不了问题，代之而起的，则是自命为特效药的“法西斯主义”了。纵是“法西斯主义”，胡适的“实用主义”也抵挡不了。胡适最好的朋友、清华大学历史系主任、名教授、哥伦比亚大学博士蒋廷黻先生那时就主张，中国应有个个人独裁效率卓著的中央政府。这办法就是德、意两国能于短短数年之中崛起、成为世界强权的实用价值的证明。胡适和蒋氏笔战一通，并不能扭转当时青年对领袖效忠、抗日救国的强烈信心。胡适思想终于受到左右两翼的包抄，而一时灰暗无光，形成最大的低潮期，这一低潮期一直延续到50年代，海峡两岸，一个尊而不亲，一个彻底批判、消灭，老胡适只好躲在美国当难民了。

胡适的“执拗”与坚持

但是，一个对真理有彻底认识和信仰的人，如孙中山、如胡适之，他们和我们之别，便是我们普通人容易泄气，而他们则不顾一切困难而坚持到底，鞠躬尽瘁，死而后已。胡适对他的“科学”、“民主”、“实验主义”、“美国模式”的四大信仰，一生也未动摇过。

适之先生的一生成就，大致可分为两大阶段，而以他四十八岁（1938

年）出任驻美大使为分水岭。在此之前，胡适是位启蒙大师、学者、思想家和教育家。四十八岁以后，他则逐渐走向“民主大师”、“圣人偶像”，而终成为一座“自由神像”。虽然这神像手中的火炬需要别人来点燃，但没有神像高举的手臂，这火炬也只是一点海上渔火而已。

由于胡适的倡导、胡适的坚持、胡适的执拗，终于我们东方也有了一座自由神像，在神像上点火的代有其人，而让人顶礼膜拜的却永远是这座神像。这神像高举火炬提出四大号召：一、言必有据的“科学”方法；二、以“人权”、以“健康的个人主义”和多党的议会政治和社会生活方式为基础的“民主”政治；三、反对流血革命，安心于一点一滴改革实践求真理的“实验主义”；四、以富强康乐的“美国模式”为今后改革的目标。

卷土重来的事实

上述胡适时代的四大内容，终胡适一生都是空想。所谓“科学”，只限于少数象牙之塔以内的知识分子，塔外军、政、商、学，用上科学的就太少了。

至于“实验主义”被视为资产阶级最反动的哲学，那就更无论矣。“美国模式”不用谈了，就是对美国的所谓“海外关系”亦足以杀身！

适之先生生前，常喜欢当笑话说，大陆上在“追赶胡适的幽灵，怕胡适僵尸复活”。我曾为他这句话，作了一首十四行诗。

如今“胡适的幽灵”果然复活了。胡适的时代，真的卷土重来了，我们可以拭目而待之。

何以会卷土重来?

胡适的时代何以会卷土重来呢?

这个问题的答案便是，胡适所搞的那一套，是西方文明的正统。正如佛教十大宗，禅宗便是个正宗，秘宗便是个邪门；秘宗中之黑派，更是个邪门之邪门，专搞画符念咒、打神驱鬼、呼风唤雨、看命论相，等等。然长期竞争，邪终不敌正。

再者，我们要接受西方正统文明，以增强和改造我们的正统文明，也有其接受的条件，条件不足，则为邪门开路。条件多端，最要者为经济和教育基础，还要加上个安定的社会。

试看以下的经济条件：美国平均国民所得 15000 美元，台湾 4550 美元，大陆仅 300 美元；美国的清寒线为 12000 美元，大陆所谓的“万元户”3000 美元。美国和台湾的中产阶级的力量,大陆尚未形成。经济、教育不进步，则影响社会安定。社会不安定，就不能有效地进行“一点一滴的改革”。

胡适时代卷土重来，则中华民族兼中西之长，在超西方时代（Post-Western Age）走向康庄大道,向西方作文化反挑战（counterchallenge），为时当不在远。在这方面，历史责任重大，应好自为之。

诸位，让我们一齐鼓掌，欢迎胡适时代卷土重来！

原载《传记文学》第五十卷第三期

胡学前瞻

《胡适秘藏书信选》再版序

从我国三千年思想史的整体来看，近百年来影响我们全民族的心态和生活方式最深最远的两位思想家，当然就是孙文和胡适了。

这两位先哲的影响所笼罩的社会幅度和渗透民心的深度，以及传播其影响的方式和方法，虽大有不同，有时且相互抵触，但是他二人之“道”,却可一以贯之——那就是他二人的基本原则皆是“截西补中”的。

本来寸有所长，尺有所短，中西各自不同，而他二人的精力所贯注的，则是采西方之长，补中国之短。可是在这中西各有短长的“实在”（reality）情况之下，西洋人的经济现代化，和随经济变化一时俱来的文化现代化与生活方式现代化，皆比我们早了两百多年，因此，在我们急起直追、迎头赶上、匆忙地跟进的过程中，我们向他们学习的程度和需要，便远超过他们向我们学习的程度与需要了。换言之就是，我们需要派遣大批子弟出国留学，他们却没有大批来华留学的必要。

孙、胡两先生早期思想的出发点便十分接近。他二人都是最早出国的留学生。他们深知西方之长，也深知我们自己之短。所以他二人毕生的事业，便是择西方之长补中国之短了。但是“补中国之短”，并不一定要“舍中国之长”。问题是：什么是“长”？什么是“短”？在这“长短”的衡量与取舍之间，又怎样去“截长”？怎样去“补短”？近百年来，他二人便是领导我们作这项选择的最伟大的两位导师了。

当然，近百年来在思想上指导我们采西补中的大师，正不知几十百人，又何止他二位呢？数数看：自林则徐、魏源而下，到容闳、张之洞，到康有为、梁启超，乃至于陈独秀、李大钊、梁漱溟、陶行知……甚至艾思奇等，都是各是其所是、他封或自封的现代“思想家”。但是这些学者或政客，他们多半对所谓“西学”，可说都是外行，拾人牙慧，搞的也多半是些皮相之论——不像孙、胡二公，是自有其融会贯通的真知灼见。

在近代中国，老实说，对现代西方思想，没有相当深入的了解，则休想“搞通”中国固有思想。因为现代西方的政治、哲学、社会、经济各方面思想，以及由这些思想所引起的“西方生活方式”（the Western way of life）——那是人类历史上最早出现的一种“现代生活方式”（modern life）；我们也可以反过来说，这一“现代西方生活方式”，和由这一生活方式所孕育出来的“现代西方思想”——对我们原是一面镜子。我们要涂脂、抹粉、穿衣、打扮、刮胡子、剪鼻毛，等等，都得照照镜子，然后才知道自己是肮脏还是干净、是丑还是美。

镜子！镜子！你实在是我们现代生活中不可一日或缺的日用必需品！

你能说，我们不照照“西洋思想”、“近代西方生活方式”这面“镜子”，我们就能知道我们的文武周公孔子、裹小脚梳辫子、君君臣臣父父子子是丑是美？

但是我们芸芸众生——甚至包括许多“大师”辈人物——有几个真正注意照照这面镜子、了解这面镜子、懂得如何运用这面镜子？

专搞皮相之论的政客们，有的也确曾面对“镜子”照了又照。不幸他们所照的往往不是穿衣大镜，而是当年上海“大世界”里的“哈哈镜”。一照之下，自己面目全非。他本是三尺侏儒，可是在哈哈镜内却照出昂藏七尺的穆铁柱来。如此一来，大丈夫以天下为己任，则民无噍类矣！

当然,把“长人”（孔子的诨名）照成三尺侏儒的例子,也比比皆是,留学生群中便随处可见。

公平地说来，近百年把这面镜子照得比较正确的先哲，还只有上述二人！

孙中山先生在运用这面镜子之后，便搞出他自己一套伟大的理论来。

中山先生的一般信徒们只知道孙公所推动是“三民主义”。其实他老人家所搞的,实在是一套“四民主义”,只是其中另一“民”——“民族工业”——他始终认为是不成问题的问题，而没有列入他的“主义”罢了。

中山认为解决这个“第四民”的问题很简单——振兴民族工业之道,便是引进西洋先进的科技，以独立自主原则，要“列强联合投资，开发中国”。这是他七十年前的老话。他把“镜子”看得很准。

七十年绕了一大圈！夫复何言？

孙中山实在是“圣之时者也”。他搞“民族主义”，也是在理论上不断进化，而有其鲜明的阶段性的。辛亥革命之前，他搞的是加富尔、俾斯麦一流“驱除鞑虏”的狭义民族主义。革命一旦成功，他反对“五族共和”，立刻便搞出另一套美国式“大熔炉”（melting pot）的“中华民族”主义来。

这些都是他“照镜子”照出来的“主义”和“修正主义”。在这方面，搞“夷夏之辨”的文、武、周公、孔、孟……到黄宗羲、顾炎武，都未能举出实例，把问题搞清楚！

他“照镜子”照出来的“民生主义”,也自成一套。在近代西方,“分配”问题是跟着“生产发展”而来的。中山则主张寓分配于生产,但是,他从未否定“生产”是永远走在“分配”之前的天下公式。

中山最伟大的，也是他思想发展的最后阶段，还是他“照镜子”照出来的“民权主义”。我们中国人,搞了几千年的“无父无君是禽兽也”的“君父主义”；而中山则是搞“无君”思想、甘为“半个禽兽”的第一个“现代中国人”！

“君”是我们中国传统思想、传统制度上最大的混蛋。我们政治上的官僚主义、特权阶级、一党专政、吹牛拍马、送红包、走后门、有权便有一切……一切一切，都是从这条总根里滋生出来的。

这条“总根”,在中世纪农业社会里,虽亦有其优劣互见的“两面性”,我们不可一竿打翻一条船；但是在“现代社会”里，这个“君”——不管是名正言顺的,还是改头换面的——都是绝对的毒瘤,必须彻底割除。

孙中山先生的伟大，便是在近代中国他是第一个主张并实行割除这个民族毒瘤的思想家、革命家和政治家。

中山先生不但反对“君主专政”,他在“镜子”里也发现,一个“机关专政”——如“总经理”(president)专政、“议会专政”、“司法专政”,都是不能容忍的。他不但要“三分其权”，还要“五分其权”呢!

我中华民族里,爱国、爱族而有远见的人士——尤其是“镜不离面”的海外华侨，目睹今世我亿万同胞的苦难、祖国糟乱的情况，和政客们的愚昧、自私和颟顸的程度，面对中山遗像，能不太息、流涕?

以上是孙文的思想和事迹。

胡适则又是另外一套了。

适之先生基本上是个学者和思想家，他前半生的贡献，可说是纯学术性的，那时他也偶尔清谈政治，但是那只是他的业余工作，谈起来多半迂阔而不合时宜，影响亦有限。

可是胡氏的后半生和他的前半生却正好相反，在后半生里，搞学问——如考校《水经注》——反而变成他的遣兴的工作，其影响亦微不足道，但是谈起政治来，他倒变成擎天一柱，所谈也切中时弊，而有极深极远的影响！

这个前半生学术、后半生政治的胡适，他和孙中山先生所发生的不同影响，恰好在两个不同的时代互为表里，两相吻合。

在民国初年的那个"启蒙时代"里，搞白话文——注意：中山那时是不赞成以白话代文言的——新文学、新哲学、新的治学观点等等，都是解放思想、从而使思想现代化的先决条件，而思想现代化则是推动社会改革的原动力。在这方面，胡适前半生的贡献恰恰是补中山后半生之不足。

而在中山逝世之后，"民权主义"微言绝、大义乖的时候，胡适却一马当先，"为往圣继绝学"，扛起民主大旗，在政治上越俎代庖起来，成为中山民权理论的接班人，蔚为亚东独一无二的、民主自由的偶像。没有胡适，则中山的民主火炬就要熄灭！微适之，则中国早无自由种子矣！

中山地下有知，能不欣慰？！

有一次，一位在史学界极有造诣的朋友和我聊天。他认为胡适在学术上已无足轻重，倒是他在政治上的影响方兴未艾，于今为烈。

他是肯定胡适后半生的影响了。其实胡适前半生在学术上的影响现在已经结束了吗？前半生的影响反不如后半生吗？盱衡当世，鄙意不以为然也。

胡适说他治学四十年，"都是围绕着'方法'二字在打转"。所以从他最早出版的《中国哲学史大纲》，到他最后尚未完成的《水经注》一类的"手稿"，读者如真的去吹毛求疵一番，则没有哪一本可以说是白璧无瑕——有的甚至可以说有点粗制滥造（如《白话文学史》）。

但是吾人如从"方法"入手去评量各书，则胡适遗著便没有一本不是"方法示范书"——相应各类书籍所采用同类方法的第一部书；而这一"方法"，则一直流传到现在并没有多大改变，甚至还有明显的退步。

举个例子来说吧。胡适是中国学术史上第一个把经、子合一的人，这方法到今天还不是个样板？他也是第一个以传统考据方法治俗文学的人，当今的红学家、小说史家们，哪一个曾经跳出胡适“方法”的窠臼？

搞禅宗史的人，现在都把《景德传灯录》一类的伪作给推翻了，但是大家翻来翻去，还不是传胡适的衣钵？

坦诚地说来，适之先生一辈子“治学”就始终没有冲出“尝试文学”和“整理国故”两大框框。至于“实验主义”，他在前半生“介绍”则有之，言“治”则尚不足也，“跟进”就更谈不到了。

不过，试问今日海峡两岸和重洋内外，学术界名流如云，其中又有多少人真能冲出这两大框框呢？冲不出去，则大家所搞的方法，还不是胡适之原先的加减乘除那一套？胡适的“方法”，到现在为止，并没有被另外一套“新方法”所代替啊！

笔者身居纽约，对近年来的学术界过往客商，也可算是阅人多矣。老实说，看那些还能守住胡适而躐等争先的，有时就难免是高低级的“野狐禅”了。

搞西式汉学，我们如只凭空树立一个西式“标杆”（yardstick），然后把原本不甚了了的土货一件件送到杆畔去比较测量，然后据此以定土货价值之高下——这种以西洋“心态”来整理华人“国故”的办法，新鲜则有之，完美就谈不到了。向西洋人介绍汉学，亦功莫大焉，然客观事实，则又是另一套了。

所以在海内外搞汉学，则“胡适时代”并未过去，他的影响还是存在的，而且还应该继续坚持！

不过，如上述树立西式标杆，做“超胡适”运动的，在台、港、新、马和欧美，都还有其两面性。这一现象继续在大陆流行，则危害就大了。

大陆上自“文革”以后，“胡适的幽灵”——这是胡氏生前最欢喜自我引用的口头禅——又开始出现了。谓余不信，读者试翻大陆上今日出版的各种学术著作，凡属可圈可点者，则无一而非出自“胡学”的传人。

适之！适之！你在大陆受辱蒙羞三十余年，在政治上现在虽未“平反”，在学术界也已足够“昭雪”了。

至于大陆上原有的西杆东量的办法，在三四十年代虽也曾年轻貌美、惑众于一时，可惜时至今日视茫茫而发苍苍，不靠政权、“官轿”，就举步维艰了。

须知胡适前半生的工作，便是替我们的学术思想从卖身投靠的“官轿学术”中解放出来，是一种文化上的“劈锁开枷”，只是自我解放，不是像孙行者要去大闹天宫，与任何神仙佛祖为敌。试看，我们那位“离了洪洞县”的苏三小姐，含冤受苦多年，后来终于在“八府巡按”的大堂上“劈锁开枷”了，劈锁开枷之后，她并无心向什么冤家仇人来雪耻报仇，劈锁开枷者，还我苏三自由之身罢了。

读历史的人，公平地说来，近七十年来唯一手挥大斧、要为我们劈锁开枷之人——不是康、梁，更不是章太炎、黄季刚，当然更不是什么“三圣七贤”、“七君子”、“五烈士”——那只有一个人，一个有其学、有其力、有其势的人，这一个人就是胡适之。

胡适前半生“劈”的是学术思想，后半生“劈”的是集权政治。

搞政治的人——尤其是反对胡适的“毒素思想”的人，都认为胡适是为“异端铺路”。这项罪名对胡适是绝不冤枉的，理由很简单：旧枷不去，何能再顶新枷呢?

不过“枷”总是“枷”，“劈”还是要“劈”，适之又何尝有厚于“新枷”呢？！这面“新枷”，我们一顶数十年，现在也已到了锁锈枷松的地步了。

从各方面来看——如出版品的雨后春笋，各著名大学内师生的心态，社会上读者的兴趣与吸收率，与夫千百大陆旅美留学生的言行——我们都深深体会到，一个新的文艺复兴运动正在祖国大陆如春风野草，随处滋生。

奇怪的是，这一新兴的、潜在的、慢慢滋长的学术运动——在某些方面，便很有点像30年代的重演——其指导思想，已经不是马、列、杜（威）、罗（素），或周令飞的爷爷（鲁迅）了。

今日大陆上——可能台湾也是如此吧——学术界的指导思想，还是那力主“无征不信”、“九分证据不能讲十分话”、“不让人家牵着鼻子走”的胡适的道路！

这几条标语，都是胡适之先生在七十年前所讲的“老话”。但是它们却被主张“为谁服务”、“以论带史”、“七真三假”等等的新人物嗤之以鼻，嗤了六十多年，现在老天有眼，又回到老路上来了！

七十年又绕了一大圈！夫复何言？

所以我的一些搞思想史的朋友认为，胡适的学术影响已经结了账，只是他的政治影响却方兴未艾，于今为烈。这是见其一而未见其二了。

其实没有“学术影响”，哪来“政治影响”？朋友们是低估了我们的胡老师了！

至于胡适的政治影响，笔者在拙作里便一再提过，胡适之先生不能搞政治，谈起政治来也十分迂阔（naive）而不识时务——不像孙中山先生所搞的是合乎逻辑的一整套！

胡适与中山不同。在政治上，胡适搞了一辈子，只搞个“一民主义”——民主政治，如此而已。胡适之这个迂阔的大学究，在那“天下无孤，不知几人称帝、几人称王”的时代，他要搞“民治、民有、民享”。在那一百人中有八十五个不识字的社会里，他要去搞全民投票；在那强邻压境、国运危如累卵之时，他还是反对“走捷径”；在那饿殍载道、白骨如山的饥荒年代，他要去喊“议会政治”。

历史学家们如回头清算清算胡适的“政治主张”，真如重读一部《孟子》。我们想想孟轲那老儿，奔走了一生，开口闭口“唯有仁义而已矣”

那股迂劲，真是百分之百的胡适那老儿的写照！

但是谁又想到，中国近代史的发展，是有其鲜明的“阶段性”的呢？中山的三个“主义”，事实上没有哪一个是他老人家享有专利的“发明”。

中山的特点是在其主义的“应用”（application）之上。他老人家爱国心切，他要一手回天，缩短历史，把三个不同的“主义”，来“毕其功于一役”。

但是这位哲人又何尝想到，他的一个“主义”，乃至于某一“主义”中的某一阶段，往往也要二三十年，甚或一个政党、一个革命家一辈子的时间，才能通过呢！不过“不怕慢，只怕站”！只要中国的现代化运动不“站”着不动，它自然会一个阶段一个阶段地向前移动的。

谁又料到，胡适当年的迂阔之言，居然逐渐地变成中国政治史上“现阶段”的主题呢？

历史经验（尤其是近代中国的历史经验）告诉我们，大凡一项政治主张，甚或一句政治口号，在某一“阶段”变成该“阶段”的“主题”之时，它是压不下去的；硬压，就要发生原子爆炸。

所以从历史上看，那富有强烈“阶段性”的中国近代史，确已进入“民主宪政”这一“阶段”；而胡适的那个无枪杆、无伪装、无副作用的“一民主义”，正是“现阶段”的主题。顺之者昌，逆之者亡。

从今日中国文化思想整个趋势来看，一个包括学术思想和政治主张两方面的新的“胡适时代”正迫人而来。可是在这方面立志“一个倒下去，一个站起来”的青年一代，可能连胡适之这个名字也没有听说过，而他们自己却和他们在大学、中学里的开明的老师们一样，正在接传胡适的衣钵，而却不知老师是谁！

胡适的著作在大陆成为禁书，青年人无法接触，当然是主要原因；还有一层，便是当代青年“去古已远”。胡适的书，对今日占全中国二分之一人口的青年来说，已经成为“古书”了。胡适书上所说的故事，在笔者这一辈青年时期读来，何等新鲜！但是那些故事，对当代青年来说，都已变成“《圣经》上的故事”了。拙著《胡适的自传》（亦即台湾出版的《胡适口述自传》在大陆的翻版）去岁在上海出版时，青年读者固不乏其人，但是当我和我的青年读者谈到本书内容之时，我的感觉便是“他们在读古书”了。

历史就是这样地无情！怎能怪后辈青年呢？

总之，当胡适之先生在历史的公路上愈退愈远的时候，他已经成为“宗师型”的先哲了。他的影响已深入中国思想的核心，是我们民族心态的一部分。他的著作也将和《朱子语录》、王阳明《传习录》一样，一个接着一个，不停地传下去。阳明而后，说不定我们的藏晖先生也还有几百年好过呢！

胡适的思想毕竟是中国思想史上的正宗，那些形形色色的“野狐禅”是经不起历史考验的。

老实说，大陆上在“实践求真理”、“另搞一套”的大前提之下，胡老师的吉光片羽也被另眼相看了。笔者母省的安徽大学校长孙陶林先生便曾当面告诉我，他有意成立“胡适研究所”。

当拙著《胡适的自传》在华东师大杀青时，这部《胡适书信选》也出版了，学界有人并送了我两部。但此书在大陆是列为“内部发行”书，不能携往海外，我既身为“交换教授”，未便破例来搞文化走私。虽然我也知道，我如携出，将会惹起海外出版界“抢印”的，但其时我也预料到，不久我也会买到海外版，所以我就忍痛转赠朋友了。

胡适遗书，我相信大陆上仍有成筐成篓的，将来仍会继续出现。不过胡适的思想仍会有其爆炸性的影响，大陆学界不急于一下放出来，也可说是由于胆大心细考虑的结果吧。

重复说一句，“胡适学”现在已是我们中国文化史、学术史、思想史上的重要的一章。他自己也是朱熹、王阳明而后的第一号“接班人”。

有关他的一鳞半爪、任何资料，都是我们的民族公产，任何人不得据为己有。只要出版者、编选者能慎重其事，不加糟蹋，我想适之先生如泉下有知，一定也会主张他所有的著作版权公开、欢迎翻印的。

前周接到对适之先生最崇敬的远景出版社来信，并数度打越洋电话，谆谆相嘱，要我为这部书信集写篇前言。我还是不揣冒昧，大胆执笔杂乱地写了这一长序，我相信在台湾负责编印的朋友们一定会慎重其事，我愿为他们喝彩、打气和祝福！

原载《联合报》，1981 年 12 月 17—19 日

千家驹论胡适

唐德刚序

千家驹教授是当今大陆上数一数二的老牌经济学权威，也是30年代“文运”“学运”时代为那时青年马首是瞻的“老北大”——胡适的学生。1981年夏季，我返乡葬母，顺便应约在芜湖的安徽师范大学讲演，那时赤日炎炎，校方用四架大电扇向我直吹，仍是汗下如雨，当时大礼堂讲台之下则挤得水泄不通，炽热之情，更难忍受。看到当时听众的热情，又想到“大跃进”时，我们安徽的“贫下中农”饿死，儿时农村伙伴几乎死亡殆尽，一时悲从心中起，乃提出大胆的批评，说得我自己也声泪俱下。好在天气太热，用手帕在脸上擦个不停，别人看来也不知道是汗是泪。讲演既毕，听众学生对我起立欢呼，久久不停。讲后心情稍安定，深觉情绪过分激动，可能使居停主人和招待我的朋友们为难。当我向他们提出歉意时，孰知安徽师大的朋友们颇为开朗，说我虽然情绪激动，内容倒并不“过火”，原因是前不久千家驹教授曾来讲演，也是对经济工作上的错误的批评——内容和我讲的“大致差不多”。这一消息，当时对我倒是个不小的震撼——大陆上竟有如此教授，敢讲我这个华侨所敢讲的话！千家驹教授我在大学时代便心仪已久，但对他老人家脱帽致敬，这还是第一次。我觉得这样的老知识分子“有种”！

今年4月中，李又宁教授打电话给我说，千家驹教授抵纽约访问，并指名要约我碰碰头。我想与又宁联合做东，请他伉俪午餐，而又宁不许——她坚持“独请”，不过她倒要我开车去接他们一下。我因为知道千君是胡适之先生的得意门生之一，所以就顺便带一本拙著《胡适杂忆》请他指教。千公伉俪访纽时间短促，我们都忙乱不堪，再也找不出第二个共同时间向他再次请益了。孰知别后逾月，忽然收到千教授自东京寄来的长函。读之大喜过望，读后等不及吃午餐便执笔写此短序；也来不及向千先生写信请示，便把他的长函寄给新闻出版界的朋友们发表了。这点我得向千教授道个歉。

千教授这位胡适的“大门生”（一个老“犹大”），在这封信对我这个胡适的“小门生”实有无限的启发，也证实我对胡先生很多点重要的看法。人无十全，树无九枝，胡适之先生是人不是神，怎能十全十美？再者，人心之不同、人识之不同，亦各如其面，张三说美，李四则不一定也认为是美。30年代中的青年，对“胡适”的看法已是“两极分化”。当时的左翼青年如千家驹者，便认为胡适“臭名昭彰”——原因是：胡适对社会的观察不够深刻，对社会的实况不了解，他就无法使青年思想从“左”变“右”。但是胡适是历史中人，而历史却不是只局促于二三十年的社会现象。起胡适、鲁迅等于地下，让他们在80年代再开个社会现象辩论会，其结论又何于欤？这就不是三两万字所能说得清的了。这是学术界、思想界的大事，同苏雪林教授、胡颂平先生等哪能说得清呢！

不管我们这些“胡适的学生”对我们共同的老师的看法是怎样的不同，但是我们都有个共同的结论：适之先生为人之高风亮节，对学术研究之忠贞不贰和尊重，对门生后辈之爱护提挈，看看千家驹这位胡学“叛徒”这封信——山高水长，这样的学者老师，中国历史上究有几人！？

1985 年 5 月 17 日下午 1 时
唐德刚附志于纽约市立大学亚洲学系办公室

千家驹函

德刚先生：

纽约一聚，快慰平生，惜以时间短促，未能畅所欲言。拜读尊著《胡适杂忆》，对胡先生的评论，可谓入木三分。胡先生是个书生、学者，但非政治家，更不是政客。我对胡先生的了解，自然没有您那么深刻。但胡之于我，却有知遇之恩，使我终身难忘。1932 年，我将在北京大学经济系毕业。我在学生时代，就在一些当时二三流的刊物上写点文章，以骗取一点稿费。一次我写了一篇题目为“抵制日货之史的考察并论中国工业化问题”的文章，发表在某一刊物上，大意是说，从海关报告册上考察，大凡抵制日货的第二年或第三年（当时因日本帝国主义侵略中国，经常发生抵制日货的群众性运动），日货输入反而激增，这不能怪中国国民的“五分钟热度”，实因中国工业不发达；所以根本之图，应该发展中国的民族工业，使中国工业化云云。主办这个刊物的是一个姓凌的小政客。有一次，胡先生刚好在去南京途中与凌某同坐一个车厢，胡无意中读到我的文章，他就问凌某：“千 ×× 是谁的笔名？”凌答：“这不是笔名，他本姓千。”胡又问：“千在哪儿工作？”凌答：“千是北大学生，还没有在大学毕业。”胡大为惊讶，认为一个大学生有这般水平，实在了不起，他回北平后一定要找我。后胡回到北平，与吴晗谈起（吴是胡的高足），吴晗是我同乡、同学，又同年，与我为莫逆之交。吴就介绍我去见胡适。胡问我毕业后准备去哪里工作，我说，我工作还没有着落呢！胡自告奋勇，主动介绍我去陶孟和先生所主持的社会调查所工作。社会调查所是受中华教育文化基金会资助的一个独立研究机构，陶孟和氏亦为五四新文化运动领导人之一。他对胡一向尊重，经胡一介绍，当然就成功了。但后来陶孟和一打听，我是北大学生会的一个头头，是北大著名的捣乱分子，可能是共产党。陶先生便踌躇起来了，他又去问胡适，胡回答说："捣乱与做研究工作是两码事，会捣乱的人不一定做不好研究工作，况且一个研究机关，你怕他捣什么乱呢？"经胡这么一说，陶无话可说，于是我的工作便定下来了。可见胡是明知道我的政治立场而坚决介绍我进研究所的。后来他在《大公报》的星期论文上发表了一篇文章驳斥"毕业即失业"之说，认为一个人只要有本领，大学毕业绝不会失业，并举两例来证明：一是某人大学未毕业即被一研究所定去；一是某人大学未毕业就有两个大学抢着要。前例指我，后例指吴晗，虽未指名，实则影射我和吴晗，人皆知之。这就未免以偏概全，以个别事例否定整个社会现象，胡氏这种逻辑，是为我所不能同意的。

我进社会调查所后，我建议中华教育文化基金会编译委员会（以翻译世界名著为务）翻译马克思《资本论》（当时——1933年——中国尚无《资本论》全译本）。胡亦同意，并由吴半农译第一卷，我译第二卷，均由英译本转译，译好再互相校对。吴译了第一卷的三分之一，我译了第二卷的三分之二。因编译委员会与商务印书馆订有统一合同，所有译书均归商务印书馆出版，我们拟分卷出版。哪知译稿交去后，商务印书馆老板王云五怕国民政府禁止，吴译稿已印就而不敢发售，我的译稿已校对清样而未予付印。现在吴译本存在中共中央马恩列斯著作编译局图书馆，已成海内孤本，鲜为世人所知，仅于马克思逝世一百周年时，将我写在吴译前面“校对者的话”复印几份，分送有关方面。

1934年，胡又主动介绍我去北京大学任兼任讲师，当时北大经济系主任赵乃搏认为我在北大毕业不过两年，怕我“下不了台”，而且赵也嫌我思想“左”倾，不肯同意。为此我写信给胡，对此事大发一顿牢骚（原信见《胡适来往书信选》，此书已由中国社会科学院近代史研究所整理出版）。但由于胡适的坚持，赵终于让步，我在1935年还是当了北京大学经济系的兼任讲师，离我北大毕业不满三年，所教的是经济系四年级的学生，均为我的老同学。我去北大教书一事，并非出于我的要求，乃胡主动向北大蒋梦麟校长提出，其中经过都是陶孟和先生转告我的。

以上经过说明胡先生是明明知道我是服膺马克思主义的，在政治立场上我们是不同的，我坚决反对国民党，但他并不以此而歧视我，而且处处提拔我、帮我的忙；他从没有想以他的政治思想强加于我或企图影响我，而处处表现出一种宽容精神，即儒家的所谓“恕道”，这也许就是资产阶级的所谓“民主作风”吧！这种“民主作风”是目前台湾或大陆所最缺少的。

胡先生当时虽名满天下，但他一点不摆架子，他是很有人情味的。我与前妻杨梨音女士结婚，是由胡先生证婚的，时间是在1936年1月1日，他拿出一本《鸳鸯谱》来，要我们夫妇在上面签名，据说最早签名的是赵元任夫妇。在举行婚礼时，他致辞和我开玩笑说：“千先生是北大著名的捣乱头儿，但看今天的婚礼却一点革命气息都没有，大概从今起千家驹已变成杨家驹了。”

胡先生在北平办《独立评论》时，他向我约稿，我给他写过两篇稿子，署名为“一之”。当时在《独立评论》上撰稿的多为名流学者，如丁文江、翁文灏、蒋廷黻等，在该刊上发表文章，颇有一登龙门身价十倍之感。但我不愿署真名，因为胡先生在进步青年中是“臭名昭彰”的（所谓“誉满天下，毁满天下”)。胡明知我不愿署真名之故，却绝不强我之所难，对我的稿子，他也不改动一字，表示“文责自负”。这种精神，我认为也是应该提倡的。

以上关于我和胡先生交往的详细经过，我从没有公开披露过；因为在解放以前，如谈这些，在一部分人看来，不免有“我的朋友胡适之”之嫌；在进步青年看来，则未免思想不够“进步”。解放以后，全国掀起批胡运动，我如果把这些发表出来，则我自己亦难免挨批挨斗；如我把胡臭骂一通，又难免言不由衷。所以只有效金人之三缄其口，因此在数百万字批胡论文中，你们找不到我的片言只字。

今天，由于读了尊著，才引起我的往事回忆，把这些详详细细告诉您，希望您作为一种史料保存下来。自然，我对于尊著对胡的一些过高的评价是不敢苟同的。胡在中国文化史上自有其一定的地位，此非任何政治力量所能抹杀的，但所谓“照远不照近的一代文宗”之说，则似过于夸大。依我之见，胡适之洞察力，其深刻度远不能与鲁迅比。鲁迅观察问题之深刻，在现代文人中罕有其匹，胡则受杜威实验主义哲学影响，难免流于浮浅。兹举一例来说明：1931 年，我在北大学生会主编一张周刊，叫《北大新闻》，登了一篇文章（未署名），说法西斯主义就是“独裁”。胡先生看后在《独立评论》上写了一篇文章详细考据了法西斯主义发源于意大利棒喝团，引经据典，谓法西斯主义与独裁为风马牛不相及，而讥北大学生“浅薄无知”（大意）。现在看来，究竟是胡适“浅薄”呢，还是北大学生“浅薄”呢？当然，鲁迅与胡适各有千秋，见仁见智，不必强同。拙论仅供参考而已。

我于离开纽约后，即去芝加哥、旧金山、休斯敦等地参观访问，于 4 月 30 日离开旧金山返国，途经东京，因东京有学术团体邀我讲学，兼之小女在东京工作，故拟在东京稍作停留，可能要在 7 月以后回国。

交浅言深，不当之处，幸希教之！（此函请转李又宁教授一阅）

顺颂

教安！

千家驹　5 月 11 日

千家驹简介

千家驹，清宣统元年（1909）生于浙江省武义县，家境不裕，十二岁入金华第七中学，与吴晗（辰伯，清华毕业，史学家，曾任中共要职，后为“四人帮”迫害致死）同班同乡且属同庚，此后结成莫逆之交。一年后转入师范就读。1926 年考入北京大学经济系，1932 年夏毕业。家驹读书时即在报刊撰文，所撰《抵制日货之史的考察并论中国工业化问题》一文，为北大文学院院长胡适所激赏，经吴晗介绍相识，此后受知于胡氏，介绍家驹至陶孟和主持之社会调查所工作。1933 年夏派赴广西调查经济，结识桂省政界、学界重要人士，为其后任教广西大学及任桂省公职之重要原因。1934 年兼任北大讲师，讲授“中国近代财政问题”。1936 年社会调查所与中央研究院社会科学研究所合并，随同迁往南京，此时曾被邀为冯玉祥讲课数月。家驹在南京因参加“救国会”活动，引起政府注意，后避居青岛，旋转往广西大学任教。1940 年西大当局及教育部认为家驹有共党嫌疑并做反政府宣传而解聘。中山大学曾聘其为经济系主任，未到校即发生“皖南事变”，家驹不得已走香港，直至港九沦陷，始再回桂林，初以卖文为生，后一度任黄姚（广西昭平县属市镇）中学校长。家驹毕生从事财经问题研究，曾主编期刊多种，专门著作达十数种之多，为当时著名经济学家。

抗战胜利后，家驹在香港正式参加“民主同盟”实际工作，任“民盟南方总支部”秘书主任。1948年北上投靠中共政权，参加政协筹备会，并出席第一次大会。先后任政务院财经委员会委员、中央私营企业局副局长及中央社会主义学院副院长、中国科学院哲学社会科学部学部委员等职。

家驹虽在大学时代即醉心马克思主义，并曾译《资本论》，对中共政权成立也立过不少“汗马功劳”，但“文化大革命”期间竟不能免于被批斗的命运。据家驹自述：

> “文化大革命”后，我靠边站了，去五七干校劳改三年。
>
> 在“文化大革命”中，我被打成“叛徒”、“反动学术权威”，挨了群众的批斗。他们认为我的著作都是“放毒”，我气愤之余，就把我全部著作烧掉，有的当废纸卖掉。因此我现在手头连一本我自己的著作也没有，上述我所列的书名（略）是凭记忆的，错误与遗漏在所难免。
>
> 在解放以后，我还和范文澜、陈翰笙同志“以中国近代经济史资料编纂委员会”的名义主编过《帝国主义与中国海关》一套丛书，材料来源主要是海关所存的英文档案，已出版了十多种（中华书局出版）。这些材料是极有价值的，因为旧中国海关总税务司一职由帝国主义的洋人担任，我国关税收入占全国收入百分之三四十左右，总税务司控制中国的财政、金融、贸易，操纵中国的政治，有太上财政总长之称。这些档案都是第一手资料，这是首次发表。范文澜同志对这批材料评价极高，谓为经济史资料中之瑰宝。在“文化大革命”中我们这项工作也受到批判，谓为替帝国主义做宣传，这项工作也早就停止了，至今没有能恢复起来。
>
> 三年经济困难时期，在某一次全国政协大会上，我们有几位

研究经济的朋友（陈翰笙、彭迪先、沈志远、吴半农等）在大会上做过一次联合发言，我们主张开放农村集市贸易以活跃经济。这个联合发言稿是由我执笔，并且由我代表他们上台去讲的。哪知过了三年之后，当全国政协大会1965年开会时，有一领导同志被授意发言，说有民主党派成员上次借政协大会讲谈发表反社会主义的言论，要挖社会主义经济的墙脚。他虽未点我的名，但大家都知道这是针对我而说的。从此以后我就再也不写经济方面的文章了，因为经济领域的禁区是很多的，经济问题是很敏感的，如果谈经济问题而不合领导上的意图，有时是会被扣上各种各样的帽子的。

马克思在批评19世纪30年代后期英法资产阶级经济学时曾经说过这么一段话："现在问题不再是这个或那个原理是否正确，而是它对资本有利还是有害、方便还是不方便、违背警章还是不违背警章。不偏不倚的研究让位于豢养的文丐的斗争，公正无私的科学探讨让位于辩护士的坏心恶意。"（见《资本论》第一卷，第二版跋）马克思称这种经济学家为"庸俗经济学家"。如果我们把上面马克思所说"对资本有利还是有害"这句话中的"资本"改为加引号的"无产阶级专政"，那是完全可以适用于我国的某些经济学家的。为什么我国的经济比例长期失调，经济问题堆积如山，"左"倾路线长期得不到清算和克服，长达二三十年之久，而始终看不到一篇高水平、经得起时间考验的经济文章，这与我国经济学界的庸俗作风是分不开的。我知道有些朋友，他们写经济文章，所考虑的首先是政治上不要犯错误和如何更好地配合当前的宣传工作，而不是研究客观的经济规律，或根据调查材料实事求是地提出科学的建议或意见。同一个人今天这么说，明天那么说，矛盾百出，而社会不以为怪，反被捧为经济学权威。要使中国的经济研究有一个飞跃发展，非抛弃这种庸俗经济学不可。当然，这在某些时候是要冒一定的风险的。但真理与科学是不应该怕风险的。我宁可效金人之三缄其口，也不愿做一个庸俗经济学家。

（本简介摘自《千家驹自传》，原载《中国现代社会科学家传略》第二辑，山西人民出版社出版，1982 年 10 月）

原载《传记文学》第四十六卷第六期

胡适父亲铁花先生无头尸疑案

重读适之先生《四十自述》有感

在50年代的末期，当我襄赞胡适之先生撰写他的“口述自传”时，我曾力劝“我的老师”、“我的朋友”以《四十自述》为基础，从而扩充之，一直写到目前（1958年）为止。

我那时的想法是：第一，把他“十九岁出国以前”那一段先补充一下。他既然写了“我的母亲的订婚”，为什么不加一篇有关“我的父亲的事业”呢？写点铁花先生的生平，不是很好吗？

他既然写了“九年的家乡教育”，为什么不再补充点清末民初有关故乡徽州的风土人情呢？古老汉学的发源地徽州的旧面目，今后不是只可从像适之先生这样的人的记忆中去寻找吗？为何不叙述一下呢？

我在这方面的建议，“我的老师”倒颇能听得进，所以他在《胡适口述自传》一书中，便有了《故乡和家庭》和《我的父亲》两章之出现。

适之先生是我所认识的师友之中治学最严谨的一位，有九分证据绝不讲十分话。但是“我的老师”生前无论如何未想到，他对他自己的父亲之死，却相反的，以一分证据，讲了十分的话。

有关适之先生的父亲之死的真实情况，恐怕所有写有关胡适的传记作者——包括张经甫、罗尔纲、黄纯青、曾乃硕、王伊同（英文）、李敖、胡颂平、唐德刚（中英文）和另外一些洋人，向来都没有“不疑处有疑”吧。

根据当年张经甫替适之先生弟兄伙所写的《胡铁花先生家传》，有关他们父亲铁花先生之死的情况是这样的：

> ［光绪二十一年（1895年）阴历六月］二十五日扶登舟，二十八日抵厦门，寓三仙馆，手足俱不能动，气益喘。七月初一发电上海，促介如四胞叔措资来厦。初二日接回电，心稍慰，饮薄粥一碗，沉沉睡去。至亥刻，气益促，不能言，延至初三日子时竟弃不孝等而长逝矣。呜呼，痛哉……享年五十五岁。

读了似乎无可置疑的张文，连那有考据癖的胡适先生和所有胡适传记的作者，都没有怀疑上述故事的真实性，而人云亦云了。又有谁能想到，铁花先生之死，是在厦门或台湾被人“杀头”的呢！

铁花先生之死，如今整整九十年了。他的“归葬故里”，是睡在棺材里被抬回去的；抬回去之后，也没有人开棺验尸，就糊里糊涂地葬了。又有谁知道他死后七十多年，中国大陆上又出了成千成万的红卫兵来！他们把几百万、几千万老百姓的祖坟通统给挖了——连孔德成的一世祖尚不能免，那么那个“头号反动学者胡适”的祖坟岂能幸免？——铁花先生的墓，给红卫兵挖了！

据大陆上传出的可靠消息：胡适父亲的尸体，却是个没有头而装上个假头的死尸！

“不疑处有疑！”这一消息，当然有待进一步的“考证”。但是这一消息真实性甚大：挖墓的红卫兵可能还是自北京专程南下的，目击者甚众；加以这些红卫兵都是一些无知无识的青年，不是什么“胡适学”专家，可能也不知道胡适的父亲是干什么的——他们不可能编造出一个

“无头死尸”的故事来。

如果红卫兵所见不虚，那么上述张经甫所写的那一篇似真却假的故事，又是谁编造出来的呢？他或他们编造出一个有关胡适父亲的故事，连个“考证派宗师”的胡适也被骗了一生！

甚矣，“有九分证据不说十分话”之难也！朋友，我华族最大史学家司马迁先生所说的故事，可能就有一半以上是人家编造而他老人家却信以为真的！至于“二十五史”、“传记文学”、“文史资料”等，那还要说吗？

话说到底，还是我的老师胡适之先生的话比较有真理：“处人要有疑处不疑，治学要不疑处有疑！”

关于适之先生十九岁以后的生活与思想，我曾劝“我的老师”、“我的朋友”,不要把“文学革命”一类一般人耳熟能详的故事再重复叙述了，他应写一本“新书”——我可做他的“研究助理”——把自己一生的学术思想做个总检讨，然后推陈出新，领导个“新时代”；好汉何必专提当年勇呢！

适之先生颇为我的话所感动。但是他毕竟老了，打不起劲儿来，百尺竿头已足，不能再进了。结果在笔者的“助理”之下，却写出一部自我浓缩的“胡适学案”——那一部《胡适口述自传》来。

胡老师生前总是对我说，研究孔子最可靠的两部书，便是《论语》和《檀弓》，因为那是最接近孔子的第一手资料；其余的很多都是表面上替孔丘的僵尸“装金”供养，其实是丑化夫子之作——把个活生生的孔老师丑化成个活死人。

关于了解胡适——尤其青年知识分子要了解胡适，我个人的看法，最可靠的两部书，便是《四十自述》和《胡适口述自传》。读了这两部以后，如再深入，那就应读《胡适文存》和有待出版的《胡适全集》了。

胡老师辞世距今二十余年了，但是七十子之徒和三千著册者，仍遍布天下，对老师之学各是其是、各非其非。

捧胡的后学（有许多事实上是辱胡的），有很多把胡老师捧成大成至圣;批胡的后学（有许多实质上是尊胡的），有的竟说他“臭名昭彰”。

不管捧也好、批也好，青年读者们总不要忘记胡老师的名言“不疑处有疑”、“不要让人家牵着鼻子走”才好。胡适之先生的门人，谁最够资格、谁最不够资格来诠释“胡学”，在这“微言”已绝、“大义”未乖的年代，有思想、有见解的读者会自作其贤明的选择的。

话说从头，要了解胡适，《四十自述》应是必读的第一部书。

1985 年 12 月 6 日上午 5 至 8 时匆草于北美洲

原载《传记文学》第四十八卷第一期

《刍议》再议

重读适之先生《文学改良刍议》

胡适之先生是反对五四运动的。他反对的当然不是他小友周策纵的五四运动，而是他的及门弟子傅斯年、罗家伦、段锡朋一干人，于1919年5月4日，在北京的大街之上摇旗呐喊的那个五四运动。

纽约华美协进社已退休的社长、前辈老朋友孟治先生是位美国名人。《全美名人录》里面为他所列举的多条光荣履历之一便是“曾在中国五四运动中被捕坐牢”，胡适之先生所反对的便是这个“孟治坐牢”的五四运动。

胡适为什么反对五四运动呢？他说因为这个“运动”是对他和一批朋友们——蔡元培、陈独秀、钱玄同等人——所正在进行中的新文化运动的一种“政治干扰”！［编按：参见胡适口述、唐德刚撰稿，《胡适的自传》第八章：《从文学革命到文艺复兴》，《传记文学》第三十四卷第四期（1979年4月1日），页45—55］据他说，新文化运动才是那害了两千年瘫痪病的中国固有文明的对症良药，是当前救国救民的唯一道路。不幸的是，罗家伦把宣言一贴，傅斯年大旗一摇，孟治坐起牢来，“新文化运动”这部列车，被这批小伙计扳错了方向盘，就横冲直撞起来，结果“目的热，方向盲”，列车出了轨、翻了车，弄得伤亡遍野，新文化运动前功尽弃。可怜的老胡适也被弄得教授当不成，而跑到纽约来“落草”。所以他反对五四运动。

在胡适之先生看来，这个真能为中华民族“再造文明”、但是却被迫半途而废的新文化运动，事实上便是他在纽约当学生时代所策动的“新文学运动”的扩大和延伸。而新文学运动又是他那《文学改良刍议》一篇文章“刍”出来的，因而中国近数十年来深入群众的各项激进文化和政治运动，归根结底都与他这篇文章有关。这些运动对国家、民族、人类是祸是福，这篇文章也是个总根，他老胡适都负有责任的。

不管胡先生这一逻辑能不能为历史学家和大众所接受，读中国近代文化史的人，大概没有什么人能否定他这篇文章对近代中国文化运动的重大影响。

1956 年 6 月 2 日，也就是《刍议》开始起草的四十周年，纽约市中国知识分子所组织的“白马文艺社”在胡氏当年写这篇文章的公寓九条街之外开讨论会之时，胡氏又把四十年前的故事详细地叙述了一遍。白马社其后也曾对中国现代文学里“传统与创造”这一问题，由鹿桥主讲，作过很长的讨论。笔者那时也是参加讨论者之一，会后也曾在自己的日记上写上了些节要和私评。

最近因为要翻译胡先生的英语口述自传中有关文学改良这一章，所以我把二十多年前的旧日记也拿出来翻翻以作参考。读了旧时的日记，我才觉得自己没有长进，二十多年前的意见和我现在的意见并没有太大的差别。就在这个时候我忽然收到汪荣祖教授的来信，他在主编一本有关纪念“五四”六十周年的书，要我写一篇关于“胡适与‘五四’”的纪念文章。笔者糊口异邦，实在没空，然汪公盛意坚约，他又是适之先生和在下的小老乡，后来居上，盛情难却，因而把旧日记上我们讨论适之先生——《文学改良刍议》——的节略抄一段下来，略加修改补充，滥竽充数，以就正于高明。拙文虽与“五四”无直接关系，但也算是一点点有关“五四”背景的讨论吧。

下面一段便是笔者当年在鹿桥、艾山两兄有关“传统与创造”的长篇讲演之后，艾山且点名说我“唱梅派”（梅光迪派）的时候，我自己的发言，和其后一些零星私评的节要和增补：

> 我认为古往今来，任何哲学家、思想家，他们的思想和理论的价值，我们都应该把它们三七开或二八开，甚或一九开。他们的理论至多只有三分有永恒或较长时期的价值，其余的则只有些临时性的价值；时代一过，剩下的七分、八分，乃至九分都会变成糟粕，没有价值了。我们对任何至圣大贤的看法，我认为都应该如此。例如老子、孔子、苏格拉底、柏拉图、程朱陆王、休谟、康德、黑格尔、马克思、康梁、杜威、胡适、鹿桥、艾山——尤其是艾山（全场大笑），都应该三七开。我们祖国这些年来把文化思想弄僵了的缘故，就是把一些权威大师们“全开”了的结果……
>
> 我们对胡适之先生的看法，也应该如此。胡先生的《文学改良刍议》这篇文章，在1917年确是应该“全开”的，因为它具备七分的时代价值和三分的永恒价值。但是如今事隔整整四十年了，那三分“永恒价值”虽然还可继续存在，它那七分的“时代价值”就七、六、五、四、三地随时代的延长而递减了。它将来是否会递减到零，那只有等到四十年后再看了……

以上是我发言的要点。在大家讨论之后，我后来在日记里也把我自己的一些零星的意见总结了一下，写了个大纲。我认为胡先生在《文学改良刍议》那篇文章里所列举的“八条”项目，在清末民初，真可谓“切中时弊”。因为我国有清三百年里的“官样文章”，都被我们安徽的老乡垄断了。说我们好的简直把敝老乡捧成“天下文章其在桐城乎？！”；

说我们坏话的，则把咱老乡骂成“桐城谬种”，说他们根本不会写文章，涂鸦满纸，只是一套“桐城壳子”。

说良心话，那一套恭维话，实在是腐儒之见；骂“桐城谬种”是重了一点,“壳子”倒是真的。写起“桐城壳子”来,也真是“八弊皆全”:其一，言之无物;二、专仿古人;三、不讲求清晰的文法，却偏要吹“文成法立”；四、无病呻吟；五、专用滥调套语；六、有话不直说，遇事转弯抹角，用他个“典故”；七、有时还要耍花枪、做对句；八、绝不用大家都懂的俗字俗语。

青年胡适针对时弊，造他桐城老乡一个反，从徽州府炮轰安庆府，打他个安徽内战，把安庆府桐城县内的大小方刘姚都打得落荒而走。胡适之在这场“文改”里所策动的“八反运动”和后来在“土改”时期所搞的“三反”“五反”，真有异曲同工之妙！

可是四十年过去了，徽州胡传的儿子，把桐城方东美的祖宗，早已打得灰溜溜见不得人。但是胡博士从此以后就能取方刘姚而代之，来他个“天下文章其在绩溪乎”了吗？四十年河东转河西,这个文艺界“徽州帮”“黑线专政”也该到了被造反的时候了吧！

第一，做文章一定要“言之有物”吗？屈原的《九歌》，就没有哪一“歌”里面是有物的，你能说屈原的文章不好？屈原是中国文学作家中第一个出个人文集的呢！——三千年来第一人！

写文章不应“模仿古人”吗？近四十年来，我的同学之中就不知出了多少小鲁迅、小胡适、小巴金。不模仿鲁迅、胡适，白话文就作不好。鲁迅早已做了“古人”，胡适那时虽然还未“作古”，但也已“生前原作古人看”了。不模仿古人还行？

写诗文“要讲求文法”？闻一多大师生前所最赏识的那种“看不懂、念不出”的艾山体新诗，就一点文法也没有，它硬是顶呱呱的好诗。今天时代已快进入 80 年代了，白话诗愈写愈好，也是我有见必读的“现代派”诸大诗翁的“新诗”也就愈不讲求文法了，还不是一样直承胡适之第三、四代衣钵的好诗！

“无病呻吟”不应该吗？萧伯纳说，情书就是美丽的谎言，情书写得愈好，谎也扯得愈大。写情书时，足下如有病，千万不可呻吟！无病，则务必大哼特哼！否则感动不了她，她就说你不是“情感中人”，和你绝交，那你就真要自杀了。我的朋友何灵琰的干爹的名著《爱眉小札》，就是惹得千万痴男情女着意模仿的最好的一本“无病呻吟”的“谎言书”。鲁迅那本读来不像“说谎”的《两地书》，也是一本最高明的无病呻吟的“谎言书”，比徐志摩的“谎”说得高明万倍。总之，如果只是有病才许呻吟的话，则李义山的千把来首诗都要真的被吴稚晖甩到茅坑里去了。

写文章用“滥调套语”也是个少不得的坏事（necessary evil），因为语言文字是个活东西，它也有生老病死，永远生存在新陈代谢之中。三十年代的“左联”，苍天！真是满口新名词，现在再说起来，则无一不是滥调套语。胡适之二十几岁所说的话，句句都新鲜，六十一岁在台大礼堂所说的，有哪一句不是滥调套语！红卫兵小将造反之初，也是句句新腔，三个月后，则没有一句不是霉烘烘的。当今在中国文学批评上作为胡适接棒人的夏志清教授告诉我，他只希望他的书“流传五十年”，第五十一年之后，如果不出个“冬志清”，则中国文学批评里的巨著，所剩的也只是些滥调套语了。

对对对子，也不是天大的坏事。事实上笔者本人就深受其惠，夏志清教授最近谬奖拙作，就是说我会写“三字经”、对对子。

本来嘛，中国的方块字就是与蟹行文不同。我们的文章在方格子里写出来，整整齐齐，就像国庆阅兵的仪仗队，不像番语写出来那样头齐脚不齐的。我们的声调，平平仄仄，读起来也可摇头摆尾，铿锵有致。番文番语怎能同我们比？可是这个秘密自周文王到魏武帝，都未被人发现，直到江东二陆以后，才被一些江南才子找到了。且看他们搞的什么“暮春三月，江南草长。杂花生树，群莺乱飞……”你胡适之能说这不是好文章？老实说，我们在海外待久了，同洋人吵架也不算稀奇，抱两本洋书也吓唬不了老儿，我就觉得西洋文学里突出的“纯文学”（belles-letters）就不一定比我们的“暮春三月”更美。我们能念得头动尾巴摇，他们能不能？只是我们六朝金粉里的兔子姑娘，在那些花花公子的俱乐部里捞久了，纵是野花也不香了。纽约的“无线电城”内那些“拉克”（rockettes）女郎还不是一样，那一百多条修长的大腿，踢起来多美！可是她们踢了四十年——从重孙女踢到曾祖母，就再没有人要看了，只好破产关门。

我们专门讲求对仗的“六朝文”还不是和这“拉克”差不多，不是她不美，只是“踢”腻了罢了，最后“踢”出个“诽韩案”的主角，要关她们的门。事实上韩退之的“文学改良刍议”里，也有其“七不主义”：不许脚高于顶，不许三点泳装，不许……只有胡适之的“不避俗字俗语”那一“不”，退老未想到而已。

胡适之先生要人家作文“不用典”，更办不到。因为他教人不用典的那篇《逼上梁山》的大文，文题本身就是大典故！正因为他用典，他那篇文章才有劲。不信？且看我把它换成个不用典的题目：“我本不要做呀，他们硬逼着我做啊！”写了这样一个题目不用典的文章，那胡适还能成其为胡适吗？

记得抗战胜利之后，在野党的领袖们想入阁做官，但面子上又不大好意思，弄得扭扭捏捏的。那时那个俏皮的《文汇报》就替他们做了篇社论，叫《袭人出嫁》。读者不用读内容，一看题目就知道是怎么回事，我们读文学史的人，如不以报废文，那笔者就主张打它个一百分，理由就是它用典用得好。“袭人出嫁”不是个典故？后来笔者在海外教书，教了些台大、政大毕业的高材生，我就一反我自己的老师对我“不用典”的教导，劝我的学生作文要用典——用像“袭人出嫁”那样的“典”。不用典的文章怎能（让我用句“滥调套语”）掷地有声？

俗字俗语，胡适之先生一直要我们“不避”。可是他老人家说话作文却避之唯恐不及。笔者在美国做学生工时，学了许多“四字真言”（four-letter words）。土包子当初不懂，去查《韦氏大辞典》也查不着，最后还是请教了一些同工同酬的活字典，才得其真义。这可算是真正的俗语俗字了，但是这些字我就未听见胡老师用过一个。笔者做了教书匠以后，在书桌抽屉内也贴了一张违反师训的座右铭：“教书时千万不可用俗语俗字。慎之！慎之！”自制“语录”以为警惕，否则便有被大学解聘的危险。

对胡老师“不避俗字俗语”这一教导，最忠实执行的，据我所知，只有胡公在北大的及门弟子——老友艾山诗人一人。且看艾山的《山居小草》这首诗里“植树”的那一节：

> 归一呐，一句话：
> “妈的苗 ×，
> 老子的事，用着你管？
> 多嘴，给你吃卫生丸！”（《暗草集》，页19）

在原文里，艾山没有避“×”这个“俗字”，那是我抄诗时把它“避”掉了的。那时我就和艾山抬杠，我劝他不要让胡老师“牵着鼻子走”，俗字俗语还是避一避的好。

总之，话说回头，任何至圣大贤、哲学家、思想家，他们自己的时代一旦过去了，我们学习他们的“遗教”，就只能三七开，因为历史总是向前发展的，时过境迁，一切口号、教条、真理……往往也就意义全非，我们只顾盲目地跟着他们跑就不对了。问良心，这句话也是我老师胡适先生生前告诉我的，这也该是纪念“五四”六十周年，我们这一代中国知识分子所应该有的警惕吧。

1979 年 1 月 23 日于北美洲

原载《联合报》，1979 年 4 月 25 日

附录

文学改良刍议

今之谈文学改良者众矣，记者末学不文，何足以言此？然年来颇于此事再四研思，辅以友朋辩论，其结果所得，颇不无讨论之价值。因综括所怀见解，列为八事，分别言之，以与当世之留意文学改良者一研究之。

吾以为今日而言文学改良，须从八事入手。八事者何？

一曰须言之有物。

二曰不模仿古人。

三曰须讲求文法。

四曰不作无病之呻吟。

五曰务去滥调套语。

六曰不用典。

七曰不讲对仗。

八曰不避俗字俗语。

一曰须言之有物

吾国近世文学之大病，在于言之无物。今人徒知“言之无文，行之不远”,而不知言之无物,又何用文为乎？吾所谓“物”非古人所谓“文以载道”之说也。吾所谓“物”，约有二事：

一、情感　诗序曰：“情动于中而形诸言。言之不足，故嗟叹之。嗟叹之不足，故咏歌之。咏歌之不足，不如手之舞之、足之蹈之也。”此吾所谓情感也。情感者，文学之灵魂。文学而无情感，如人之无魂，木偶而已，行尸走肉而已（今人所谓“美感”者，亦情感之一也）。

二、思想　吾所谓“思想”，盖兼见地、识力、理想三者而言之。思想不必皆赖文学而传，而文学以有思想而益贵，思想亦以有文学的价值而益贵也；此庄周之文、渊明老杜之诗、稼轩之词、施耐庵之小说，所以夐绝千古也。思想之在文学，犹脑筋之在人身。人不能思想，则虽面目姣好，虽能笑啼感觉，亦何足取哉！文学亦犹是耳。

文学无此二物，便如无灵魂、无脑筋之美人，虽有秾丽富厚之外观，抑亦末矣。近世文人沾沾于声调字句之间，既无高远之思想，又无真挚之情感，文学之衰微，此其大因矣。此文胜之害，所谓言之无物者是也。欲救此弊，宜以质救之。质者何？情与思二者而已。

二曰不模仿古人

文学者，随时代而变迁者也。一时代有一时代之文学：周秦有周秦之文学，汉魏有汉魏之文学，唐宋元明有唐宋元明之文学。此非吾一人之私言，乃文明进化之公理也。即以文论，有《尚书》之文，有先秦诸子之文，有司马迁、班固之文，有韩、柳、欧、苏之文，有语录之文，有施耐庵、曹雪芹之文，此文之进化也。试更以韵文言之：击壤之歌五子之歌，一时期也；三百篇之诗，一时期也；屈原、荀卿之骚赋，又一时期也；苏、李以下，至于魏晋，又一时期也；江左之诗流为排比，至唐而律诗大成，此又一时期也；老杜、香山之“写实”体诸诗，如杜之《石壕吏》《羌村》，白之新乐府，又一时期也。诗至唐而极盛，自此以后，词曲代兴，唐五代及宋初之小令，此词之一时代也；苏、柳（永）、辛、姜之词，又一时代也；至于元之杂剧传奇，则又一时代矣。凡此诸时代，各因时势风会而变，各有其特长，吾辈以历史进化之眼光观之，绝不可谓古人之文学皆胜于今人也。左氏、史公之文奇矣，然施耐庵之《水浒传》视《左传》《史记》，何多让焉？“三都”“两京”之赋富矣，然以视唐诗宋词，则糟粕耳。此可见文学因时进化，不能自止。唐人不当作商周之诗，宋人不当作相如、子云之赋——即令作之，亦必不工。逆天背时，违进化之迹，故不能工也。

既明文学进化之理，然后可言吾所谓“不模仿古人”之说。今日之中国，当造今日之文学，不必模仿唐宋，亦不必模仿周秦也。前见《国会开幕词》有云：“于铄国会，遵晦时休。”此在今日而欲为三代以上之文之一证也。更观今之“文学大家”，文则下规姚、曾，上师韩、欧；更上则取法秦汉魏晋，以为六朝以下无文学可言，此皆百步与五十步之别而已，而皆为文学下乘。即令神似古人，亦不过为博物院中添几许“逼真赝鼎”而已，文学云乎哉？昨见陈伯严先生一诗云：

涛园钞杜句，半岁秃千毫。
所得都成泪，相过问奏刀。

万灵噤不下，此老仰弥高。
胸腹回滋味，徐看薄命骚。

此大足代表今日“第一流诗人”模仿古人之心理也。其病根所在，在于以“半岁秃千毫”之工夫作古人的钞胥奴婢,故有“此老仰弥高”之叹。若能洒脱此种奴性，不作古人的诗而唯作我自己的诗，则绝不致如此失败矣。

吾每谓今日之文学，其足与世界第一流文学比较而无愧色者，独有白话小说（我佛山人、南亭亭长、洪都百炼生三人而已）一项。此无他故，以此种小说皆不事模仿古人（三人皆得力于《儒林外史》《水浒》《石头记》，然非模仿之作也），而唯实写今日社会之情状，故能成真正文学，其他学这个、学那个之诗古文家，皆无文学之价值也。今之有志文学者，宜知所从事矣。

三曰须讲求文法

今之作文作诗者，每不讲求文法之结构。其例至繁，不便举之，尤以作骈文、律诗者为尤甚。夫不讲文法，是谓“不通”。此理至明，无待详论。

四曰不作无病之呻吟

此殊未易言也。今之少年往往作悲观，其取别号则曰“寒灰”、“无生”、“死灰”；其作为诗文，则对落日而思暮年，对秋风而思零落，春来则唯恐其速去，花发又唯惧其早谢。此亡国之哀音也。老年人为之犹不可，况少年乎？其流弊所至，遂养成一种暮气，不思奋发有为、服劳报国，但知发牢骚之音、感喟之文；作者将以促其寿年，读者将亦短其志气。此吾所谓无病之呻吟也。国之多患，吾岂不知之？然病国危时，岂痛哭流涕所能收效乎？吾唯愿今之文学家作费舒特（Fichte）、作玛志尼（Mazzini），而不愿其为贾生、王粲、屈原、谢翱也。其不能为贾生、王粲、屈原、谢翱，而徒为妇人醇酒丧气失意之诗文者，尤卑卑不足道矣！

五曰务去滥调套语

今之学者，胸中记得几个文学的套语，便称诗人。其所为诗文处处是陈言滥调，“蹉跎”、“身世”、“寥落”、“飘零”、“虫沙”、“寒窗”、“斜阳”、“芳草”、“春闺”、“愁魂”、“归梦”、“鹃啼”、“孤影”、“雁字”、“玉楼”、“锦字”、“残更”……之类，累累不绝，最可憎厌。其流弊所至，遂令国中生出许多似是而非、貌似而实非之诗文。今试举吾友胡先骕先生一词以证之：

> 荧荧夜灯如豆，映幢幢孤影，凌乱无据。翡翠衾寒，鸳鸯瓦冷，禁得秋宵几度？幺弦漫语，早丁字帘前，繁霜飞舞。袅袅余音，片时犹绕柱。

此词骤观之，觉字字句句皆词也，其实仅一大堆陈套语耳。“翡翠衾”、“鸳鸯瓦”用之白香山《长恨歌》则可，以其所言乃帝王之衾、之瓦也。“丁字帘”、“幺弦”皆套语也。此词在美国所作，其夜灯绝不“荧荧如豆”，其居室尤无“柱”可绕也。至于“繁霜飞舞”，则更不成话矣，谁曾见繁霜之“飞舞”耶？

吾所谓务去滥调套语者，别无他法，唯在人人以其耳目所亲见亲闻、所亲身阅历之事物，一一自己铸词以形容描写之；但求其不失真，但求能达其状物写意之目的，即是功夫。其用滥调套语者，皆懒惰不肯自己铸词状物者也。

六曰不用典

吾所主张八事之中，唯此一条最受朋友攻击，盖以此条最易误会也。吾友江亢虎君来书曰：

> 所谓典者，亦有广狭二义。饾饤獭祭，古人早悬为厉禁；若并成语故事而屏之，则非唯文字之品格全失，即文字之作用亦亡。……文字最妙之意味，在用字简而涵义多，此断非用典不为功。不用典不特不可作诗，并不可写信，且不可演说。来函满纸“旧雨”、“虚怀”、“治头治脚”、“舍本逐末”、“洪水猛兽”、“发聋振聩”、“负弩先驱”、“心悦诚服”、“词坛”、“退避三舍”、“滔天”、“利器”、“铁证”……皆典也。试尽抉而去之，代以俚语俚字，将成何说话？其用字之繁简，犹其细焉。恐一易他词，虽加倍蓰而涵义仍终不能如是恰到好处，奈何？……

此论甚中肯要。今依江君之言，分典为广狭二义，分论之如下：

一、广义之典非吾所谓典也。广义之典约有五种：

（甲）古人所设譬喻，其取譬之事物，含有普通意义，不以时代而失其效用者，今人亦可用之。如古人言“以子之矛，攻子之盾”，今人虽不读书者，亦知用“自相矛盾”之喻，然不可谓为用典也。上文所举例中之“治头治脚”、“洪水猛兽”、“发聋振聩”，皆此类也。盖设譬取喻，贵能切当；若能切当，固无古今之别也。若“负弩先驱”、“退避三舍”之类，在今日已非通行之事物，在文人相与之间，或可用之，然终以不用为上。如言“退避”，千里亦可，百里亦可，不必定用“三舍”之典也。

（乙）成语　成语者，合字成词，别为意义。其习见之句，通行已久，不妨用之。然今日若能另铸“成语”，亦无不可也。“利器”、“虚怀”、“舍本逐末”……皆属此类。非此“典”也，乃日用之字耳。

（丙）引史事　引史事与今所论议之事相比较，不可谓为用典也。如老杜诗云：“未闻殷周衰，中自诛褒妲。”此非用典也。近人诗云：“所以曹孟德，犹以汉相终。”此亦非用典也。

（丁）引古人作比　此亦非用典也。杜诗云：“清新庾开府，俊逸鲍参军。”此乃古人比今人，非用典也。又云：“伯仲之间见伊吕，指挥若定失萧曹。”此亦非用典也。

（戊）引古人之语　此亦非用典也。吾尝有句云：“我闻古人言，艰难唯一死。”又云：“尝试成功自古无，放翁此语未必是。”此乃引语，非用典也。

以上五种为广义之典，其实非吾所谓典也。若此者可用可不用。

二、狭义之典，吾所主张不用者也。

吾所谓用“典”者，谓文人词客不能自己铸词造句以写眼前之景、胸中之意，故借用或不全切、或全不切之故事陈言以代之，以图含混过去，是谓“用典”。上所述广义之典，除戊条外，皆为取譬比方之辞，但以彼喻此，而非以彼代此也。狭义之用典，则全为以典代言，自己不能直言之，故用典以言之耳。此吾所谓用典与非用典之别也。狭义之典亦有工拙之别，其工者偶一用之，未为不可，其拙者则当痛绝之。

（子）用典之工者此江君所谓用字简而涵义多者也。客中无书，不能多举其例，但杂举一二，以实吾言：

1. 东坡所藏“仇池石”,王晋卿以诗借观,意在于夺。东坡不敢不借,先以诗寄之，有句云：“欲留嗟赵弱，宁许负秦曲。传观慎勿许，间道归应速。”此用蔺相如返璧之典，何其工切也!

2. 东坡又有“章质夫送酒六壶，书至而酒不达”诗云：“岂意青州六从事，化为乌有一先生。”此虽工已近于纤巧矣。

3. 吾十年前尝有《读〈十字军英雄记〉》一诗云:“岂有鸩人羊叔子?焉知微服赵主父？十字军真儿戏耳，独此两人可千古。”以两典包尽全书，当时颇沾沾自喜，其实此种诗，尽可不作也。

4. 江亢虎代华侨诔陈英士文有“未悬太白，先坏长城。世无鉏麑，乃戕赵卿”四句，余极喜之。所用赵宣子一典，甚工切也。

5. 王国维咏史诗，有“虎狼在堂室，徙戎复何补？神州遂陆沉，百年委榛莽。寄语桓元子，莫罪王夷甫”。此亦可谓使事之工者矣。

上述诸例，皆以典代书，其妙处，终在不失设譬比方之原意；唯为文体所限，故譬喻变而为称代耳。用典之弊，在于使人失其所欲譬喻之原意。若反客为主，使读者迷于使事用典之繁，而转忘其所为设譬之事物，则为拙矣。古人虽作百韵长诗，其所用典不出一二事而已（《北征》与白香山《悟真寺诗》皆不用一典）。今人作长律则非典不能下笔矣。尝见一诗八十四韵，而用典至百余事，宜其不能工也。

（丑）用典之拙者用典之拙者，大抵皆懒惰之人，不知造词，故以此为躲懒藏拙之计。唯其不能造词，故亦不能用典也。总计拙典亦有数类：

1. 比例泛而不切，可作几种解释，无确定之根据。今取王渔洋《秋柳》一章证之：“娟娟凉露欲为霜，万缕千条拂玉塘。浦里青荷中妇镜，江干黄竹女儿箱。空怜板渚隋堤水,不见琅琊大道王。若过洛阳风景地,含情重问永丰坊。”此诗中所用诸典无不可作几样说法者。

2. 僻典使人不解。夫文学所以达意抒情也,若必求人人能读五车书,然后能通其文，则此种文可不作矣。

3. 刻削古典成语，不合文法。“指兄弟以孔怀，称在位以曾是”（章太炎语）是其例也。今人言“为人作嫁”亦不通。

4. 用典而失其原意。如某君富山高与天接之状，而曰“西接杞天倾”是也。

5. 古事之实有所指，不可移用者，今则乱用作普通事实。如古人灞桥折柳，以送行者，本是一种特别土风。阳关、渭城亦皆实有所指。今之懒人不能状别离之情，于是虽身在滇越，亦言灞桥；虽不解阳关、渭城为何物，亦皆言“阳关三叠”、“渭城离歌”。又如张翰因秋风起而思故乡之莼羹鲈脍，今则虽非吴人，不知莼鲈为何味者，亦皆自称有“莼鲈之思”。此则不仅懒不可救，直是自欺欺人耳！凡此种种，皆文人之下下功夫，一受其毒，便不可救。此吾所以有“不用典”之说也。

七曰不讲对仗

排偶乃人类言语之一种特性，故虽古代文字，如老子、孔子之文，亦间有骈句。如“道可道，非常道；名可名，非常名。无名天地之始，有名万物之母。故常无，欲以观其妙；常有，欲以观其徼”。此三排句也。“食无求饱，居无求安”；“贫而无谄，富而无骄”；“尔爱其羊，我爱其礼”，此皆排句也。然此皆近于语言之自然，而无牵强刻削之迹；尤未有定其字之多寡、声之平仄、词之虚实者也。至于后世文学末流，言之无物，乃以文胜；文胜之极，而骈文、律诗兴焉，而长律兴焉。骈文、律诗之中非无佳作，然佳作终鲜。所以然者何？岂不以其束缚人之自由过甚之故耶？（长律之中，上下古今，无一道佳作可言也）今日而言文学改良，当“先立乎其大者”，不当枉废有用之精力于微细纤巧之末。此吾所以有废骈废律之说也。即不能废此两者，亦但当视为文学末技而已，非讲求之急务也。

今人犹有鄙夷白话小说为文学小道者，不知施耐庵、曹雪芹、吴趼人皆文学正宗，而骈文、律诗乃真小道耳。吾知必有闻此言而却走者矣。

八曰不避俗字俗语

吾唯以施耐庵、曹雪芹、吴趼人为文学正宗，故有“不避俗字俗语”之论也（参看上文第二条下）。盖吾国言文之背驰久矣。自佛书之输入，译者以文言不足以达意，故以浅近之文译之，其体已近白话。其后佛氏讲义语录尤多用白话为之者，是为语录体之原始。及宋人讲学以白话为语录，此体遂成讲学正体（明人因之）。当是时，白话已久入韵文，观唐宋人白话之诗词可见也。及至元时，中国北部已在异族之下三百余年矣（辽、金、元）。此三百年中，中国乃发生一种通俗行远之文学。文则有《水浒》《西游》《三国》之类，戏曲则尤不可胜计（关汉卿诸人，人各著剧数十种之多。吾国文人著作之富，未有过于此时者也）。以今世眼光观之，则中国文学当以元代为最盛；可传世不朽之作，当以元代为最多，此可无疑也。当是时，中国之文学最近言文合一，白话几成文学的语言矣。使此趋势不受阻遏，则中国几有一“活文学”出现，而但丁、路得之伟业［欧洲中古时，各国皆有俚语，而以拉丁文为文言，凡著作书籍皆用之，如吾国之以文言著书也。其后意大利有但丁（Dante）诸文豪，始以其国俚语著作。诸国踵兴，国语亦代起。路得（Luther）创新教始以德文译《旧约》、《新约》，遂开德文学之先。英法诸国亦复如是。今世通用之英文新旧约乃1611年译本，距今才三百年耳。故今日欧洲诸国之文学，在当日皆为俚语。迨诸文豪兴，始以“活文学”代拉丁之死文学，有活文学而后有言文合一之国语也］几发生于神州。不意此趋势骤为明代所阻，政府既以八股取士，而当时文人如何李七子之徒，又争以复古为高，于是此千年难遇言文合一之机会，遂中道夭折矣。然以今世历史进化的眼光观之，则白话文学之为中国文学之正宗，又为将来文学必用之利器，可断言也（此“断言”乃自作者言之，赞成此说者今日未必甚多也）。以此之故，吾主张今日作文作诗，宜采用俗语俗字。与其用三千年前之死字（如“于铄国会，遵晦时休”之类），不如用20世纪之活字；与其作不能行远、不能普及之秦汉六朝文字，不如作家喻户晓之《水浒》《西游》文字也。

结论

上述八事，乃吾年来研思此一大问题之结果。远在异国，既无读书之暇晷，又不得就国中先生长者质疑问难，其所主张容有矫枉过正之处。然此八事皆文学上根本问题，一一有研究之价值。故草成此论，以为海内外留心此问题者作一草案。谓之刍议，犹云未定草也，伏唯国人同志有以匡纠是正之。

1917年1月

论三位一体的张学良将军

序傅虹霖女士《张学良的政治生涯》

在五光十色的中国近代史中，在百余年当国者的公私生活和政治成败的纪录上，最多彩多姿的领袖人物，少帅张学良将军应该是独占鳌头了。他那带有浓厚传奇性和高度戏剧化的一生，在民国史上老中青三代的领袖中，真没有第二人可与其相比。尤其是他政治生涯中最后一记杀手锏的西安事变，简直扭转了中国历史，也改写了世界历史。只此一项，已足千古，其他各项就不必多提了。

前不久我曾看过一部叫作《少帅传奇》的电影。那显然是由于各种客观条件的限制，使这部电影里的传奇故事比起少帅传记里的真实故事来，恐怕还要逊色呢。少帅实际生活的传奇性，似乎要比传奇电影里的传奇更富于传奇性！

张学良本来就出生于一个富于传奇性和戏剧化的家庭里。他父亲"老帅"张作霖便已很够传奇了。他原是一个比小说书上"梁山英雄"更富戏剧性的真实的草莽英雄，在清代由落草剪径，到抗俄抗日，招安立功，升官发财，而出掌方面。他所掌的"方面"竟比西欧英、法、德、奥诸列强的联合版图还要大得很多。

既有方面之权，作霖乃起而逐鹿中原，终成短期的中华之主，当上了北京政府的“大元帅”——当时中国正统的国家元首。学良便是这样一位不平凡的草莽英雄的儿子。他也是在草莽中诞生的，嗣后跟随其父，水涨船高，竟然做了军阀时代的中国“末代皇帝”的太子。

张大元帅由于秉性忠烈，不可能做汉奸，因此不为日本帝国主义者所容，终于在兵败之后，为日人所暗算而以身殉国。这一段简略的老帅传记，本身便已是够戏剧化了。那时曾有意侍候老帅、终于变成少帅顾问的顾维钧博士就曾经告诉我一个真实而富有戏剧性的故事：作霖于1926年6月18日就职中华民国军政府陆海军大元帅时，曾举行一次历代帝王和历届民国总统都循例举行的祭天大典。当张氏正在天坛之中捧爵而祭并喃喃祝祷之时，孰知一不小心竟把这金爵摔落地上，爵扁酒流，使大元帅惊慌失措，与祭者也都认为是不祥之兆。

其后不久，那批在北京以专才身份待业待诏的博士帮，包括顾氏自己，可能还有王宠惠、颜惠庆、施肇基等一群，日长无事，结伴行街。他们曾戏以张大元帅的生辰冒为一无名老人的八字，请当时北京知名的一位相士代为算命。这相士把八字一排说：这个命贵则贵矣，只是现在他已是黎明前的“电灯胆”，马上就要熄灭了。“电灯胆”便是北京土话中的电灯泡。在那电力不足的北京，黎明前的电灯胆是特别明亮的。果然，不久张氏这个明亮的电灯胆便在皇姑屯熄灭了。

这一故事是顾氏在海牙做国际法庭法官返纽约向我口述其《顾维钧回忆录》时亲口告诉我的。这位国际法庭大法官，那时没有向我捏造这一故事的必要。我之所以提出这些小故事，也只是帮助说明张作霖、张学良父子的一生是多么富于传奇性罢了。

张学良自己在其所撰写的所谓《忏悔录》中，也曾说明他昔日从政的缺失是在识蒋之前一辈子未做过“任何人的部下，未有过任何长官”。他只跟他的“先大元帅”做了多少年的少帅，而这少帅却是从一个公子哥儿开始的。

张学良可能是中华民国史上最有名的公子哥儿了。但是，治民国史者也不能否认他是一位统兵治政的干才。把个花花公子和政治家、军事家分开来做，则民国史上实是车载斗量，没啥稀奇；可是把这三种不同的身份拼在一起，搞得三位一体，如鱼得水，则学良之外，也就真的别无分店了。少帅张学良之所以成为历史性的传奇人物，其难就难在这个三位一体了。

汉卿、汉卿，我国近百年来的凤子龙孙、达官显贵子弟，生活放荡的，也是成队成群了。若论吃喝玩乐的纪录，真正有钱有势有貌有才的邓通、潘岳也不难做到，而难的却是大厦既倾、树倒猢狲散之后，仍有红颜知己舍命相从，坐通牢底，生死不渝——这一点纵是《红楼梦》里情魔情圣的贾二公子也无此福分，而汉卿你却生受之，岂不难能可贵？我们写历史的、看小说的阅人多矣，书本上有几个真假情郎比得上你？

一荻、一荻，你这个“赵四”之名也将永垂千古，在人类可贵的性灵生活史上长留典范，为后世痴男情女馨香景慕。睹一荻之痴情，羡汉卿之艳福，读史者便知，若汉卿只是个酒色之徒而非性情中人，他哪能有这个美丽的下场——公子哥儿不难做，但是古今中外的公子哥儿，有几个不落个丑恶的、难堪的结局？漫说是像张学良这样的大人物了，读者闭目试思，在你所亲见亲闻的酒色之徒中，有几个不凄然而逝？红颜知己、学生战友云乎哉？

赵一荻，我们历史学家也替你喝彩！

至于张学良将军是个军事天才，我们读史者亦不能反证其非。

学良才二十出头，便指挥数万大军，南征西讨。年方二十六便官拜北京政府的良威上将军，与吴佩孚等老帅同列——正如他自己所说的：未足而立之年，“即负方面，独握大权”。

当然，学良的大官大位是与他有个好爸爸分不开的。但是，我们细阅本书便知他那个好爸爸也幸好有这么个好儿子。学良是他的“先大元帅”麾下不可或缺的助手、智囊和副指挥。他们的父子档，正如京戏舞台上所创造的杨家将。没有这个儿子，则张老令公的光彩也就要逊色多了；没有这个儿子，老令公于“碰碑”之后，余众也就统率无人了。

少帅的崛起，的确是由于传统的宗法关系而扶摇直上的；但是专靠这点血缘关系便“负方面，独握大权”，雄踞一方，也是做不到的。关于这一点，公正的历史学家，尤其是本书的作者，自有清楚的交代，读者可细玩之。

张学良最难能可贵的，是他在情场、战场之外，也有其政治家的节操与风范和青年爱国者的热血。他在二十来岁的青年期所具有的现代化的政治观念，已非老帅所能及。年未而立，“即负方面，独握大权”之时，竟能在日俄两大帝国主义环伺之中、守旧派元老将领压力之下，义无反顾，归顺南京，幡然“易帜”。

须知学良于1928年底的易帜，与中国内战史上的“势穷来归”或“变节起义”是截然不同的，在三千年的国史上也鲜有先例。东北当局当年处于日俄夹攻之中，据说南京策士曾有“以外交制奉张”的建议。其实反过来说，“奉张”又何尝不可“挟寇自重”呢？在中国边患史中，安禄山、石敬瑭、张邦昌、吴三桂和后来的盛世才，不都是好例子吗？学良何尝不可依违其间、待机而动呢？但是学良不此之图，偏要易帜归顺，促成国家统一，最后招致日俄二寇南北夹攻，终使他独力难以为继。再者，张少帅亦未尝不可效当年李鸿章以夷制夷之故伎，联俄以抗日，亦联日以抗俄，于二寇均势中自图生存。而学良亦舍此老例不顾，却（如他自己所说的）“不自量力，拟收回北满权利”，挥师“抗俄”，做了个希特勒式冒险之前例，对南北二寇两面开弓。结果力有不敌，终于弃甲曳兵而走。或问学良当年何以见不及此？答曰无他，一股青年热血沸腾而已。那时少帅还不过二十九岁，满腔热血，他如何能向那老谋深算炉火纯青的老官僚李鸿章看齐呢？

关于这一点，我们读历史的，月旦人物，就要看当事人的动机而作其“诛心之论”了。学良当年既拒日又抗俄的干法，实在是一位少年气盛、忠肝义胆的民族英雄之所为，当时那些私心自用、假抗敌之名行投机之实的军阀、官僚、文人，实无法相比。古人说，忠臣必出于孝子之门。此盖人之异于禽兽者。便是不同的禽兽，也各有其独特的物性，如虎狼之残暴、乌鸦之反哺、鸳鸯之爱情，等等。这种不同的灵性，人类却兼而有之，只是人类各个体偏向发展各有其不同程度罢了。世人之中君子小人之辨、爱情色欲之别、贪婪廉洁之分……也就在此。吴三桂说：“父不能为忠臣，儿安能为孝子？”事实上，一个人在天赋性灵上，不能做情种，又安能做烈士——于此我们也可以看出张学良青少年时期的那股血性。明乎此，则我们对赵四为爱情而生殉的感人故事，便也觉得没什么费解了。

显然，张学良青年期的血性和他不愿做帝国主义傀儡的骨气，也是引起“九一八事变”的基因之一。今日史家已完全证实，“九一八事变”是当年日本朝野蓄谋已久的行动。老实说，那也是北伐以后，蒋、李、冯、阎三年内战的必然后果。事变既发，张学良之抵抗与不抵抗，是不会改变事变之结果的；而况他的“不抵抗”原是奉命行事。背了这“不抵抗”三字的黑锅，在当时真是“国人皆曰可杀”。而张氏为此三字之冤不辩一词，并从而戒烟去毒，浪子回头，洗心革面，知耻近乎勇，却是很难能可贵的。

最后，我们就要谈到那震惊中外的西安事变了。西安事变这件历史事实，今后恐怕要被史家争辩一千年而终无定论。但是，事变中的若干史实也是无人能够否认的。

第一，事变之发动是激于张学良对国难家仇的义愤。他反对内战，主张枪口向外，是绝少甚至完全没有考虑到私人利害的。在学良看来，北伐之后，他为谋求国家统一，不惜自弃历史，毅然易帜，归顺中枢。

如今外患急于燃眉，蒋公必欲置中共全军于死地，不灭不休，毋乃太过。学良口劝不动，乃贸然实行兵谏，希望蒋公不为已甚，张氏这种心理基础，盖亦为史家所不容否认者。

第二，西安事变之发生，建议为杨，主动为张。迨至骑虎难下之时，学良问计无人，致使精明而识大体的周恩来变成“谋主”。这点也是不争之论。

不过话说回来，西安事变之受惠者，也不全是中国共产党，中国国民党乃至蒋氏本人也未尝不无实惠。盖西安无变，则蒋氏之剿共战争，以蒋之个性，势必坚持到底。然证诸世界各国近代史之各种实例，这一剿共战争，将伊于胡底，实无人可以臆测。“野火烧不尽，春风吹又生。”古人说：“扬汤止沸，莫如去薪。”共产党有群众、有理论，不谋釜底抽薪，专求扬汤止沸，是消灭不了的。而专靠枪杆来剿共，就是扬汤止沸；何况外患紧迫，大敌当前，有谁能保证一把野火就可把共产党烧得死灰不燃？所以西安事变未始不是国共之争的光荣收场。

再者，西安事变之圆满解决，对当时南京政府也提供了“全国统一，一致对外”的抗日战争的必要条件，因而提早了全面抗战。根据当时国民党“攘外必先安内”的既定政策，没有西安事变，则国府对日还得继续“忍辱”，而忍辱又伊于胡底呢？以当年日本侵华的气焰来推测，南京之抉择在“抗战”、在“忍辱”，其结果并无轩轾；所不同的只是：抗战者“玉碎也”，忍辱者“瓦碎也”，欲求“瓦全”不可得也。如果没有个西安事变，而国民党一再忍辱而弄出“瓦碎”的结果，则蒋氏与国民党在中国历史上将奚止“身败名裂”而已哉！所以西安事变对蒋氏、对国民党，也是塞翁失马，安知非福。

总之，抗战八年，实是我国家、民族历史上最光荣的一页。“兄弟阋于墙而外御其侮”这句古训，在抗战初期真表现得刻骨铭心，为后世子孙永留典范。笔者和一些老辈读者都是有亲身体验的过来人，我们那时亲眼见到蒋氏和国民党的声望，全民仰止，真如日中天。这点史实，任何公正的历史学家都不会否认。如果没有西安事变，没有全国的大统一，没有惨烈的武装抗战，则人事全非，一个独裁专政的领袖和一个忍辱含羞的政党，在历史舞台上以何种脸谱出现，我们写历史的人就很难妄测了。

蒋氏和国民党，当时有此声望、有此契机，好好搞下去，正是天降大任，民赐良缘，来复兴民族、重建国家。谁又想到八年苦战之后竟落了个派系倾轧、五子登科、关门自杀的局面，这又是谁之过欤？人必自侮而后人侮之。西安事变提早全民抗战是真，使反对派的中共因此壮大也不假，但是说它毁灭了国民党在大陆的政权，那就过甚其辞了。

但是不论我们对西安事变的历史意义是怎么个看法，这桩严重的事变和它的多彩多姿的策动者，在我们向以史学炫世的中国，不能没有一部公正翔实的传记。今日坊间有关张、杨之作和老帅、少帅片断的传记，也并不少见；可是由一个职业史学工作者穷根究底地来钻他个牛角尖，写篇水落石出的博士论文，则尚不多见。因此，傅虹霖博士以她十年之功，写出了这部《张学良的政治生涯》，似乎还是这位不平凡的历史人物张学良将军的第一本全传，虽然她所写的还只是限于张氏“政治生涯”这一面，至于其他多彩多姿的众多方面还有待来者。

本书作者傅虹霖博士，于汉译本完篇之后，不弃浅薄，曾一再要我为她这本中文版写篇序文，她的厚意不是因为我对少帅张学良有多少深入的研究；相反，正是因为我所知道的张学良的政治生涯多半得自本书——我是这本传记英文原稿的第一个忠实读者。在作者撰写过程中，从导言到结论，我不但逐字逐句地细读，有时还签注意见、参酌大纲、详订细节。何以如此呢？因为本书英文原稿原是作者在纽约大学历史系攻读博士学位时的博士论文。在她撰写期间，不才适受聘为该校史学系博士班的客座导师，她适是我这位不学导师的博士研究生。这就使我对她这部大作的英文原稿非逐字逐句地细细阅读和慢慢推敲不可了。

在美国的名牌大学中，博士论文的撰写是十分严肃的。简言之，那就是胡适所说的“拿绣花针的功夫”，一幅百尺锦绣，是用小小的绣花针，一丝不苟、一针针地绣出来的。不但要“大胆假设”，更要“小心求证”，有一分证据说一分话，有九分证据不能说十分话。夸夸其谈、望文生义等新闻报道式的撰述，是一句不许的。

还有，在“方法学”上的选择也是极其严格的。我国写旧式传记的程序，也被“社会科学处理”的方式所替代，立言持论都要以社会科学各部门的法则为依归，不可信口开河。这样一来，不但难为了学生，也难为了导师，前者的训练便是后者的责任。这种训练，在中国旧戏剧界里叫作坐科，经过这种严格地坐科训练的演员，便叫作科班出身，否则便是票友。但这不是说票友一定不如科班。可是坐科毕竟是一种对基本功的训练，他的底子究非玩票者所可比。本书作者傅虹霖女士便是史学界有才华而又有科班训练的专才。笔者不学，竟曾一度做过这样有成就的高材生的论文导师。但我对这样不平凡的博士研究生却殊感内疚，因为我虽忝居教席，我对有关张学良的政治生涯的知识，大体依赖着傅女士的研究。如果说她是青出于蓝，那简直是我自抬身价了。

我说这种话并非谦虚，而是事实。她这位杰出的研究生也是我所指导过的博士研究生中唯一的例外。笔者在哥伦比亚大学研究院任教十余年，老实说，那时在我辅导之下的研究生都可以说获益匪浅。理由是那时我兼掌哥大中文图书馆，并且教授一门“中国目录学”。坐拥书城，二十四小时浸在其中，所以任何艰涩题目和稀奇史料，都可一索即得，迎刃而解，因此诸生问学，往往半日之谈，便可省却他们数周、数月甚至数年之功。这不是夸大，实在是汉家典籍浩如烟海，若无师承，则异族学生摸索终生，有时还是足未入户。今日有些所谓汉学家，难免还是如此。可是我对本书的作者就感到十分歉疚了——我对她没有尽到一位论文导师所应尽的责任，反而是在批阅她的论文时向她学习。原因是当她开始撰写时，我正自哥大转业至纽约市立大学，而且转过来担任的且是一项综合多种学科的行政工作。我把哥大中文图书馆的钥匙交还原主之后，对图书资料的掌握便没有以前随时出入那样方便了。

本书作者傅虹霖博士攻读的是私立纽约大学，我转业任教的是纽约市立大学，两校皆无汉籍收藏，研究汉学的师生都倚靠哥大的中文馆。我既离哥大，则各校研究生来寻求指导者，我都以资料检阅不便而谢却。在这种情况之下，傅女士做了我的研究生也就变成了例外。因为她和她的丈夫祖炳民博士和我夫妇早有通家之好，平时论学衡文都如兄若弟，大家治学亦各有高低。如今老友夫人为进修学位，寻师适及下走，我虽自知不学，于情于理，均不得不勉力承乏。今喜见大著问世，我附骥为文，真不胜其惭汗也。

傅虹霖博士是东北的媳妇。她丈夫祖炳民博士原是吉林人氏，毕业于日本东京大学，精通日文，曾主持美国新泽西州西东大学亚洲研究院有年，知名汉学界。他属东北世族，与原东北军将领和老、少帅本家都有千丝万缕的关系。这本书由祖夫人来写，真是得心应手；再加上他二人的才华和博士学位的科班训练，我想这部杰作也能够传世了吧。我是精读过她的英文原著的，持论公允，文笔流畅，颇得我心。中文译作我虽尚未寓目，锦上添花自可预卜。不过博士论文毕竟是篇学术著作，自与通俗读物各异其趣，我想有心读者自能得其三昧。然书非自译，偶难达意，也是意料中事。原文撰述本以西文读者为对象，译汉以后，以中国文谈中国事，让中国读者读之，自更有分外亲切之感。如今发行在即，谨遵作者之嘱，匆草芜篇为序，尚乞海内贤明不吝教之，为幸。

1987 年 12 月 23 日清晨于北美洲

［编者按］傅虹霖著《张学良的政治生涯》原系英文写作，在美国出版，中文版由王海晨、胥波翻译，沈阳辽宁大学出版社出版。

原载《传记文学》第五十四卷第一期

张学良将军的赤子之心

第二次大战后影响历史研究最大的一门学科，便是由杜威大师开山的“行为科学”(behavior science)了。这宗新学派的论学主旨则是“个性决定行为”。其“决定”的方式则是通过一种 S-R 或 S-O-R 程序，也就是“刺激—生机—反弹”(stimulus-organism-response) 连续反应的运作过程。这一过程的发展也是有其等级的：如果这一个性所决定的行为的行为者是一介匹夫，则其行为的结果(consequences) 就只限于一家之内；如果他是官吏或教师，其影响便及于社会；如果他是个秉国政、掌重兵的大人物，那就牵涉国计民生了；更上层楼，他如做了世界级的伟人，不得了，他的个性所决定的行为就关系全人类的生死存亡了。

如今天与人归，由张岳公资政所领导发起、群贤共祝九秩大庆的汉卿张学良将军，便是这样一位世界级的历史伟人，他的个性所决定的行为，就关系全人类的祸福。事实上，他那颗火热热的、老而弥笃的赤子之心所铸造的个性，再通过 S-O-R 的过程所“反弹”出来的社会行为，就部分地改写了 20 世纪后期的世界通史，也通盘地改写了同一时期的中国近代史。我们搞近代史专业的史学家，如今面对这样一位重量级的历史制造者，执简在手，又怎样去秉笔直书呢？

传统史学中的“春秋之义”

老实说，上述西方这宗最新的学问，和我们东方最古老的孔孟教义，基本上是殊途同归的，至少两者之间并没有原则上的矛盾。只是行为科学家只泛论人类社会行为变化之通则，内涵是抽象的，没有涉及个性或人性善恶的具体问题；而我国儒法两家社会哲学的出发点，则基于具体的人性之为善为恶的问题。其实善恶的标准是人类智慧主观地制订的，人性因此也是善恶兼具的。君子小人之别，只是两种“七分天赋、三分环境”所养成的不同的人品罢了。

可是从实际政治运作的观点来看，则有为有守的君子之间，亦何尝没有误国之士；无所不为的小人之群，也每有治国用兵之才。既然这样，我们观察历史人物，又如何落笔呢？所以我们传统史家乃有所谓“春秋之义”，就是把他们的动机与效果分开，不以成败论英雄。历史人物如动机纯正、心际光明，则是国之瑰宝、民之圣贤，行事偶有差池，史家亦只“责备贤者”而已，无伤大节。反之，小人当国，则不论成败都是史家口诛笔伐的对象了。

曹操说：“天下无孤，不知几人称帝，几人称王。”他对安定汉末那个动乱社会是有其功勋的，但是曹操却永远是传统史家笔下枭雄小人的代表。重视动机、藐视效果，斯之谓“诛心之论”——其功不可没，而其心可诛，则终不足取也。我国传统史学上这点臧否人物的道德标准，是值得我们承继的。

不过传统史学毕竟落伍了。它那衡量忠臣孝子的尺码，已嫌陈腐；它那知其然而不知其所以然的研究方法，也不够科学。这就需要我们用现时新兴的社会科学的法则来加以补充了。所以我们要把我国当代世界级的民族英雄在国族历史上试为定位，那我们就得把古今中外历史科学的法则与观念摊开来比较研究一番，不偏不倚，才能粗得其平。

所以我们如以“春秋大义”来观察张学良将军，他实在是一位动机纯正、心际光明、敢作敢为、拿得起放得下而永不失其赤子之心的爱国将领。就凭这一点，当年假抗日之名行营私之实、其功未必不可没而其心实可诛的军人、政客、党人、学者，在中国近代史上，就不能跟张学良这样的老英雄平起平坐了。

再从当代行为科学研究的规律着眼，则少帅当年的政治行为和心理状态,亦无一不可于“刺激—生机—反弹”的通则上找出科学的答案。这是一门社会科学与自然科学（如心理学、生理学等）交配的新品种，不是历史学家可以胡说八道的。

总之，张学良将军早岁的显赫和晚岁的恬淡，都发生于一个“最后之因”，这个“因”便是他个性上有颗赤子之心。这颗赤子之心，经过 S-O-R 的反弹化为行为，是可以翻天覆地的。那是少帅当年道德上的长处，但它可能也是少帅职业上的短处啊。

永不褪色的赤子之心

朋友们或许要问，张学良有颗永不褪色的赤子之心，何所见而云然呢？答曰，正是有所见而云然！

事实上是，赤子之心，人皆有之；只是基于上帝安排，人各有其多寡罢了。张汉公可能要比一般人更多一些。这是上帝恩赐,不可强求。

事实上，赤子之心，也是人皆失之；只是失去者有早晚之别罢了。而张汉公则保留它至九十高龄而未褪色，这或许就是环境的关系了。赤子之心为何物也？想读者群中善男信女都能详道之，不多赘了。只是失去赤子之心的人，应以政客为最早。盖政治最复杂、最诡谲，吃那行饭的人，童心就不易保留了。可是张学良也是吃那行饭的大头头，他竟然年跻九十而有其赤子之心，岂不怪哉？

其实细细推敲一下就没有什么费解了。行为科学的 S-O-R 就足为我们详述之：张汉公虽然“年未而立，便负方面，独握大权”，俨然一位政界大头目，但是他却没有学会怎样做政客！他没有做政客的必要嘛。因此他在这个 S-O-R 的连锁上就缺少了这个做政客的“S”，自然就没有“O-R”了。且看他生为“衙内”，幼为“王子”（东北王之子），稍长“便负方面”，当行伍出身的老奉系搞不下去了，在现代化了的新奉系中，少帅就是事实上的一系之主，何待于老帅殉国之后呢？他上无其心难测的上司，中缺争权夺位的同僚，下面多的是忠心耿耿的死士部属；日常行政处事，一切为国、为民、为公、为系，也就是为着自己。他没有搞钩心斗角之必要，因此他也就没有做小政客的历史磨炼了。

汉公真正地卷入政治漩涡，盖在“九一八”之后，而他的对手又是三位当时中国政坛的第一等高手，所以少帅就开始吃亏了。西安事变之后，张副司令亲送蒋中正总司令返南京。冯玉祥闻之叹曰：“少不更事！”这位姓冯的“把兄”（冯、张原有金兰之盟）就不知道他那年轻的“把弟”原不是个官僚政客嘛。

人生短短百年，总应留得清白在人间！

唯大英雄能本色，是真名士自风流！吾为张学良将军作期颐之祝。

1979 年 5 月 28 日匆草于台北

原载《传记文学》第五十六卷第六期

民国史“每两月一章”

绍唐兄：

拜读5月号贵刊“编者按语”，真不胜惶汗。兄之期许，诚为弟数十年之私愿。每希于衣食无虞而又可长期目不窥园之条件下，为民国史作一有系统之整理，庶足以一家之言，就正于史学同文及社会上之一般读者。鄙意拙作将区分为两部门：其“正文”当务求其通俗，庶几非史学界读者偶一阅之亦不致“昏昏然入睡”;其“学报”性文字,则系诸“注释”，必要时重要小脚注均可独立成篇，自成一小专题，以就正于象牙塔内之贤师益友，虽不能至，数稔以来，心向往之矣。

唯弟此次留台数月，实完全出诸偶然。初来时除一把牙刷之外，真是身无长物。数十年旧稿与笔记等物，竟未携来片纸。最近虽承蒋慰堂前辈之提挈及“国立中央图书馆”中诸友好之鼎助，重入宝山，殊可安居乐业；然目前亦有一二专题，必须于留台期间全力以赴，期能略有所成，以补国史之书阙有间。以故兄之盛意嘱“每月一章”，实在是捉襟见肘，力有不足。加以海峡两岸，近史专才何只数百人，弟何人兮，敢于班门弄斧、草草落笔哉？如兄宽限为“每两月一章”，则拖破车、牛马走，或可勉强应命。弟自知不学，以故一拖再拖，始终不敢执笔。然弟亦深知："丑媳妇终得见公婆。"如无畏友如兄者执鞭策励于后，将永远不敢"洗手做羹汤"也。

拙作次一篇姑命题为"论'帝国主义'与晚清外患"，兄如不弃，当于6月中旬缴卷也。匆上。叩

编安

弟德刚　顿首

1979年5月25日

原载《传记文学》第五十六卷第六期

广陵散从此绝矣

敬悼顾维钧先生

1985年11月15日上午，我正拿着粉笔走向教室，系秘书忽传有台北电话，那原来是金恒炜先生打来要我写一篇悼念顾维钧先生的文章。

“顾先生去世了！”心头为之一怔。台北已知道了，而我近在咫尺却未见消息，所以感到愕然也。

顾先生自1912年他二十五岁在哥伦比亚大学取得博士学位回国，出任外交部和袁世凯大总统的机要秘书始，至1967年近八十高龄自海牙国际法庭退休止，盘旋于中国政坛的最高阶层先后五十余年而未尝间断。真是一生显赫、福寿全归，不特是中国近代史中所未有，即在世界近代史中，除丘吉尔一人之外，恐怕也难找到第二人了。

先生今以九九高龄无疾而终，这在传统中国原叫作白喜事，亲友晚辈本无悲伤之必要。只是顾公的门生故吏、晚辈亲友，近数月来，正准备明年为老人庆祝“百龄嵩寿”，孰知余时不过数月，老人却“避寿”而去，终不能不使晚辈感其哀悼也。

笔者之认识顾先生，进而成为顾氏的助手，还是由我那老本行“口述历史”开始的。在50年代之末，哥伦比亚大学“中国口述历史学部”一共只有两个全时研究员，那便是已故的夏连荫（莲英，英文名 Julie

How）女士和我。但这时正在大陆“变色”之后不久，寓居纽约附近、头一号的中国前政要，真是一列地铁如何载得起！这对我们搞中国近代史的来说，也真是多彩多姿、美不胜收——只要这批历史制造者纡尊降贵，有意与我们合作，那我们无不欢迎，工作再繁重也得撑持下去。

顾维钧先生在1960年初有意参加我们“口述历史学部”之后，校方原是指定Julie担任访问。Julie工作本就相当繁重，加以她又是位美而多财的千金小姐，家资万贯，不靠薪金过日子，搞历史本是她的消遣，弄得做工如救火她是不肯干的——这也是完全可以理解的。所以连荫在访问了顾少川先生的童年事迹以后，嫌太忙太累，就辍工不干了。

我那时比连荫还要忙。但是“顾维钧”这个名字对我的诱惑力太大了。搞中国近代史怎能和“顾维钧”失之交臂呢？加以在北洋时代，顾总长、顾总理和黄蕙兰夫人，还住在铁狮子胡同陈圆圆的故居时，我家的一些长辈，包括我那在法国留学的姑母和姑丈，都认识他们。自我家长辈口中，不知听了多少顾总长的传奇——那时的“顾总长”这三个字，对个小孩子是多么遥远啊！

如今这位“铁狮子胡同的顾总长”就近在眼前，这项传奇何能放过？我自连荫处取过录音带，就和顾总长攀谈起来了。顾总长对我的接班也大为高兴——因为我对民国史演义也大有研究。搞起直系、皖系，尤其是后者，也能如数家珍。顾总长提到吴景濂，我就说“吴大头”；他说“国会议员”，我就说“八百罗汉”；他说“张嘉璈使他过不了中秋节”，我就把张公权回忆录拿给他看，并告以张公权先生亲口对我所说的关于“中秋节”事件的经过；他提到冯玉祥“倒戈”——此事当时传说是“顾维钧假扮妇人，逃往天津”，我便告诉他黄郛是主谋，黄沈亦云夫人则躲在北京公馆做内应。

“黄沈亦云夫人告诉我，这件事是‘首都革命’呢！”我以英语向当年的总长、摄阁，提出如上情报。

“黄太太那时也在北京？”顾公始终以英语问我。

“怎么不在呢？”我说，“黄夫人彻夜不眠，还不时把电灯开关扭动，看看北京是否断电呢！”

“啊！原来黄太太也是叛徒的‘共犯’！”他说了也笑起来。总之，我这位助手对稗官野史之熟悉，足使他大为欣赏——他的故事，也找到了如响斯应的传人。

一次，顾氏把“金佛郎案”当中一段故事张冠李戴了。我更正了他的错误，顾公不服，并说“事如昨日”也。我取出顾总长当年自己签署的文件来再次反证，顾公才服输。

“唐博士，”顾总长安慰我说，“这一章是错了。下礼拜，我俩重行写过。”

顾总长和胡适大使及李代总统不同。胡、李二公遇我如晚辈、如子侄，亲如家人。顾公可能是久做外交官的关系，对任何人都文质彬彬的，保持一段礼貌上的距离。我随顾公三年有奇，他未叫过我一声“德刚”或“T K”。每次我往谒见，他总是站起来和我握手，叫我“Dr.Tong”，顾公告诉我，当年他的上司陆徵祥对他总是如此。做职业外交官的人多半是如此吧。

不过顾先生对我这个助手则显然颇为赏识。他那时在海牙，每年回纽约三数月至半年不等。每次回纽约之前，他总是写信告诉哥大当轴，盼能调我这位“唐博士”继续做他的“助手”。一次他还把我向宋子文先生推荐呢。退休之后，他和哥大的狄百瑞和国际银行总裁 Eugene Black 等，图重整美洲最老的华美组织 China Society，我还在他这位会长之下，又做了四年的“执行副会长”的苦工呢。

我替顾先生当助手搞口述自传，是他自哥大博士那一段开始的。他那时是哥大真正的超级高材生。老师们一致认为他是位了不起的人才。辛亥革命一旦成功，“老朋友”孙逸仙博士做了总统，古老的中国现代化了,需才孔急。老师们乃劝“威灵顿”(顾氏的洋名字)立刻回国报效。

“我的博士论文才写了一半呢!”威灵顿认为他还未学成,应暂缓归国。

“够了!够了!”老师们说。

其实这篇论文实是“不够,不够”的,有待补充。据说几位老师大家分工,补充补充,就由哥大出版部出版了。胡适之老师和在下都是哥大的博士,都知道顾氏所得的是一份殊荣。

顾君回国时翩翩一表,给“宰相”唐绍仪看中了,以女妻之,他就在相府招亲,做了国务总理的女婿,出任外交部秘书,旋升参赞。那时虽是民国,然帝制还是去年的事,官仪官箴,仍从旧习。

“每次梅兰芳见到我,都‘打千’呢。”顾氏说得很平淡,而我这位《梅兰芳传》的作者却心里有数——我知道我的“英雄”、可爱的“梅郎”,那时对这位“相府女婿”的新贵,是怎样“打千”请安的。

顾氏在外交部工作不及数月,大总统府出事了。

原来那时日本正在“洋化”。新天皇(裕仁的爸爸)搞洋规矩,新年期间向全世界各国元首发出“恭贺新禧”的通电,各国元首亦电复新年发财。这个天大的新闻里却独缺北京。袁大总统不安了,内阁和外交部更感惶惑,又不便去电东京质问——不知如何是好。

这时顾秘书想出政府里邮电放发可能有误。外交部、国务院既未收此电,则此电可能径发大总统府——顾秘书乃奉命往总统府“查卷”。这一查,不得了:此电赫然在焉,只是电报上有大总统府秘书的批注说:“东京来电,姓名地址不详,免复。”

原来这位秘书不知道英文电报里的“YOSHIHITO”即是日本大正天皇也——一个天大的乌龙!

“这位秘书怎能如此粗心!”笔者也曾干过短期小型的“机要秘书”,知道吃这行饭是既“机”又“要”,大意不得的。

“他是哈佛毕业的。”顾氏微笑。

“是谁？”我追问。

“不必说名字吧。”顾先生是外交官，是忠厚的人，更是聪明人，他知道他这位“助手”是会自己知道的。

哈佛毕业，回国任大总统机要秘书，是比哥伦比亚毕业，任外交部秘书，要“机要”得多啊！

“袁大总统如何处理这一过失？”我问。

“罚薪一月，”顾微笑地说，“不久就调职了。”

“哈佛毕业的”调了职，这位“哥伦比亚毕业的”就奉大总统手谕，兼任双重秘书了。

袁大总统和蒋老总统不同。蒋公选择“幕僚”，尤其是管“机要”一类的人，务求其谨小慎微、鞠躬尽瘁，像陈布雷先生那样的谦谦君子。袁世凯则相反，他取其精明强干，遇有要事，拿出主张，任其艰巨——这一来，这位精明强干、才大心细的顾少川，登高而招，顺风而呼，不久便锥处囊中、脱颖而出了。年方二十七，一位翩翩美少年、浑世佳公子便被大总统逾格超升，以“头品顶戴、三眼花翎、赏穿黄马褂、钦差大臣”的同等官阶和荣誉，出使美利坚合众国的“全权公使”。

顾少川那时在冠盖如云的华盛顿外交圈中，是一位最年轻、最漂亮，可能也是最有风度、最有才华、最有学问的外交官，更是白宫主人早期的忘年之交、英雄识英雄的“老朋友”——真是出尽风头，虽然他所代表的国家是当时列强的一个最老大、最腐朽、最贫困、最愚弱的“次殖民地”。

在此三数年前，一位哥大的东方学生威灵顿·顾曾率领了一个哥大辩论团远征普林斯顿大学，击败该校的辩论团之后，由普林斯顿校长伍德罗·威尔逊在官邸欢宴，宾主尽欢，相约“再见”。又有谁知道，数年之后，彼此真的“再见”了。“再见”之时，彼此都穿上大礼服——

一位是美国的大总统，另一位则是古老中国的“钦差大臣”呢。

呈递国书之后，这两位忘年老友，握手一笑——这是外交史上的国际佳话呢，还是英雄识英雄、“使君与操”的煮酒话旧呢！？这件事，为以前史书上所未有，今后的外交史恐怕也难得五百年一遇了。

“现在的国民政府外交部，对我们外交使节行文，总是叫训令，”顾先生偶尔也同我讲几句不上记录的华语，说，“在满清时代的总理衙门和外务部，只能用咨文——因为外交使节是代表国家的，代表皇帝的，是钦命官、钦差大臣——是和六部尚书平等的……”顾先生向我说这话，并无感叹之意，他只是说明一件历史事实和行政制度上的变革而已。

顾少川先生自二十七岁时，从“钦差大臣”做起，两度入阁“拜相”，一直做到八十岁退休为止。

他是世界上的第一流外交干才、举世闻名的国际政治家。但是他搞的却是个弱国外交——他个人在外交界所代表的分量，往往超过他所代表的政府。检讨起顾氏一生的成就来，读历史的人或许会惋惜他事非其主，为其才华抱不平。

“办外交不比打仗，”顾氏心平气和地告诉我这位后辈，“打仗有百分之百的胜利，也有无条件投降。办外交能办到百分之七十的成功，就是最大的胜利了……哪有百分之百的胜利！”

这是顾先生办五十年弱国外交的肺腑之言。五十年中，凡他所经办的外交事件，多半可说是百分之七十的成功吧——至少他没有丧权辱国，没有在国际上丢人现眼。

他曾替“军阀政府”服务，遭到国民政府的“通缉”（这点顾氏一直向我否认）；他也替国民政府当过外交部部长、当过大使，而被共产党宣布为“战犯”。但据我所知，他老人家晚年的访客中却有好几位北京驻外大使，他老人家也是他们的非正式的顾问和教师呢。

顾先生的才华真是国内国外，一时无两。他是位功不可没的爱国外交官，他本身的传记便是现代中国的一部外交史。笔者不学而有幸，竟能襄赞长者，留下他一生最光辉的阶段——自 1912 到 1937 年中——最光辉的记录和最丰富的史料。我曾替他那三十七大箱个人文件和三十五年的英文日记做过引得，在哥大图书馆辟专室保管之。

缅念先贤，我想，像顾先生这样有才华和功业的巨人，他一死只可说是“广陵散从此绝矣”！对一个教外交史的教师来说，顾先生在现代外交史上，实在是前无古人、后无来者的。

写顾先生，笔者可文不加点，一下便写出二三十万字来——他的故事太丰富了，也太有传奇性了。姑且应金恒炜兄之嘱，暂时就写到此处吧。

1985 年 11 月 16 日晨 8 时匆草

原载《传记文学》第四十七卷第六期

《顾维钧回忆录》的撰写秘史

王书君君为唐德刚于1981年在济南山东大学当“交换教授”时美国史班上的学生。其作业为“太平洋海空战”，嗣发展为一长逾三十万言之巨著，畅销大陆与海外，为纪念珍珠港事变五十周年难得之巨构佳作。王君现任青岛市社会科学院副教授。本篇为唐氏于1987年讲学青岛时，王君的访问纪录。

《顾维钧回忆录》一书是中国著名职业外交家顾维钧先生的一部长篇回忆录。这部书在大陆出版已有数年，可是，关于这部回忆录撰写的秘史，却鲜为人知。最近，美国哥伦比亚大学哲学博士、纽约市立大学亚洲学系主任唐德刚教授应邀赴青岛讲学访问，我就此问题采访了他。唐教授是参与撰写《顾维钧回忆录》的五位学者中最主要的一位。他谈了撰写这部回忆录的曲折过程，其详情如下。

关于撰写《顾维钧回忆录》的情况，不妨从头说起。

在海外，撰写回忆录一向被视为理所当然的事情。第二次世界大战之后，英国的丘吉尔、美国的艾森豪威尔、麦克阿瑟将军等都有自己的回忆录，美国现代名人几乎人人都写回忆录，如近几年来，《基辛格回忆录》、《尼克松回忆录》等都已先后问世。

但是，撰写回忆录并非易事，个人写起来相当麻烦，须花费很大的气力。鉴于此种情况，历史学家们采用了一种比较简便的方法——口述历史。

这一方法最先是由美国学者列文斯在第二次世界大战期间搞起来的。那时，录音机刚刚发明，这就为口述历史的进行创造了条件。列文斯的口述历史计划的对象首先是美国要人，同时也包括一些在二次大战中跑到美国去的欧洲知名人士——高级难民。当时，口述历史的工作由哥伦比亚大学出面集资组织，结果搞得非常成功。后来，这一方法也被一些研究中国历史的学者采纳了。50年代初，中国共产党革命成功，国民党中的大批要人纷纷移居美国，其中包括胡适之、李宗仁、孔祥熙、陈立夫等。于是，哥伦比亚大学便拟就了一个“中国口述历史”的计划，并组建了一个研究室。然而，全室的人员仅仅才两名，一名是我，一名是夏连荫小姐。夏小姐是哥伦比亚大学的一名硕士，她的英文很好，但中文差一些。起初，校方指派她去访问孔祥熙，采访工作结束后，她又去访问陈立夫。而我最初访问的是胡适之博士，工作完毕之后，我又去采访李宗仁先生。

就采访计划的规模而言，哥伦比亚大学当然希望越庞大越好，可是，由于人手太少，我们也不可能把战线拉得太长。在我与李宗仁先生合作搞他的回忆录时，哥大也意欲访问顾维钧先生。

顾维钧先生在中国政治舞台上的时间很长，在许多重大的历史事件中，他都是一位很有资格的历史见证人。他1912年做袁世凯的秘书时不过二十五岁，二十七岁时任驻美公使。在巴黎和会时，他才三十岁出头。后来，他出任北京政府的外交总长，并曾担任过代理国务总理。国民党政府时期，他又任外交部部长，又做大使，个人收藏的资料相当丰富，这便是哥大“中国口述历史学部”意欲访问他的主要原因，而顾维钧本人也非常愿意加入这一“口述历史”的计划。但当时顾维钧正在海牙国际法庭里做大法官，每年在纽约的家中仅有三个多月的休假时间。于是，哥大就与我们商量，希望我们能抽空在顾维钧回到纽约度假的时候访问他，当顾维钧假满返回海牙之后，采访工作就告暂停。那时，我正忙于访问李宗仁先生，实在挤不出时间，因而最初访问顾维钧的是那位夏连荫小姐。

夏小姐访问顾维钧是从顾的少年时期搞起的，她先后采访了顾维钧的家庭背景、儿童生活、到美国留学的情况、最初的婚姻问题，等等。可是，当她刚刚开了个头，写到辛亥革命的时候，她便不想干了，因为夏小姐感到工作量太大、太忙碌。这时，校方就问我能不能接着做下去。其实，那时我比夏小姐更忙，正忙着访问李宗仁先生。但我感到顾维钧的名气很大，这个题目对我很有吸引力，便一口答应下来。经过五个月对顾维钧的初访后，我将稿子整理出来交顾维钧一阅，没想到他竟大为满意。原来，顾维钧从政生涯持续时间很长，特别是早年他在袁世凯手下做事，时间久了，他对自己的所作所为也无法记得一清二楚，而我是学历史的，凡涉及的历史事件，我就想方设法将有关的史料查找出来，加以补充和核对，顾维钧对此非常满意。首次访问之后，顾维钧便又回到海牙任职去了，并从那里写信给哥伦比亚大学，表示仍希望由我来替他写回忆录。从此以后，访问顾维钧的工作就全部由我承担下来了。每当顾维钧回纽约度假一次，我就前往采访他一次，每次采访的时间为三至五个月不等。

我为顾维钧撰写的回忆录，从时间上讲，是从 1912 年顾维钧任袁世凯的秘书起，那以后不久他又被晋升为外交部参事，1915 年出任驻外公使。当时，北京政府考虑到顾维钧年纪太轻，一下子到美国做公使有点过分，遂拟定了一个新方案：将顾维钧任命为驻墨西哥公使，以这个身份赴墨西哥尽快呈递国书，然后改派他赴华盛顿任中国驻美公使。这是北京政府原始的计划，事实上顾氏一到美国，政府的任命便改变了。不久，第一次世界大战结束，北京政府又指派顾维钧作为中国代表团成员之一参加巴黎和会。现在回顾一下，全世界只有两个人同时参加了第一次和第二次世界大战之后的“和会”，一位是南非的一个首脑人物斯考特将军，另一位便是顾维钧。和会之后，顾维钧又参加了1922年的华盛顿会议。之后，中国方面将山东胶州湾的主权争了回来，顾维钧也因之名声赫赫，那时他三十四岁，年富力强。回国后不久，1922年，顾维钧就当上了外交总长。1926年10月，由于银行界和军界对待内阁的行径使北京政府总理杜锡珪感到愤慨，遂于10月2日辞职。那时，北京政府的外交部是内阁里的第一部，国务总理不干了，外交总长便代理国务总理。于是，10月6日，顾维钧即组阁做了代理总理，接管了政府。不久，又正式就任内阁总理一职。北伐之后，顾维钧跑掉了，他到欧洲去旅行，观察世界政治趋势，后又抵达加拿大。不久，他接到张学良的电报，离开加拿大回国到达沈阳，做了张学良的智囊人物。

“九一八事变”后，国民党政府请求国联出面调解，但国民党政府当时没有合适的外交人选参与这一国际性的外交调解工作，顾维钧遂成了中选角色。于是，这位本是国民党通缉令上的人物，于1931年11月23日摇身一变，竟成为国民党政府的代理外交部部长。不久，顾维钧就作为中国代表抵达国际联盟总部当时所在地日内瓦。后来，他又担任驻法公使，不久，中法外交升级，他就成了中国第一任驻法大使，一直做到第二次世界大战开始。1940年6月，法国被德国占领，成立了维希政府，顾维钧又在维希政府里担任了一段时间的中国大使，后调任驻英国大使。当时，法西斯德国从空中对英国实施狂轰滥炸，顾大使像其他人一样，也领到了一顶钢盔。顾维钧当年的这顶钢盔，现在还在我家里。它怎么会跑到我这儿来了呢？这是因为顾维钧有数十箱档案材料，我劝他将这批材料捐献给哥伦比亚大学，由哥大加以保存。顾维钧对此是求之不得，因为他的这批资料放在一家商业公司的保管科里，他每月要为此付出七十多美元的保管费。这批档案材料共三十七箱，内容非常丰富，是一批珍贵的历史资料。我将其安置在哥大的珍贵资料室里，取其名曰“顾维钧室”，由我来负责。我又请了一批研究生将这批资料做了索引。在将资料装车运往哥大时，我那九岁的儿子从资料堆中拣出了这顶钢盔，戴上后蹦蹦跳跳高兴得很，顾维钧在旁一看，便说道：“拿去吧，拿去玩去吧。”这样，我的儿子就把钢盔拿回家去了，一直到现在。

就这样，我所撰写的《顾维钧回忆录》从1912年一直写到顾维钧就任驻英大使。这二十几年实际上是顾维钧一生中最精彩、最重要的时期。撰写这一段时，他口述，我执笔，并查阅了相当多的资料，这三十七大箱的资料都查了，三十七箱之外的资料我也查了不少。

当我整理完顾维钧上述这一段回忆录之后，大约在1962年，我就离开了口述历史室，因我不能老是干此工作，这都是研究生干的项目。那时，我已是哥伦比亚大学的副教授了，后续的访问工作便由两位博士研究生来接手。所以有人说，《顾维钧回忆录》是由“四个博士”写的。其实只有三位博士，那夏小姐不是博士。而这三位博士中，顾维钧一生中最重要的时期便是我写的。后面接手的两位博士，一位姓曹，也是哥伦比亚大学的博士，他仅仅写了很短的一部分就被哥大辞掉了；另一位是美国人，叫乔治·西蒙尔，他接着做了剩余的访问工作。后面顾维钧的许多经历，在他个人一生中都不是很重要。回忆录的结尾是到顾先生做完海牙大法官。

我们四人搞的这一大堆材料，后来由一位美国小姐整理，因为这位女孩子不是一位作家，所以她在整理中，把我从前写得很生动、很精彩的一些情节删掉了不少，最后撰写成一万余页，搞成缩微胶片，放在哥伦比亚大学。

1972年，中美关系正常化，外交活动日益增多。大约在1979年前后，一批中国学者访问美国，并曾同中国驻美外交人员一起与顾维钧共进晚餐。席间，顾维钧说他有一本英文稿的回忆录，中国社科院的几位学者就说，能不能拿来让我们回国翻译一下出版呢？顾维钧就这样答应下来了（这件事是顾维钧于事后亲口告诉我的）。随后，九十一岁的顾维钧就将回忆录的稿子交给了中国学者，而哥伦比亚大学还不知此事。当时，撰写《顾维钧回忆录》的目的是为了保存史料，不是为了出书，所以，该回忆录是以英文用缩微胶片的形式出的，是专为学者们进行研究用的。再说，他的书部头太大了，谁能出得起呢？据说国内组织了不少人翻译这部书稿，已经出了好几卷，可是关于这部书稿成书的坎坷过程以及我们撰稿者披胆沥血的情形，国内却一点儿也不知道，我们也都成了“无名英雄”。我自己在这其中的遭遇就如同《李宗仁回忆录》一书最初在国内出版时的情形一样（注）。

【注】该书初次在大陆印刷发行时未署名，后来由广西人民出版社发行时，才署名为“李宗仁口述，唐德刚撰写”。

原载《青岛研究》西安事变、六一事变五十周年

西安事变、六一事变五十周年

兼谈刘廷芳“说服蒋介石先生的一段内幕”

1936年6月1日所爆发的六一事变（亦称两广事变）和同年12月12日至25日所发生的西安事变，屈指算来，距今已整整五十周年了。这两个事变，前者不足两月，后者不足两周，它们不特改变了我们中华民族每一个人的命运，甚至改变了今日世界整个人类历史运行的轨迹。西安事变既然比较出名，今且颠倒其顺序而论之。

西安事变的后果

西安事变为什么会引起如此严重的后果？这倒可以屈指而计之：

一、它把当时的蒋委员长——也可说是整个国民党吧——“安内而后攘外”的政策（参见蒋夫人最近在台北发表的悼夫文）临时叫停；把一个四面楚歌、危急万分的红军，解救了出来。

我有一位在当今中国史学界颇有声望的朋友就曾向我说过：“没有西安事变，我不相信那一点点共军就消灭不了。”

历史学家虽然不能臆断历史上有可能而实际上并未发生之事，但是一个有深度的学者的话，也不是只凭意气出口的。因为蒋氏那时的政策虽愿保留共产党，以为将来联苏抗日留个余地，但他却是要“彻底消灭”共军的。可是当时共军之存在亦有其一定的历史和社会的条件（宋庆龄语）。“野火烧不尽，春风吹又生”，要彻底消灭亦属不易。不能彻底消灭，就变成零星打斗，那也会纠缠不已的。“内”既不能“安”，“外”也就不能“攘”了。恰于此时张、杨二人搞出个兵谏，使双方都保存了面子。国民党停止“剿共”；共产党不但红军接受改编，共产党人且愿再度加入国民党（见蒋著《苏俄在中国》）。国民党不愿共产党再度加入，蒋委员长和夫人却接受了共产党军队半独立式的改编，并由南京中央补充弹药、接济粮饷（这时南京派往延安的代表是中委邵华。邵先生是笔者的中学老师，这故事是他亲口告诉我的），终使共产党军队由半独立而独立发展，由茁壮而成长。楚河汉界，平分天下，最后竟然取而代之。

二、西安事变把抗日战争提前了。抗战是拿全民族的命运作孤注之一掷，岂是搞着玩的！我们的抗战是否可以避免，无人可以臆断。但是史家可以认定的，则是那时日本侵华并无固定政策。战前那些所谓“事件”，都是一批“鲁莽灭裂”而目光如豆的日本少壮军人搞起来的。他们原无“鲸吞中国”之大志；而我们地大物博，加上个老谋深算的蒋委员长，和他们再打它一两年太极拳，不是不可能的（参见战后日本公开出来的彼方密档）。

试想抗战如推迟一二年，世界局势又是什么个样子？1939年欧战既发之后，日本人是要和一个穷光蛋蒋介石继续纠缠呢，还是南征南洋、北伐苏俄，收其实利呢？那就很难说了。

有人或许会说，那时全国民气沸腾，爱国人士都痛恨“南京中央”的亲日卖国政策。所以，你不打，全国人民也要打；你不打，日本人也会逼着你打。这些话，在五十年后的今天看来，均属似是而非之论。笔者昔年在哥大即曾撰长文（原著为英语）辩正之。我认为抗战固然非打不可，但是它在 1937 年的 7 月 7 日开打，却是西安事变的直接后果。

须知蒋氏那时的“太极拳”政策，在当时国内军、政、商、学各界，也有其一定的“群众基础”。“亲日卖国”原是“欲加之罪”,可是蒋公的“太极拳”却被西安事变结束了。

事变之后，蒋在国内声望之隆、盛德之高，真是史所寡有。他被倭奴欺侮太甚、舆论逼得太紧，全国上下又一致拥护，内战结束、全国一统又提供了对外战争的必要条件——“内”既不必再“安”，“外”就不得不“攘”。蒋公被内外一致逼上梁山，心一横，知其不可而为之，就“抗战到底”了。

今日读者和作者的生活状况，都是这个抗战到底的结果；而抗战到底者，西安事变实促成之；而西安事变者，乃当年张少帅和杨老总一时冲动之下干出的，也是当年蒋委员长一时大意失荆州、单刀赴会、误入虎穴的意外小事也，其影响于我辈命运若此！

当今中国史学界当然还有人认为西安事变是全民敌忾之气激成的，也有人认为是中共和第三国际统战政策的成功。但是五十年来还没人敢说，西安事变在 1936 年的西安“非爆发不可”！

所以，西安事变者，历史上“偶然”发生的一件小事也。它改变了人类历史运行的轨道,也可说是历史本来就具有一定的“偶然性”吧。

蒋氏何以单刀赴会?

但是中国近代史上何以发生这个“偶然事件”呢？关于张、杨二人当年受激成变的心理我们不难理解。我们所想不通的，则是那位“一生唯谨慎”的蒋委员长，何以于“剿共”前线，在两支军心不稳的杂牌部队之间，来个单刀赴会，结果连人带马，加上半朝文武，于一夜之间被两位“叛将”一网成擒？

事实上，用现代行为科学，尤其是心理学的基本学理来分析蒋之行为，也不太难于理解。

须知我国抗战期间，在大后方山区公路上，卡车尸骸累累的所谓“翻车地区”，往往都不是所谓一级“险区”。司机翻车或“打山洞”（战时司机俚语，指车头撞山）的处所，往往都在“履险如夷”之后的次级险区。

据美国当前对车祸的统计，亦以离家不远的地区为最多——何也？无他，大意失荆州也。蒋委员长在西安出了事，也正和卡车司机驶过最险区才“打山洞”，有其异曲同工之处——蒋公在西安事变之前的六个月，刚刚“履险如夷”地驶过最险区；驶过之后，他老人家却在次级险区的西安“打了山洞”。

西安事变之前，委员长驶过一个什么样的高级险区而履险如夷呢？那便是同年6月在两广发生的六一事变。

六一事变的危机

六一事变是怎么回事？

长话短说，它和西安事变一样，都是以“抗日救国”为号召而反对“南京中央”的“兵谏”；只是——且让我用个当今的时髦名词——西安事变是一件“阴谋”，六一事变则是件“阳谋”而已。

搞起这个“阳谋”的首脑是虎踞两广、拥兵数十万、飞机数十架、械精饷足的“南天王”陈济棠和广西首脑、桂系领袖李宗仁、白崇禧是也。论造反实力，则后来搞“阴谋”的张、杨和他们简直无法相比。

陈、李、白这三位老哥何以忽于此时要起兵北上抗日，与南京中央为难呢？说穿了，这只是当时国民党实力派内讧之一环罢了。两广这两支久与中央嫡系不睦的杂牌军，在派系斗争中屡占下风。但是经过五年生聚、五年教训之后，自觉三人合伙，实力不在蒋氏所控制的南京中央之下。如今眼见蒋某外迫于强寇、内困于红军、中窘于学生救亡运动，已经焦头烂额、进退维谷，就在这所有蒋氏政敌都幸灾乐祸之际，他们遂决定以“抗日”为号召，“造反有理”，来报一箭之仇，与南京抗衡争霸，逐鹿中原。形势看好，万事俱备，陈、李二人乃于 1936 年 6 月 1 日领衔发出通电，要率两广健儿北上抗日。宣言既出，桂系精锐随即于 6 月 5 日强渡黄沙河，进入永州；粤军亦直迫衡阳，向湖南假道北上。一时刀光剑影，一个“二次北伐”已箭在弦上。

两广有什么把握，能于此时对中央用兵呢？这就因为他们那时估计——也是李宗仁一再向我说的——“中央政令不出五省”！换言之，在两广领袖眼光之中，当时的蒋介石，亦不过是国民革命军北伐前之五省联军总司令孙传芳耳。北伐之前，虎踞金陵的孙传芳可以被以两广为根据地的革命军一举打垮，今日占据南京的蒋某，为何不可照样驱除呢？——这便是他们三位搞六一事变的思想体系吧。

孰知他们这一件“阳谋”，事未叠月，兵未血刃，便一败涂地。陈济棠赔了夫人又折兵，弄得众叛亲离，与李宗仁分金散伙，逃之夭夭，到香港做寓公去了（见《李宗仁回忆录》第四十八章）。

这位“南天王”为什么弄得如此狼狈呢？原来这便是中国近代史上那件有名的迷信故事：在事变之前，陈济棠曾“扶乩”问吉凶，而乩仙则鼓励他说“机不可失”。果然于 7 月 4 日，粤方空军驾驶员四十余人，忽然驾“机”投奔中央，“报效党国”去了；接着便是粤军第一军军长余汉谋阵前起义，反陈拥蒋；粤军另一主将李汉魂也认为陈氏“所谓抗日救国云者，直是公开骗人”，因而“挂印封金”、“单骑归汉”去了（见《李汉魂将军日记》上集第一册。李将军亦亲口告我甚详）。这一来，“六一运动”弄巧成拙。军民的眼睛是雪亮的，以“抗日”

口号投机造反，岂可骗人？

“南天王”一倒，广西李、白二人孤掌难鸣，中央大军四合，讨伐就在旦夕。白崇禧这时只好藏身避祸，让李宗仁单机飞穗，谒蒋表态，重献忠诚。委员长不为已甚，才宽慰而恕之，结束了这场“阳谋”闹剧（见所引的二李前书）。

刘廷芳的“内幕”故事

以上所述的六一事变的始末，是事变以后五十年来的公开历史。李宗仁先生在50年代也亲口告诉我，六一事变中，他的桂系是“被拖下水”，他是和其他元老一样，到广州去替陈伯南抬轿子的，整出滑稽剧是陈济棠一人“迷信”和“糊涂”搞起来的。但是这种惊天动地的大“阳谋”，牵涉精兵数十万，真是那么简单吗？我当年将信将疑，手边虽有若干线索，然旁证无多，不敢遽持异议。孰知事隔数十年，竟于纽约这个藏龙卧虎之地遇见了一位八六高龄的刘廷芳先生，才使这一谜团豁然开朗，使这一六一事变有信史可循，也使我对蒋公在西安事变前的自信心态更多一层了解，更使西安事变的“偶然性”多一件佐证。

原来这个六一事变不是陈济棠一人独干的，李宗仁也不是被拖落水。这件“阳谋”原是他们陈、李、白三公精心策划的。他们三人之外还有个今日健在台北、当年荣任桂军总参谋长的李品仙将军——虽然李鹤公（品仙字鹤龄）在他的《李品仙回忆录》上竟然也只字未提！

事缘两广当局在发动“二次北伐”、“捣蒋抗日”之前，他们知道成败的关键是落在当年湖南省省主席何键的身上。湖南地居要冲，“无湘不成军”，民性强悍，省富兵精。当年蒋公所领导的北伐，就是由湘军唐生智部附义并亲任前敌总指挥打起来的。

当时的何键亦有健卒十万,饷械充足。他如依附粤、桂,则陈、李“二次北伐”，兵不血刃，便可直取武汉，重演其“宁汉分立”；甚或如王濬楼船、洪杨江艘，长驱而直下金陵。但是何键如听命中央，力阻粤、桂之师北上，则陈、李二人纵加上个“小诸葛”，想搞个“六出祁山”，前途也就很渺茫了。好在何键与李品仙均为唐生智旧部，交情不浅。李品仙在唐部解体之后，返桂依附李、白，累官至总参谋长要职。何则挟众赶走前湘主席鲁涤平而自代之，由南京事后追认加委。何与粤、桂诸将同属杂牌，临深履薄，时畏中央并吞，难安枕席。

所以两广此次举事,重点便在裹胁何氏,其手段则是:逼之以威——桂军精锐于6月5日即已进入永州，粤军则于10日逼近衡阳，气势汹汹；再诱之以利——如捣蒋事成，则从龙有功，不难三分天下；复动之以情——这一点则鹤龄旧侣便是最适当的人选了。

在陈、李诸人心目中，何氏如加入以“抗日”为号召的捣蒋阵营，则全国各省势将纷起响应（西安事变时，张、杨显然亦作如是想），亦如当年武昌起义，在一呼百诺之下，则金陵王气黯然收，可预卜矣。

为负荷此一“内交”重任，李品仙乃于1936年初夏为桂使湘。使踪至为诡秘，真是人不知、鬼不觉，而湖南方面亲自接待他并与之密谈的正是何键自己。何之外,就只有一个刘廷芳了(另外只有个记录秘书)。

这一桩民国史上有关键性的三人密谈，想不到五十年后的今日，竟然还有两位耄耋老人健在人间——李品老在台北，刘廷老在纽约——尚可为历史挺身作证也。

难为了何芸樵

在这场湘桂密议之中,处境最难的当然是何键了。他如参加两广“造反”，则中央兴师讨伐时，他便首当其冲，两广一毛未拔，他自己可能已身首异处；他如服从中央，则两广北伐的第一个目标也是他，南京可以乘势一石双鸟，何氏则以一人而敌两省，胜负可知；他如鼠首两端，拒不表态，则南北夹攻之中，就更无完卵矣。

这个密议可难为了何芸樵（何键字芸樵）。但他原始性的反应还是两面磕头——一面亲自接待两广密使，另一面又公开派遣省府秘书长易书竹往南京请示。他这种两边表态又两边都不表态的干法，两广虽在继续劝驾，“假道”并挥军继续北上；中央可就强硬了——蒋委员长拒绝接见何键专派的官方代表易书竹！意味着何键有附逆企图。

在这种南京中央强迫表态的情势之下，何氏权衡轻重，不得已只有向中央“一边倒”。据刘君回忆，何氏事变之前便有“月圆必缺，水满则溢”的心态，屡屡问计于廷芳，欲以所部湘军十余万拨还归中央直接指挥，而刘氏则以自己年岁太轻、经验太浅，不敢借箸代筹，妄言可否。今日面此“六一”危局，他这“一边倒”的决策，虽迫于形势，然亦原为何氏之夙愿。他之归顺中央，亦颇具当年日本明治维新时期，各地方幕府深明大义、归政中枢之气度。刘自云为何之至交，相知殊深，五十年后，何君墓木已拱，只是根据史实，为何氏之本性，略叙所知。上节所述，今日尚健在之何芸樵夫人亦深知之，唯当时国民党中枢之党方负责人则对芸樵有诸多误解而加以歧视，实有欠公允云云。刘氏言之，至今仍颇为之欷歔不置，希望治国民党史者执笔亦应以事实为根据才好。

何键既已决定摒弃两广，完全服从中央，但是在中国传统政治中“办理内交”，则相对实力派之间的“私人往还”，和各派“心腹”人员彼此之间的密议，实非各派“官方代表”之间的公事公办所能及其万一。因而何键这项“向中央秘密表态”的“内交”重任，便落到刘廷芳的身上了——这是何氏在两大之间自求生存的高明手法。

时至五十年后的今日，还有当年当事人健在，能听到有关当时政治实况的口述历史，来对公开而不全面的历史加以修正，这也是治史者之幸。

刘廷芳其人

刘廷芳，湘人，北伐之后自美国哥伦比亚大学（与胡适之、朱经农等人同学）毕业，回湘办实业，并主持湖南省银行。那时湘籍海外留学生不多，还湘服务者尤少。刘之新式的企业又办得成绩斐然，是个新时代人物，因此在一群旧式军政人员围绕之下的何将军麾下，很快就脱颖而出。1931 年委员长因公访长沙，无意之中竟与刘相识。刘在胡南所办企业金融也颇为蒋所称许。据刘回忆，渠曾向蒋条陈，将西南诸省尤其是湖南所特有的锑、钨、锡三种珍贵矿藏收归国家统一开采，以免地方军人或土劣据以自肥。此一建议尤为蒋所激赏。为进一步了解情况，蒋竟偕夫人亲临刘氏为渠所设之私宴。斯时蒋公威震华夏，旰食宵衣，竟能拨冗亲临一位年方三十一岁之地方小企业家之私宴，亦可谓知遇至隆、不平常之甚矣！

战前的蒋氏也和许多当国者早期一样，乍理国政，虚怀若谷而礼贤下士，在四方挖掘其治国用兵之才；借此既可了解“下情”，亦可于地方预布政治棋子，贮才备用。以前曾一度被蒋罗致的青年党领袖左舜生先生就和我谈过蒋氏在这方面的许多轶事，为此左氏对蒋早年作风亦深具好评。刘廷芳之见重于蒋，便是当年发生在湖南地区的一个实例。

五年之后，六一事变发生之时，刘既是何之心腹，亦颇见重于蒋；而刘又年轻，无籍籍之名，秘密代表身份不易外泄，这样他就成为替何向蒋作秘密表态的最佳人选了。

当刘氏衔何之命，乘私租水上飞机专程自汉口飞南京谒蒋时，蒋竟派最信任之心腹要员、时任行政院秘书长（蒋当时自任院长）的翁文灏秘迎于江干；直驰至地质调查所密议后，旋即谒蒋，由刘替何向蒋披肝沥胆，私诉衷情。这一秘密表态，那就远非易秘书长上访、公事公办的情况所可比了。

刘之私谒蒋氏意味着什么呢？它的真正意义是：两广裹胁何氏之毒计从此完结！何键对蒋以子侄自居，表示了向南京的绝对忠诚、绝对服从的“一边倒”。绝对掌握了湖南，中央才能对两广叛将做该和该战的决策。终使刘某这个小小的密使，参与了扭转了四万万人命运的大大的密勿——秘密一沉五十年不为人知！

据刘氏告诉我，他既是何之密使，又取得蒋之宠信，他乃乘便向蒋代陈何氏之“愿望”。盖何“党龄”太浅，在“以党治国”时代，党位太低，希望在党里有个“中委”的位置，蒋亦立时首肯。而何键后来身兼两湖绥靖主任的军事要职，亦由于密使无意中之一言——蒋或误为何键的“要求”，而何实未有此奢望也。他时来运转，竟于无意中得之（德刚复按：何键出任“中委”为1935年之事。刘廷芳代表何键谒蒋似不止一次，“中委”一事可能在此次之前。再者，何似未尝任“两湖绥靖主任”之职，可能系“长沙绥靖主任”之误。事隔五十年可能记忆不清）。

刘氏既变成两边信任的人物，也接受了两边的差遣，竟乘着“美龄号”专机，仆仆于南京、武汉之间，为和平解决六一事变而努力。他替何向中央表态这一着，显然地（虽然我们尚未掌握充分证据）就影响了粤军第一军军长余汉谋倒戈反陈的决定。余、蒋之间那时也有密使往还，然何键的态度如不明朗化，那位蜗处粤北、介乎陈济棠与何键之间的余汉谋便很难异动了；而粤军第六师师长兼广东东区绥靖委员、负责地方绥靖及督导指挥粤东军政的李汉魂之“挂印封金”反陈，则是余汉谋倒戈的连锁影响——其中枢纽，还系于何键态度之转移。何键效忠中央之明朗化，刘廷芳密使与“美龄号”专机功莫大焉。“乩仙”先生所开玩笑的“不可失”之“机”，并没有决定性影响，做神仙也会吹牛的。

刘廷芳这段故事，我想在蒋公日记里、国民党中央如今尚未开放的秘密档案里，将来一定是可以印证的。在当时，刘廷芳这青年“神秘客”，乘着“美龄号”专机为两方奔波，据说连宋美龄本人和后来代陈济棠坐镇广州、威慑西南的何应钦将军，亦不知底细呢！

由于刘氏的健在，他为我们口述历史留下了有关六一事变五十年来不为人知的另一半更重要的史实。不流于偏听偏信，史家执笔，可不慎哉！（参见刘廷芳著《我说服蒋介石先生化解一场内战危机——记两广事变未曾公开的一段内幕》，载 1986 年 2 月号《中报月刊》）

六一事变和西安事变的因果关系

两广事变之和平解决——尤其是兵不血刃，便使当时叛逆性最强、实力最大而位居国内半独立的诸省之首的粤、桂、湘三省俯首听命，这使蒋委员长当时声望之提高，也真是如日中天了。叛方空军驾驶员与陆军将领之表现，也足使蒋公深信人民的眼睛是雪亮的，乱骂他“亲日卖国”的政敌是不得人心的——这客观情势，显然也使他对“安内而后攘外”政策的正确性益发坚信不移，务必于最短期间促其实现。两广事变如不胜利和平解决，蒋是不能到西安去的。

两广事变之真正解决，是在 1936 年 9、10 月之间。南方既然安如磐石，蒋氏乃把原先南调、预备解决两广的三十师精锐的中央军悉数北移，拟对朱、毛部的数千红军作其“彻底消灭”之最后一击。

当时张、杨两部“杂牌军”因内战无功而士气低落，而中央之三十师精锐则正因两广事变之解决而士气偏高。张、杨部队既不堪再战，调而去之可也。张、杨既调，则以中央之三十师，对红军之一小撮，则胜负之数，岂待蓍龟？

1936年12月中，蒋氏显然为此种过分的自信心所驱策，率领成批中央文武大员集会西安，而对自身安全措施，初未经心。

殊不知“天子之怒，伏尸百万，流血千里”，固然可怕，但是正如作者的老本家唐雎大使所说的，布衣一怒，只要“伏尸二人，流血五步”，也可解决问题。西安事变就是在这个“伏尸二人，流血五步”的威胁之下和平解决的。

换言之，我们的蒋委员长，这位伟大的司机，就是在驶过这一可能伏尸百万的“六一”险区，而履险如夷之后，却在“双十二”这一平坦公路上“打了山洞”。命也运也，夫复何言！

一个德国版的“西安事变”

天下事，纵使是偶然发生的，往往也无独有偶：

就在西安事变发生两年后的1938年，德国也发生了一桩类似的德国版“西安事变”。事缘1938年间，希特勒正在中欧准备入侵捷克，制造欧洲大战的危机。那时有见识、有谋略的德意志第三共和国中的政治家和高级将领们，很多都想对这个失去理智、四面为敌的疯人希特勒加以抑制。由于希氏及其一小撮纳粹党徒不可理喻，他们乃企图逮捕希特勒，另组军政府，然后执行比较有理性而合乎实际的政策。

这一群阴谋绑架领袖的德国“张、杨”，竟包括当时德国陆军总司令温伯鲁奇泽（Gen. von Brauchitsch）将军、前任参谋总长温贝克（Gen. von Beck）将军、现任参谋总长赫尔达（Gen. Halder）将军、柏林卫戍司令韦兹里本（Gen. Witzleben）将军、波茨坦卫戍司令伯鲁克道夫（Gen. Brockdorff）将军及军需总监和柏林警察局局长等人，真是将星云集。他们已约定于 1938 年 9 月 14 日下午 8 时，乘希特勒返抵柏林时举事，逮捕希氏。

在他们万事俱备之后，忽于计划逮捕前四小时得报：英、法两方领袖已对德国侵捷要求作出重大让步。一时德意志万民欢腾，希特勒已变成民族英雄，诸“张、杨”不愿重违民意、绑架领袖，乃把这个德国版“西安事变”临时叫停。嗣后希特勒就益发肆无忌惮，执行其侵捷计划，9 月 29 日乃与英、法、意签订了《慕尼黑协定》；接着便并吞捷克，燃起战火；翌年更侵入波兰，二次大战在欧洲就不可收拾了。数年血战，死人千万，它终于改变了人类历史发展的轨道，也毁灭了德意志第三共和国，使德国分裂至今未能复原。

二次大战过去了，丘吉尔回忆起这桩胎死腹中的德国版西安事变，不禁喟然叹曰：“呜呼，这是历史上偶然发生的小事，而使全人类命运随之打滚的又一例证！”（见丘吉尔《二次大战回忆录》第一集 《暴风雨的来临》第十七章）

吾人读原始的中国版的六一事变和后来发生的西安事变，能不也废卷兴叹——与丘翁有同感焉！

1986 年 12 月 12 日于北美洲

原载《传记文学》第五十卷第二期

钱昌照与刘廷芳

“口述历史”侧记

刘廷芳先生所撰有关两广六一事变的长文，在《传记文学》发表之后，曾引起史学界一些热烈的反应。但是刘氏今已八九高龄，当年和他共事的前辈和同辈，什九均已作古，以致刘氏在事变中所扮演的绝密信使的角色，除他本人在五十年后的口述和朱文长教授所转述其尊翁朱经农先生的故事之外，几乎已找不出第一手的旁证了。事实上这也是我们搞口述历史的最大困难之所在——民国史上该有几千百宗类似的事件，使史家难以掌握。笔者当年为顾维钧、李宗仁诸先生执笔撰写其回忆录，就不知碰到多少类似的难题。

当刘氏之文年前引起史学界注意时，我便想到，当年与刘同参密议、而今仍健在人间的，实在只有钱昌照一人。钱氏早年留英，30 年代初期便荣任国民政府教育部次长，后累迁至资源委员会委员长，协办当年国府政策中最重要的财经资源，可说是才华洋溢、少年得志，甚至黑头开府、参与密勿，允为当年蒋委员长所最亲信的内幕人物之一。因此刘廷芳于六一事变期中，衔何键之密令，专机飞南京谒蒋，在行政院秘书长翁文灏亲迎于江干之后，他第一个晋谒的竟然是钱昌照——这也可看出钱氏当年在蒋氏幕中的重要性。钱氏的回忆应当可算是刘文第一手的旁证了。

说来也巧，在六一事变五十年后，我因参加在大陆举行的“孙中山先生诞辰一百二十周年纪念会”，于 1986 年秋在北京参加了全国政协的招待餐会，不意竟与钱公同席。斯时刘文尚未引人注目，而钱公年届耄耋，宴会场上乱哄哄，因此除向钱先生致敬之外，就未敢与老辈乱扯学问了。后来刘文变成史界注目的文献，我真大呼负负——与钱公失之交臂，未能请他即席印证一下。所幸我那时看到钱氏精神矍铄，窃思他日返国，仍可专访请益也。不意这一小小心愿的“口述历史”，近日竟然有人代劳了，真是喜出望外。

事情是这样的：近月钱先生因小恙住入医院，他有一位忘年小友姜昆，前去专程探病，在病房中闲聊时，竟触及此一历史问题。

姜昆是近年大陆上著名的相声演员，他居然也是刘老的朋友。他与钱的话题既涉及刘氏，姜昆乃把他二人所谈的内容，写了封信转告了刘老。刘老和我是近邻，乃把姜函转我一读。

姜昆这封信虽也只是一般朋友往还的普通信件，但在一个写历史的人看来，却有其史料上的重要性，因为钱、刘二人当年都受知于蒋，直接参加了应付六一事变的幕后活动，而当年所有的当事人中，也只剩他二人还健在人间，做白头宫女，话玄宗往事。其吉光片羽，都可让史学工作者来细细咀嚼，因为这事实上也是可靠的“口述历史”之一部分嘛。

今得刘氏面许，我特把姜函抄出若干节寄“刘传记”。其他对六一事变史料有兴趣之同文，或对这段小史料亦有若干兴趣也。姜函节抄如下：

刘老，您好！

我在遥远的北京向您问候。前几日听说您贵体欠佳，电话去问候您，不想您近九十高龄，仍然思维敏捷，反应迅速，精神矍铄，电话中的声音里漾着一般年轻人的活力，真让我们晚辈又高兴，又钦佩。

昨天（8月13日）我去看望了我们的前辈钱昌照先生。他由于身体感觉不适，住进了北京医院。我闻讯而去，一见面，我看他精神还蛮不错，早上还参加了人大常委会。只是由于年老，身体虚弱一些。我一去钱老非常高兴，自然而然地也就提及了先生您。我提道，刘老每次到北京来，都怕打扰钱先生，并且告知我们也不要给钱老添什么麻烦。钱老说："刘先生太客气了。我和刘先生认识，是蒋介石先生的信介绍的。蒋介石先生到湖南看到有个国货公司，非常感兴趣，当何键先生告之此公司是刘廷芳先生开的时，蒋先生无论如何要一见，于是在他家中宴请了蒋先生夫妇。"（中略）……钱老也讲您管的锑、钨、锡矿，一直在他领导下的工作。

在提及您劝说蒋介石避免了内战的两广事件时，钱昌照先生讲："刘廷芳先生在避免全国的内战时是起了作用的。正是在刘先生的游说下，蒋先生采取了一些措施，包括用金钱收买了空军将领这件事，翁文灏先生知道得最清楚。"

（下略一段）

刘老，钱先生的长公子钱教授让我捎信给您，无论如何，有机会要再来北京看看钱老，钱老也很惦念您。

匆匆忙忙写信给您，望您保重身体。

谨祝

大安

姜昆　9月14日于北京

【德刚按】当年南京中央付予两广空军的总数据说是法币三百万元，约合当时美金一百万元。此项史实，将来史料出现，当不难查出。

原载《传记文学》第五十卷第五期

关于朱经农与刘廷芳两函

其一

绍唐兄：

周前接到我的师兄朱文长教授嘱转刘廷芳先生一文，诉说当年何键派刘谒蒋，原与湖南教育厅厅长、文长的尊翁朱经农先生同机飞去南京的。经农先生是当年蒋公出任中央大学校长时的中大教育长，也是我的老师，所以我长期叫文长为师兄，因此对朱师之行亦颇感兴趣。然据刘老言，他与朱师并未同机，他是先朱一日去南京。因军情紧急，他在南京未停，便携了蒋公两封亲笔信（分致在汉口的杨永泰和何成濬），乘“美龄号”匆匆飞汉。经农老师是次日始抵南京，委员长曾设宴款待，刘则未及在南京候朱一晤。

据刘言，当桂军渡过黄沙河时，何键甚为紧张，乃急召刘，嘱其立刻启程赴南京谒蒋。刘甚至未及返家更衣携款，匆忙取一小毛毯便乘粤汉路专车直驰汉口，向友人借些零用钱，乃搭预订水上飞机，只身飞往南京。下机时见政院秘书长翁文灏亲迎于江干。刘并先赴地质调查所见钱昌照略议，随即与翁驰车谒蒋后，即日飞回汉口云。钱昌照仍健在大陆，弟去年访大陆曾一度与其同席午餐，钱或亦撰有回忆录，亦未可知。

文长言刘、朱之行曾有新闻媒体报道，亦出刘之意外。他当时以为衔命谒蒋为极高军事机密也。

史实愈找愈多愈明。文长与弟通电话亦言拙作对西安事变之判断甚为正确。海外亦有史家已根据刘文与拙作重写其著述矣。吾兄对贵刊所付二十五年之心血，自有其永恒价值也，至以为贺。承嘱于二十四小时内赶出小文一篇，今以特快邮奉上。文成仓促，务乞斧正之也。

敬贺

贵刊华诞，兼祝

贵体康宁！

弟德刚匆上

1987年5月14日深夜

其二

绍唐兄：

前函计达左右。函去后，文长兄曾与刘廷芳先生通长途电话，叙旧交甚欢。

刘公又与弟通电话，说及当年在湘之美国留学生朱经农、胡庶华、何浩若、周鲠生四人分掌各厅处，均为渠向何键力荐任用，再经南京中央批准者，而朱、胡、何三人嗣均经中央核准，只周君一人之任命未经中央通过云云。此段交代亦可补湘省地方史之不足，故专书向兄补报。何之于刘既如此亲信，则刘之秘访南京，当亦为蒋所信任非虚也。

刘文又言他当年所携蒋公亲笔信共有三封，一致杨永泰、一致何成濬，另封则为复何键之函，语多嘉勉。何键向南京中央效忠，既经肯定，则胡宗南等大军乃得迅速南下，两广六一之变乃消敉于无形矣。

谨再上数语，以补前函未尽之意。

匆候

编安

弟德刚上　1987 年 6 月 15 日

原载《传记文学》第五十卷第六期

代刘廷芳先生说几句话

绍唐兄：

在贵刊前期所发表的有关两广六一事变拙作及刘廷芳老先生原文，读者反应颇多，深受鼓励。唯拜读吴相湘兄之评语，弟曾再访刘公长谈。相湘为刘之湘中晚辈，刘氏读其文，莞尔之余，本无意作答。只是吴文中所言刘之通讯处为“湖南省政府转”，深易惹起误会，故嘱弟告兄暨相湘兄“绝无此事”，乞为更正。

刘氏以八七高龄（非吴文所说之八十），虽仍兼廷兴公司董事长，然该公司贸易遍及全球，中国大陆自亦在其中也。刘自云并非毕业于“楚怡小学”，相湘或闻于误传。至于刘为何键说蒋，只是一段千真万确的历史事实而已，承友好鼓励，略书始末向历史交账。耄耋高龄，侨居海外已四十四载，与政治早已绝缘，受友好之力劝，偶叙往事无他意也，刘公嘱弟转兄暨吴教授垂察之云。谨代转陈，顺叩

编安

弟德刚顿首

1987 年 4 月 4 日　纽约

原载《传记文学》第五十卷第五期

泰山颓矣

敬悼岳丈吴开先先生

我个人是不信宗教的，但是生平却碰到些除冥冥中注定之外便无法解释的巧合事件。这次我岳丈吴开先先生之死，我竟能亲自参加了他的葬礼；并且在他老人家辞世之前将近一个月的时间，每天都到他病榻前去看望他，直到看到他的心电图由快而慢，终于变成一条直线而最后熄灭。我们翁婿之间的感情不薄，但是在他离开人世时，我竟有此缘分在其病榻前送终，则是出乎我意料的。开公享高寿，弃养时已九十有二。但是近年来他已很衰迈，在医院病房进进出出也已好几次。每次重病时，总是他的一子二女轮流飞返侍疾，病减则去，一般是轮不到我这位女婿专程飞来侍候的。

老实说，我是个忙人。平时教书作文做研究工作已经忙得不可开交，我还抱奋勇地与一些臭味相投的朋友们搞了一些兴之所好的什么文艺协会、历史学会，开什么座谈会、什么国际会议，往往弄得半年不见天日。更要紧的则是我还要为着糊口、为着职业，干了些性所不好的美国大学系主任，在洋机关里做小官僚、当小干部，终日为着吵课程、吵预算，吵个没完没了，前后竟然吵了十余年没有“倦勤”。

除此之外，还有些未便为“外人道”之事，便是我是个穷文人。

俗语云："吃不穷，穿不穷，算计不到就受穷。"小子样样都会，就是不会"算计"，所以穷了一辈子。在捉襟见肘的客观条件限制之下，对远隔重洋的至亲好友探病贺寿，老伴之间，有一人能飞来飞去，已属勉强，二人结伴同行就难乎其难了。

记得十来年前开公八秩双庆。在我们婿女二人之间，女婿是比较欢喜热闹的，想到筵开百席，猜拳行令，好不欢乐人也。说良心话，我心头是痒痒的，想飞来台北，磕头拜寿，也好大吃大喝一番。但是形势比人强，"半子"究竟比不上"全女"，我就只好留下了。留下了，对泰山又何以为寿呢？本是个不吃长斋的呆秀才嘛，二人一议，以全数祝期颐，就作它十首诗吧，因而就作了十首歪诗。最后一首曰：

妇自裁笺我润毫，呼儿适市备香醪。
好随季子乘风便，为献新诗代寿桃！

他们姊弟三人携了满箱新衣欢乐而去，我这个 in-law 就只有独守空房、坐想寿酒口流涎了。

其后不久，可怜的岳母，久病床褥，失智数年，终于撒手人寰。这次又是他们三人，泪流满面，结伴而行，返台奔丧。昭文登机前夕语我说，他们殡仪馆都有预备好的挽联，我看你还是作一副罢。我说，你拿笔来嘛。我便写了一副吊岳母的挽联曰：

鬼子寻仇，汉奸谋命，爱夫爱国。
金玉坚贞，姆妈原为烈女。
梁孟难比，阿爹真是圣人。
暮晚独处，儿孙远离，换药换汤。

我这副急就章大致只花了十分钟就作好了，老婆看了甚为满意。我写这副挽联，不是如胡适之先生所说的："我作诗，快来兮。"而是有感而发，上下联都是事实，不是写一般应酬文字的陈腔滥调。

事缘1939年，也就是抗战第三年，汪精卫投敌叛国，正在南京、上海一带组织伪政府，一时群丑登台，抗战已入最艰难阶段。为与日伪作生死存亡的斗争，重庆蒋公乃密令吴开先化装潜入敌后，组织"统一委员会"与敌伪斗争。这是一桩极危险的敌后斗争。开公见危受命的节操，是值得我们写历史的人大书特书的。在开公活动的前期还有租界可作掩护，到1941年"珍珠港事件"之后，日军冲入租界就藩篱尽失了。经过一番搜寻之后，开公终于夜半被捕了。这一幕"捉放吴开先"（见汉奸汪曼云在大陆狱中所写之自白）是十分惊心动魄的——开公已决心"做第一个为抗战捐躯的中央委员"，曾数度自杀未遂。朋友，这种在日寇死囚牢中一再自杀，不是可以做作"表演"的啊。而这些惊心动魄的过程，都是他老婆孩子所亲眼看到的。做这样一位准烈士的夫人，应该也可称为烈女吧。

我作的下联的情节，也是十分真实的。岳母晚年患了脑萎缩症，卧床失智数载，简直是个植物人。他们的儿女全在美国，对她可说是丝毫未尽到应有的孝道，因此亲临床褥、换汤换药，就全靠她老伴一人了。在此期间，我亦尝因公过台北数次，见他老人家服侍夫人，数年如一日，未尝有丝毫倦怠之容！语云："久病床上无孝子。"我目击开公对夫人的心意，老实说，我为之感动不已——真有古圣人所不能也之感。忠臣孝子，烈士情痴，盖源于同一种人性吧。

今番开公最后一次住院而我适在台北，完全是一桩巧合事件。去年年底承两位老友——政治大学前后任校长欧阳勋、张京育二博士盛情邀请，使我有个难得机缘再次"因公返台"参加为期三天的研讨会。便道向老岳丈请安之外，我也预定乘机一访未尝涉足的台中、台南。年来迭承佛光山星云大师和东海大学梅可望校长盛约，此次也想乘机报聘。

南游归来后，我看开公身体虽弱而兴致甚好，礼佛尤勤，我乃和老人约好，订期同访台北普门寺，因普门住持慧明法师原为老友，志行高洁，禅理精深。老人如按时礼佛，甚或皈依，普门近在咫尺，实在是个理想的去处。开公子女均在重洋之外，老人暮年孤寂，心里有个信仰，体外有个去处，则身心当两受其益也。老人对我的建议也甚为嘉许。谁知言未离耳，音容宛在，而老人竟遽归道山了。余住岳家不及三两日，然我们翁婿相处甚得，国事家事天下事，谈笑殊欢。迨老人住入宏恩医院加护病房之后，我每日去医院探视归来，见杂物如旧，而老人恐将永不归来矣。思念及此，亦竟为之拭泪。男儿有泪不轻弹，但是人类毕竟是有感情的动物，在你想到一位爱重你的老辈遽然失去时，十分伤心是免不了的。以前胡适之先生的骤然逝世，当昭文告诉我这一消息时，我不觉两泪一涌而下。后来昭文写信告诉她爸爸时，也说我“如丧考妣”呢。人总是有感情的嘛。

这次老人病笃时，十分痛苦，但他每次见到我出现，都面露欢愉之色，执手喜不自胜，在宏恩医院孟院长亲临床侧，率同谭、缪二大夫会诊做抢救医疗时，有时需要家属签字，我也只好婿代子职，以电话报告开公六十年以上的老友陈立夫、陶百川、萧铮、王铁汉、胡健中、梁永章诸前辈会商之，并与开公的小友刘绍唐先生细议之，乃遵医嘱签字。但在医师们严肃的气氛之中，我也知是泰山既颓之下的尽人事而已，乃连电昭文告急，促其率弟妹速归。三人闻讯始匆忙飞回，抵病榻时，老人已神志不清，入于弥留状态矣。

老人总算有福，在他走完九十二年的人世风雨飘摇的艰难道路时，终于有子女婿媳五人亲侍床侧，看他咽下最后一口气。

“亲丧”按我国固有道德应该是“无闻”的，但是旧礼在南渡之后也有了“修正”。台湾式的丧礼，儿女必须挂挽联吊父母。为遵台式新礼，昭文又要我为他们姊弟三人撰一副哭父的挽联，我遵命写了，并把开公最后的官衔“总统府国策顾问”也嵌了进去，以遵古礼。联曰：

三万里远隔重洋，难省晨昏，临箦。
泣对慈容，惭为儿女。
荣参顾命，泽及黎元。
九十年鞠躬尽瘁，无负党国，晚岁。

我撰了挽联，他们姊弟看了上联，三人皆哭。这不是我这位癞文人在舞文弄墨，我只是根据实情，写了二十一字一句、忠实的报道文学而已。这也是我们这一代的时代悲剧吧。

逝者毕竟是党国元老，葬礼是十分隆重，极尽哀荣。但是祭之丰终不如养之薄也，我想到岳丈晚年的孤寂生活，真为之感慨无限。时代使然，夫复何言呢？

承绍唐兄盛情，硬要我在“泰山颓矣”之后写一篇三千字的纪念文字，遵命之余，也可以说为后世社会史学家，留点我们这一代的时代痕迹吧。

1990 年 2 月 25 日于新店中央新村开公故庐

原载《传记文学》第五十六卷第三期

《沪上往事细说从头》迟来的导论

珊瑚坝迎候吴开先感赋诗史释

我的岳丈吴开先先生是国府主政大陆时期的一位重臣、高干和抗日陷敌未死的“幸存烈士”。他在 1939 年秋，正当我民族抗战最艰苦的岁月，汪精卫在南京组织伪政府紧锣密鼓之际，奉蒋委员长之命，自重庆经南洋潜返上海，借租界掩护，领导沦陷区抗日活动，并破坏汪伪组府工作。

盖斯时我军新败，敌后人心动摇。汪、陈（璧君）诸逆乃诡称汉奸主和乃汪、蒋之“双簧”，汪氏之“国府还都南京”，有渝方蒋公之默契。一时颇能蛊惑人心，动摇抗战信念。因此吴开先返沪之主要目的，便是向敌后人民，尤其是上海金融巨子，重申抗战要旨，揭穿此“双簧”之烟幕。吴氏并冒险公宴沪上金融界诸领袖人物，于宴会上以中央大员身份，直斥汪、陈诸逆为汉奸、“双簧”为谬论。一时忠奸有别、泾渭分流，汪氏组府几至一筹莫展。其原因便是汪氏组府之最重要“阁员”，厥为伪“财政部部长”，而开公望重春申，与沪上金融界原有胶漆之谊。今又衔蒋公之命，挟孔祥熙氏之密函，足可阻止汪伪向金融界之渗透。汪伪之“财政部部长”，势必选自上海金融界，而金融界诸贤拒不附逆，则汪伪之窘可知矣。

汪精卫当然也不是省油灯。他原是国府元老、党中副总裁，在上海一带自有其庞大的潜势力。如今组织伪府既受吴开先之阻挠，乃欲以得吴氏之头而甘心。重赏之下，必有勇夫。汪伪竟悬十万现洋重赏，以购吴氏头颅。以那时十万元的购买力来折算，也可说是书生头颅有价！

这时吴、汪之间虽忠奸有别，在实力上倒是旗鼓相当的。开公那时是重庆国府驻沪的最高级干部——以国民党中央执行委员兼该党组织部副部长。因此国府留沪各系统、各机关，在体制上都悉听调度，再加上各级干部同仇敌忾之心，则开公所掌握的实力亦自可观。

据开公告诉我，他那时匿居沪上，是不管“行动”的。那种披坚执锐、与敌伪在街头战斗，自有那些经特殊训练的中下级忠贞之士去赴汤蹈火。他自己的职责则是抑制汪政权之扩展，作曲突徙薪之谋。敌伪双方当然深知他的重要性，然格于当时租界上的英美势力的阻挠，他们对吴氏这位上海社区的地下领袖，也无法加以有效的报复。可是这一形势，在“珍珠港事件”爆发后，瞬息之间便大局逆转了。

太平洋战争一起，美、日立刻宣战，日军乃冲入租界。他们那时要搜捕我方的第一要犯，自然就是吴开先了。处此紧急情况之下，开老理应呈报中央，撤入安全地带，无奈他艺高胆大，自恃为老上海，以为在数百万市民之间化装隐匿，敌伪双方都是不易寻获的。这一点，他虽保持了他的爱国心和责任感，并表现出他吃老虎的个人胆量，但是他也低估了敌伪的搜捕能力——重庆方面派来如此重要的人物，在区区上海一市之内，他们竟然搜捕不着，则敌伪特工的这机关、那机关，岂不通统都要关门了！

他们终于掌握了吴家匿居的线索，侦骑密布，便把吴开先这个渝方派来的地下总指挥，于 1942 年 3 月 18 日午夜，一网成擒！

日军杀人之残酷，远在德国纳粹之上。抗战初起，他们在南京一地，三天之内就屠杀了三十余万军民老幼；而其杀人手段之野蛮残酷，是史无前例的——吴开先这位在上海地区领导抗日的第一号人物，现在是落在日本屠夫手里了。

汪伪特工杀人之残酷，亦不在日寇之下，悬十万重赏、死活不拘的头颅，现在就在刀下——身首异处，一秒钟内就可决定！

我们读历史的人、看电视剧的人，对烈士、对受难者、对屠夫、暴君、刽子手……看得何等轻松！

“自古艰难唯一死！”身临生死边缘的仁人志士的感觉，可不一样啊！

被捕后的生死抉择

开公被捕之后，有几种可能的下场：

以他个人在敌伪眼光中的“罪大恶极”，他可以被“立刻处决”。

以他在国民党内的身份和内幕知识，他可被“严刑逼供”，终于“瘐死狱中”。

以敌伪之间乃至敌伪本身各派系间的争功、妒忌与倾轧，他也可随时被害。

可是在这种错综复杂的情况之下，他们如果对他另有用途，不要他死，那么，他想做个“抗战期间第一个为国捐躯的国民党中央委员”（见汪曼云文），这个光荣的烈士头衔可也不易取得。吴氏决心服毒、跳楼、吞回纹针、绝食……在现代的医疗条件之下，要死也死不了。

“烈士”并不是人人可做的。有做烈士节操的仁人志士，往往也是“慷慨成仁易，从容就义难”。

一个战败不屈的将领，激于义愤，拔枪自杀，这在国共内战中，有很多国军高级将领如张灵甫、黄百韬等等都是如此“捐躯”的。可是被俘之后，自裁不死，其后又颇受礼遇，甚至“上马一提金，下马一提银”……但是你还是志立不屈，终于“从容就义”，那就很难了。纵是基于民族大义，而真能从容就义者，中华五千年历史上，恐怕也只有文天祥相国一人了。洪承畴被俘之后，原先不也是决心殉国的吗？

汪精卫这个大汉奸，他在中国历史上的罪恶是道德大于政治的。汪氏组织了一个伪政权,其实他的伪政权并未做太多的坏事。贪污腐化，两党皆不能免，岂止汪氏？其实，他抗拒日寇在中国大陆征兵往南洋作战，且不无可记者。

汪氏之劣迹，是他破坏了民族道德——他不该以国民党副总裁之尊，于抗战最艰苦阶段，血流成河、尸骨堆山之时，谬听老婆之言，反身投敌。

我民族八年抗战,在道德上说,是黑白分明的。汪、陈夫妇一旦投敌，乃把我们这个黑白分明的民族道德弄得一片模糊——使当时抛头颅、洒热血的爱国志士，在道德上莫知所适；而人类渣滓的汉奸，则个个手舞足蹈、理直气壮起来。汪氏在历史上的罪恶，莫有大于此者。

汪精卫本是吴开先的“长辈”——老上司、副总裁。党龄、事功、道德……都是吴开先的榜样，汪的左右也是吴开先的知交好友，如今忽然天旋地转，吴开先竟然做了汪精卫阶下的“待决死囚”！在这生死交关的情况下，汪氏如温语招降，甚至三日一小宴、五日一大宴，你叫吴开先在精神上何以自处？

为最低限度的保全性命着想，吴氏最简单的办法，便是“接受汪副总裁的领导”，写一本“CC 内幕”的畅销书，加入老友周佛海、陈公博的行列。如此不但生命可保，高官厚禄也接踵而来——哪里做不得呢？

或许有人要问，如此做法，将来岂不是落个汉奸下场？但是那时日寇正席卷东南亚，“大东亚共荣圈”之建立就在目前，重庆岌岌可危，全国精华均已在“汪主席”控制之下，中国即将是汪家王朝的天下——

有谁会想到日本会无条件投降呢?

在那种情况之下,舍汪记新朝的高官厚禄不要,偏要待在死囚牢内,做个朝不保夕的、汪副总裁政权下的文天祥,那真是“愚不可及”了。

在那种生死交关、庙堂沟壑的强烈对比之下,吴开先竟然毫不犹豫地选择了那条“愚不可及”的道路,是十分难能可贵的。

“内称不避亲!”我们搞历史的,是应有啥说啥的——绝不因为他是我的丈人!

何以能越狱脱险?

但是吴开先这位死囚犯,为何在抗战末期竟能越狱潜逃,堂而皇之跑回重庆呢?这一点就不能不归功于盟军作战之英勇和正直的上帝之保佑了。

原来日军在 1941 年 12 月 8 日偷袭珍珠港之后,不数月便席卷东南亚,囊括了整个西太平洋,一时气焰之盛,真是拿破仑当年亦不过如此。美军在新败之后,在海军上原属劣势。我有位学生王书君教授曾用中文写过一本大书曰《太平洋海空战》,便叙之甚明。但是美国海军何以于短短两年之内反败为胜,节节反攻,终使日本海军一败涂地,不得不退守本岛呢?在史家参查无数种因素之后,也不得不嗟叹天意胜于人力——日寇这个侵略者,实受天谴!在珊瑚海、中途岛诸海战中,美国海军的胜利,很多方面都是很偶然的——美方并无必胜的条件和信念。

总之,在 1943 年初,美方一连串的胜仗之后,日寇败征已现,乃想在东亚大陆减轻压力,以便全力在海上与美军搏斗,以防其在日本本土登陆。在这项新决策之下,彼方深知汪伪政权不值一顾,乃转而向重庆乞和了。

但是如何向重庆表示友善、求和罢兵呢？利用汉奸向重庆示意，断无此可能；利用唐生明等伪降之士，亦嫌分量不足。这样他们便想到在押的待决死囚、重庆方面的第一号大俘虏吴开先了。开释吴开先以表示倭方觅和诚意，而吴氏又是重庆方面地位足以“通天”（面谒蒋公）的高干——用目前的术语来说，他们要利用吴开先作为对蒋通话的“热线”（hot line），吴是他们掌握中的唯一具备此“热线”资格的人物。

可是，这时我全民族浴血抗战已苦撑六年，六年艰苦岁月中，日方一再诱降，我方迄未动摇；如今胜利已成定局，日寇屈膝有期，反而与败寇谋和，是不需常识即可判断取舍的。日方此举，也只是处于绝境，勉存梦想，知其不可而为之罢了。

至于吴氏呢，他正可利用此一资格，乘机脱离日寇魔掌，岂不也是侥天之幸？

历史事实告诉我们，在日军魔掌之下，莫说做死囚犯，甚至做“顺民”，其生命也是旦夕不保的。君不见诗人郁达夫乎？郁君通日语，在中日文坛均享盛名，并曾为日军做翻译。可是郁君却于日本正式投降之后为日军所捕杀！日军杀郁达夫究为何事——灭口欤？泄愤欤？吾人不知也。但是郁君死后，有谁替他喊过一声冤？缉过一天凶？倭儿凶手还不是逍遥法外！吴开先招敌伪之忌远大于郁达夫呢！吴氏如不于1943年春乘机脱逃，其后命运如何，纵延至日寇投降之后，亦未可知呢！

生还后的是非

吴开先于1943年4月，被日军以专机运送至广州湾释放，辗转逃还重庆。

这一幕“捉放吴开先”（参见汪曼云狱中口述）的历史故事，对吴氏来说，真是历经险劫、得庆生还了。所以他在重庆珊瑚坝机场一下飞机，真是亲朋云集，欢声载道。党内外诗人墨客自于右任以次，并联席庆功酬唱，佳作集至数十首，复由沈尹默书家专抄，刊集成卷，实是中国近代史上不朽的文学佳构。十余年前，开老乃把此轴历史文献交其长女昭文保管，由于开老不喜自我标榜，素不以此手卷示人，故见之者绝少。唯昭文读汪曼云《捉放吴开先》一文后，对其最后一章谓开老返渝往接者仅三人；又谓有开老出席之宴会友朋裹足之说，大起反感，以其与事实适得其反，乃请示老父，决定将此手卷公布，不仅为驳汪文之不实，亦以飨文史界之同好，兼为历史文献存其真迹。

开老是幸存了他九死一生的“活烈士”的生命；但是他却不能摆脱当时国际、党际，甚至国民党党内的风云诡谲的政治。因为吴氏在离开沦陷区之前，汪精卫曾亲约午餐，日军最高将领冈村宁次亦曾约见恳谈，其后又搭日军专机去广州湾，重返自由祖国——这些事原是身为阶下囚的吴开先所无法掌握之事，他是一任敌伪摆布、无法做主的，但是这些事件的本身却有其极敏感的国际政治、党际政治和党内斗争的超级意义。吴氏处此夹缝中，遂成为各方各取所需、任意蹴踢的政治皮球。

敌伪之想利用吴开先做“热线”固无论矣，重庆的“最高当局”蒋公的反应又如何呢？那就微妙了。蒋公的个性，和历史学家所知道的史实，都是绝对“抗战到底”的，在胜利在望的曙光中，绝无与日寇妥协之可能。但是这一“绝无可能”，那时在国际政治中有决定性影响的憨直的美国佬不知也——这也是美国的“中国通”的不通之处吧。

当时美国佬对华情报所得，却把这个“绝无可能”的情势变成了“绝大的可能”。美国佬这项无常识的情报，中共人士和国民党党内的反蒋集团实是最主要的来源（见美国已公开的战时密档），这也是玩政治的各取所需吧——他们要“糟蹋”蒋介石来讨好史迪威。

微妙的是，蒋公对此项“诬蔑”却笑而不言，始终不肯表态。

为什么如此呢？理由极简单：这一着棋是美国参谋本部马歇尔这一干人所最怕的。

须知那时中美之间的关键人物是史迪威。史可说是马歇尔的“私人”，而马歇尔则是罗斯福言听计从的智囊。

史迪威此人是个志大才疏、毫无政治头脑的老粗，与威风凛凛的蒋委员长极不相能，他竟公然呼蒋为“花生米”（peanut，这原是国际密电中的代号而史公开之）。偏偏他掌握了美援“租借物资”的分配权。他和蒋、何（应钦）打交道，最常用的口头禅则是“QUID PRO QUO”（有来始有往）。他的最高目标是把蒋介石挤得靠边站，由他取蒋而代之，出任“中国战区陆空军总司令”，这一最高职位，他是几乎到手了！

史迪威与蒋公虽成水火，但与蒋公和孔祥熙院长的枕边人却往还得十分投契。精明的共党人士，和心怀宿怨的李济深辈党内领袖，又都看穿史老大的弱点和实力，把他哄得团团转……在这种党内外微妙情况之下，老史那时在重庆真是炙手可热。他有的是美援。他和蒋某打交道，一定要有来才有往。重庆当时一穷二白，拿什么来“往”呢？

因此蒋公那时对美国压力唯一反击的武器，也是他们最怕的武器，便是:“老子不打了！”事实上,那时外交部部长宋子文在华府商谈美援，也动不动把蒋公这一“老子不打了”的态度暗示给罗斯福；罗斯福在惊恐之余，往往也就拿出大把大把银子来维持“老子去打”。

在1943年4月，吴开先蓦地飘然而返，并由日军专机送回，究竟葫芦里卖的什么药？蒋公就故弄玄虚，让敏感的老美慢慢去猜吧！这事实，只是告诉一向欺人太甚的美国文武，“老子不打了”不只是一句空话！

吴开先何人？他只是一位九死一生的、被日军释放回来的俘虏。

论功行赏，理应盛大欢迎、加薪晋爵才对。可是这位“活烈士”在中美对垒的国际政治上发生作用了。他是中美围棋大赛中的一颗棋子，用存取舍之间，全看下棋者的需要和意志了，至于这棋子本身的是非荣辱，那就不在下棋者的考虑之列了。

再看看国共两党这盘棋吧。

抗战初期以后，国共摩擦加剧，共产党的宣传，口口声声国民党是“消极抗日”，甚至不抗日，或与日、伪阴谋联合反共，他们能举出无数个例子来。1943年春，吴开先脱险归来，在共产党方面说来，自然又多了个例子。

最可叹的是，国民党为对付美国，既故意不作公开否认；对共产党和党内的反侧分子，亦仅暗示并未与敌伪有任何往还。在这个错综复杂的微妙情况之下，吴开先便成了个牺牲者——他被冷藏了，国民党组织部副部长的官也丢了。百劫归来，无官一身轻的来龙去脉，我们根据史料的分析，大致不会太错吧。

政治是残酷而龌龊的。它对国共两党之内所谓忠党爱国、舍身赴义的党员，乃至党外为抗日救国抛头颅、洒热血的仁人志士是太不公平了。抗战八年，我爱国军民伏尸三千万——多少可歌可泣的壮烈故事！五十年来，有多少人怀念他们，甚至提到他们呢？而贪赃枉法、鼠窃狗偷之辈，在他们的血迹上享其荣华、受其富贵，有什么天理可讲呢？

司马迁叹曰：“天道无亲，常与善人，是耶？非耶？”

太史公这一个永恒的问题，是千年长存、于今为烈啊。吴开先这位“准烈士”，抗战期间没有随诸先烈而去，如今以九秩高龄，身心两健，瞻望期颐，真是应该庆贺了。

开公自大陆易手之后，万人如海一身藏，隐于台北市廛已四十年。介之推不言禄，禄亦弗及，而老人倒颇能淡泊自甘，对过去风云往事，亦不愿提及。仅儿女劝索之下，始亲笔自述十余万言，交德刚整理付梓。

窃思开公事业牵涉中、日、美三国暨国共两党，兼及汪伪政权史料，“我国国史馆”、党史会、日本防卫厅，乃至美国国务院、国防部，与夫今日上海各界汪伪史料，均连篇累牍，未细加查阅，便仓促校勘付印，未免过分草率、辜负正史，故迄未动笔。所幸海峡两岸言论如今均同时开放；日、美两国密档近日亦不难探求。今后有余时余钱，当再细细推敲之，务期为民国正史留一页也。

今且将开公当年脱险返渝，陪都高层文化界于右任、程沧波、汪东、汪辟畺诸先哲对开老慰劳、庆功感赋诗先期发表，为抗战诗文之一章，以飨同文。

十年前（1978）开公八十双庆时，我个人因课忙未能亲飞台北参加祝贺，乃亦效颦匆草贺诗十首托内弟缵文携献老人，聊代跪拜。今亦附骥刊出，以博亲朋大雅一粲。前贤杰作暨匆草拙诗，多涉及开老当年嚼舌抗倭功在国史之往事，如不稍加说明，则年轻一代读者，或不知所指何事，因稍作“史释”如上。乞高明惠正焉。

1988年11月5日于北美洲

岳丈吴开先先生嵩庆献辞

一、江东元老　北伐少年

万户桃符佐寿筵，期颐预祝玉堂仙。
江东父老尊元老，北伐当年一少年。

二、春申江上　往日繁华

车满前庭酒满樽，春申江上月黄昏。
攀辕貂锦三千客，珠履黄郎岂足论？

三、身陷敌牢　矢志成仁

未见衣冠沦上国，孰从肝胆识孤贞。
应知散帻斜簪客，原是黄花岗上人。

四、呕唾倭酋　佯狂却敌

歇浦星沉一岛孤，书生咳唾却匈奴。
满城宫锦皆狐鼠，嚼舌常山一丈夫。

五、胜利还乡　内战去国

黎元喜见凯歌旋，重续齐民百二篇。
衽席苍生成幻梦，渔阳烽火照无眠。

六、退隐台北　从不言禄

策杖街头俩俩行，岂因介禄感逢迎。
尚书真向市曹隐，翁是临安第一人。

七、文桂承欢　子孝孙贤

云外莫嫌夷夏殊，朝暾长照子孙贤。
桂自飘香文自秀，相随已是十分圆。

八、布衣婿女　差报平安

堂前乳燕漫天飞，飞向淮南一布衣。
却喜归来双剪在，依然笑语报春晖。

九、笔戏雕虫　心存黎庶

每叹山东无足问，窃怜海甸有相濡。
著书为探生民术，忍共胡郎辨尔吾。

十、亲率儿女　献诗祝寿

妇自裁笺我润毫，呼儿适市备香醪。
且随季子乘风便，好献新诗作寿桃。

原载《传记文学》第五十三卷第六期

“以一人而敌一国”

为刘绍唐先生创办《传记文学》二十年而作

在我国汗牛充栋的传统史学里，所谓纪传体——也就是那部头最大、撰修时间最长的正史（二十五史）所采用的体裁——实是史学的主流。其实纪即传。司马迁原是这一体裁的创始者，而司马迁所写的《项羽本纪》《高祖本纪》，事实上便是“项羽传”和“刘邦传”。所以换言之，我们也可以说，中国传统史学是以传记为主体的。传记写的是人的故事。把一个人或一群人的社会行为忠实而有趣味地记录下来，让人百读不厌，那就是传记文学了。

论传记文学，推上去，司马迁当然是这一行的鼻祖。我国古代各行各业照例都供奉他们的祖师爷——例如木匠的是鲁班，唱戏的供的唐明皇，药店供的神农，医生供的是华佗，等等。所以刘绍唐先生如果也要在“传记文学社”供一位祖师爷，那么司马迁也就该当仁不让了。

不过传记这项文学，在二十五史的头四史——《史记》《汉书》《后汉书》《三国志》之中，都写得很好，其后便愈来愈糟。形式主义化的结果，到《清史列传》和《清史稿》上的“列传”，简直就令人不忍卒读了。

由于正史的形式主义化，它也就影响了私家传记作者的写作。所以在中国的传记文学里，“四史”而后，简直没有几篇可以说是脍炙人口的作品。

司马迁不但传记文学写得好，他的自传文也照样写得好，他那篇《太史公自序》，便是第一流的文学作品。不幸的是，这个自传文学的传统，和传记一样，也流于形式化。以后大家干脆就不写传记和自传了，索性来他个流水账——所谓年谱。一位老先生自知快要蒙主宠召了，想自我留名后世，便来他个“某翁自订年谱”。笔者昔年管图书，浪费人家的钱，把这类年谱买了不知道多少筐、多少篓，有时偶尔也去翻看翻看，看得生气，不觉便投书于篓——哼！我又不是你的儿子、你的孙子，看你这种书干吗！

可是这个僵化了的传统，在西风东渐的近百年中，渐渐又显出复苏的迹象。纵是最枯燥的年谱，在“现代化”了的写作之下，也有极多可看之书。老同学窦宗一先生所写的《李鸿章年（日）谱》（1968年香港友联书报发行公司出版）便是一本不朽的佳作。在全书中，作者自己几乎未写一句主观的评语，他只是自多如牛毛的有关李鸿章的史料中选其精华，按时序排列，让李鸿章去说他自己的话。在这本小书中，李鸿章真是栩栩如生，令人百读不厌。

欣羡之余，笔者于1962年《李宗仁回忆录》（哥伦比亚大学口述历史之一）中、英二稿同时完工之后，心目中的第二部书，便是想向宗一效颦，来一部《蒋中正先生年（日）谱》，并想在蒋公百年之前，于关节处所，以“口述录音”方式，请“老师”“自订”。

蒋中正先生是我的“老师”。

1943年春初，蒋公接任国立中央大学校长时，我正是该校历史系毕业班的学生。事缘前校长顾孟余先生被迫辞职，而教育部派来的继任人又不见经传，这未免小视了我们国立中央大学的大学生了，所以我们拒绝接受这新校长，闹了个偌大的学潮。教育部收不了这个烂摊子，乃呈报行政院解决，而行政院下来的批示，则是“本院长自兼”。

这一来不但教育部不敢挡驾，我们大学生也不敢闹了。我们贴出一张伟大的大字报（当时叫壁报吧）：“欢迎校长早日莅校办公。”

接着我们又收到校长室执事人员的传话，说：“校长不许欢迎。”抹了我们大学生一鼻子灰。

校长虽不许我们欢迎，我们还是欢迎了他。自此以后校长每周来校办公两小时，这时我们全校师生也就按时辍工两小时去“看校长”。后来我毕业了，毕业证书上的署名也是“校长蒋中正”，所以我就变成不折不扣的蒋中正先生的“学生”了。

二十七年过去了。1970年冬我们在台北开会，一天早晨蒋公点名召见我们“留美四学人”。当他老人家问起我的学历时，我开玩笑地说：“我是‘天子门生’啊！”

蒋公也微微地笑了笑，却说：“你是中央大学毕业的？”

“是呀！”我说，“我是三二级，历史系。我的毕业证书就是您签名盖章的啊！”

“那么你年纪……”

“老师不要问我的年纪了，”我说，“我现在的年纪，正是那时您在南京，我们向您‘献机祝寿’时，您的年纪。”

我没有称他“校长”，因为“校长”是黄埔等军事学校毕业生称呼他的专用名词，我未便乱用，所以我称他“老师”。

当我靠在沙发上和我的“老师”嬉皮笑脸地一答一问之时，我看那沙发上只坐了半个屁股的某学人，脸上一红一白，似乎有点局促不安起来。蒋公身边的两位侍从，似乎也有点惊异。

可是，我倒（觉得）有点奇怪。我觉得坐在我们前面的“我的老师”是那样慈祥、和善、笑容满面的一位老人，其他人等干吗那么紧张？

“老师，”我笑着说，“您没有老呀，您和我们在重庆看到您时，还差不了太多……”

“时间过得真快呀！”“老师”感叹地说。

“你很好！”“老师”又慰勉地说，“你以后写历史有什么需要的话，告诉我，我可以支持你！”

这样便结束了轮在我名下的简短谈话。我想我们这次奉召谒见，台北官方可能还留有正式记录亦未可知。

我那时的幻想是提着个录音机去找我“老师”谈话，以补充我那时已经着手的新著《蒋中正先生年（日）谱》。等到这部“资料书”完成之后，再来“笔则笔，削则削”，一部忠实无欺的《蒋中正先生全传》就不难下笔了。

以上便是我个人心目中想写的第二部传记兼自传的幻想。可是不久我就觉得我这个计划（project）太不切实际了——我想要把我的“老师”蒋中正，当成我的“老同事”李宗仁，那如何办得到呢？

李宗仁先生是抗战时期的第五战区司令长官，我也在第五战区当过兵，所以李德公总喜欢说他是我的“老同事”。其实我在纽约和他合作写书时，也真像个“老同事”。有时郭德洁夫人不在家，李德公就替我烧个安徽火锅（李公是个好厨师，但他说这火锅是他从安徽六安学来的）、四碟小菜，我二人就“煮酒论英雄”了，有时“论”到深夜，他还不让我走。也有时我回家后乘妻儿熟睡之时，凭着三分酒意，在书房之内也就写个通宵，翌晨万余言的“英雄掌故”就出来了；再过两天英文稿也跟着脱稿，一窝等着看的洋人，也就念得摇头摆尾。

这是李宗仁的故事。只要他没错，我就秉笔直书；他弄错、他胡吹，对不起，我笔则笔之，削则削之——大段删除。有时这位四星上将的“代总统”不服气了，叽叽咕咕。但是他也知道，秀才遇到兵，固然有理讲不清；相反的，兵遇到秀才，那穿二尺五的，也有理说不出——他一个人的脑袋，总敌不过我图书馆内三十万卷图书。

但是纵使一件史实是忠实无欺的，可是解释起来，必然会有其一面之词——这不但是个历史学家对一位历史制造者所无法阻止的，同时也是应该鼓励他说的，是所谓“公说公有理，婆说婆有理”。读史者欲知真相，则听了公的，再去听婆的，那自然真相大白。

所以在李宗仁的中英两稿定稿之后，我这位执笔人便一再严重地警告我的读者说，这本书是“桂系的一面之词”，偏听、偏信、不听、不信，都是不对的——谁又料到这个“一面之词”，二十年后竟会在中国大陆上拥有千万以上的读者！

就我个人来说，我那时的心理是：听过桂系的了，再听听“中央”的。由于这一心理的驱策，在我的“老同事”不幸去世之后，我就想找“我的老师”来反证一下，如此则一部信史便可以动笔了。

回到纽约之后，我又把我的计划仔细地想了一想。我发现我自己太幼稚——我怎能和“我的老师”一道吃安徽火锅、“煮酒论英雄”呢！这也使我理解了孔门弟子——苏格拉底、柏拉图也是如此说的——夫子“在位”和“不在位”的问题。

还有使我联想到的便是我国传统史学上所谓官修和私修的问题。官、私两家虽各有短长，但是传统著述之内，好的史书几乎都是私修的。另外一个实际问题便是，如果搞官修，则左史记言、右史记事，海内人才济济，哪里又需要一个“远地和尚”——搞历史的华侨来帮闲呢？

此外还有个职业转移的问题。我回纽约之后，发现哥大有一批洋人和日本人正在多方策动把我轰出哥大。区区在哥大一未贪污，二未渎职——那些轰我的人也是有良心的，他们口口声声说我对哥大有“重大贡献”（这话承情他们到现在还在继续说下去），而我又位卑名低，向不构成对任何白人或日本人争名争位的任何威胁，轰我做甚？殊不知天下事之不知道理由的却正多着呢！我怎么也没想到，当年领头轰我的人十年后自己也被轰掉了。如今哥大全校也同样张口结舌——不知道什么原因。

这段小插曲使我想到孔仲尼先生有时也有“误人子弟”的地方，什么“言忠信，行笃敬，虽蛮貊之邦行矣”。我想提醒孔夫子，“言忠信，行笃敬”在任何社会里都可使你变成个“可敬可爱”的“好人”，但是“好人”在“蛮貊之邦”是行不得的。

在哥大既然不舒服，则哥大除了三十万卷的汉文典籍之外，还有什么值得恋栈的呢？1972年初我就转业到纽约市大去做亚洲学系第一任的系主任去了——这一下忽然从“牛后”变成“鸡口”，而这个小“鸡口”与我以前所搞的“计划”又风马牛不相及，因而我那一心一意所搞的“私修”、“资料书”便无形中断了。

但我个人毕竟是学历史的。一有空儿，我还是要搞我的“私修”。可是想想近二十年来，个人搞历史——尤其亲见亲闻的民国史断烂的情形，和个人在哥大一无是处的“茶壶里的风波”，我不由得想起和我同时、搞同样东西的刘绍唐是多么崇高伟大了。

闭目沉思，我想想过去二十年的《传记文学》对治民国史的贡献，真是史所未有、令人惊讶！

今日我们可以说，没有刘绍唐，就没有《传记文学》；没有《传记文学》，则治民国史者，光靠些“官方资料”和少许鸡零狗碎的私人著述，则将来的民国史又可写出些什么东西来，这是不难想象的。

恭维刘绍唐，并不是说他的《传记文学》是篇篇珠玉。相反的，二百四十二本《传记文学》可能是个金矿，也可能是个大杂货栈。但纵使是个杂货栈，杂货（如笔者本人的作品）之外，正不知有多少珠玉琳琅，会拣的人自会取之不尽，足使民国史接近它原有的事实。

就以笔者个人读《传记文学》的心得来说吧，不读《传记文学》，我就不知道翠亨村的原名叫菜坑村，不知道复兴社是怎么回事，不知道谁在卢沟桥开第一枪，不知道“何梅协定”原不是什么协定，不知道……还多着呢！

刘绍唐还有一个贡献：他开了个风气。“五四”以来鼓吹写自传最力的是胡适之先生，但是胡适没有搞出个气候来。在刘绍唐攘臂跳火坑之初，胡适还在打破锣，说怕他“难以为继”呢。想不到“刘传记”就有此魄力、毅力、精力，一“继”二十年，一期不脱，烂污不拆，愈搞愈有劲，居然在史学界搞出个“刘绍唐时代”来。胡适如泉下有知，也应自愧不如！

天下事往往有巧合。

笔者去岁应邀去大陆教书六个月。我教的是美国史，但我留心观察的则是民国史，因为大陆史学界近几年最大的热门也是民国史，而且吹得震天价响。同时我也发现，不管意识形态如何不同，兵争政争如何炽烈，所谓的中国知识分子还是有其共同语言（common language）和共同次文化（subculture）的。六月交游，我可说识遍治民国史的铮铮巨擘。毋庸讳言，我们治史的方法与原则确有不同，但这原是学界的正常现象。我国传统经学还有今、古文之争，而今、古文本身又各有家法。他们搞社会主义，孙中山先生还不是说“社会主义有五十六种”！

我们不能以学术原则影响个人友谊，更不应以个人友谊改变学术原则。这是中国读书人的共同语言，大家都了解。所以我在大陆承史界同文友好不弃，得到他们提供的应有的研究方便。

在我遍览民国史料时，最使我震惊的是全国和各省市政协所编辑出版的“文史资料”，这文史资料事实上便是当年国民政府在大陆遗留下来的党、政、军、财、商、学……各界高层分子的回忆录。

回忆录的作者则包括被俘的、靠拢的、起义的、志愿留下的、回归的、为人民立过功的、想跑而没有跑掉的……各式各样的人物。他们之间地位较高而受优待的——包括宣统皇帝溥仪——则被安插在各阶层政协，拿干薪，做点可有可无的文史资料工作，换言之，也就写点自己的回忆录，或写写自己所知道的别人别事。据说为此事周恩来当时曾有指示，叫各人“据实写来，不必隐讳”。

文成之后，再由各地政协的文史资料委员会编纂成书出版，专为内部参考，不许向外（国）发行，是谓之“内部资料”。这种“内部资料”，凡是住在国内和狱外的中国人都可以看，新华书店也公开发售。只是这些书都陈列在“内”室，或二楼、三楼。这些“内”室凡是穿人民装的华侨也可进进出出，要买两本也可以，只是出境通过海关时可能被扣掉。如果海关老爷高抬贵手，你也可以堂堂正正地带出来。拙著《李宗仁回忆录》第一版，便是广西人民政协于1980年把我的名字刮掉出版的，也是“内部资料”。第二版我的名字被复原，改由广西人民出版社发行，才是公开的书籍。

传记文学社出版的另一拙著《胡适口述自传》（哥伦比亚大学口述历史之一，《传记文学》自1978年起连载一年，1981年初编印成书），1980年也被列为“胡适资料”之一种，改名为《胡适的自传》，由上海华东师范学院出版部重印发行，也被列为“内部资料”——因为胡适还没有被“平反”。

本书之重印是“胡适资料”的主编、山东大学历史系系主任葛懋春教授在纽约向我亲自说明的。我认为胡适的书，不管哪一种，如在大陆出版，对求知若渴的大陆青年都是有好处的，所以我就片面负责任地答应了，以免绍唐兄为难。

这些就是所谓“内部资料”。最近引起问题的那位美国小姐韦瑟（Lisa Wichers），据说是看这类资料出事的。

笔者在大陆承同业之助，也看了些这种“内部资料”。其中令我最感兴趣的，当然就是上述各政协所编纂的“文史资料”了。这种资料看起来（如不看各书封面），你几乎就会把它当成刘绍唐的《传记文学》，真是趣味盎然；但你如稍一留心，又会觉得它们之间截然不同。

不同在何处呢？

不同之处便是:《传记文学》里，作者的撰述态度多少有点“唱戏抱屁股,自捧自”;而“文史资料”里,作者撰述的态度则是千篇一律地“对着镜子喊王八，自骂自”。

不过不管自捧也好，自骂也好，对近代史有修养的读者，都可看出些门道来，所以治民国史的学者，对这两部大书，都是非读不可的。

我没时间多看，在浏览之间，最吸引我注意力的，当然是我母省安徽政协的出版品，可惜它一共只出了两本——这两本我倒细读过的。笔者战时和战后在安徽教过书，也做过低级公务员，自信对当时桂系治下的安徽政情了如指掌，可是读过这两本小书，我才自惭浅薄无知。

举个例子来说吧。书中有一篇当年安徽政要、社会处处长、以“尖刻”出名的苏民（春伯）的自述。在文里他说他自己是个两面派——一面为桂系李品仙出力，一面又替“CC系”暗中帮忙。他原意是想拉拢两系合作，结果却是增加两系矛盾，而从中渔利。

这篇如段克文所说的“倒竹筒”的自述，倒真的吓得我半天吐不出气来。那时我们在立煌和合肥，谁不知道苏君是桂系的“死党”，“疾CC如仇”？哪个又逆料到他是桂系和“CC”之间的两面派（double agent）呢?

据此,我对“CC系”在各派系之间的“统战”策略又多了一层了解,那只会要枪杆、跳木马的李宗仁将军哪里知道?但是写民国史的人岂可不知?岂可不知?

另外还有一篇某仁兄奉李品仙之命“盗楚王墓”的绝妙文章。因为此事就发生在我的家乡，当时众口纷纭，不知究竟挖出些什么来，现在这仁兄把“竹筒”一倒，读之始恍然大悟，真为之喷饭。

这些“文史资料”真把我这个学历史的读者读得如醉如痴。本想穷一暑假之力，把它全部读掉。可是我后来一看部头，才觉得我自不量力，还是老命要紧。

真是无巧不成书，我检点我想读的“文史资料”，数数正是二百四十二本——也正是刘绍唐《传记文学》二十年发行量的总和。

且把两方再比一比：

一个是官修的“自骂之书”；另一个是私修的“自捧之作”。

一个是杂货栈兼大金矿；另一个是大金矿兼杂货栈。

但是二者都是今后治民国史者的必读之书、中国史上永垂不朽之作。

不过，一个是倾“全国”之力纂修的；另一个则是刘绍唐一个人独干的！

以前梁启超为李鸿章作传，提到“甲午之战”那一段，任公说李鸿章是“以一人而敌一国”。我们试将《传记文学》和“文史资料”对比，我们大致也可说：“壮哉绍唐！以一人而敌一国！”

原载《传记文学》第四十一卷第一期

最大的阿Q，最凶的阎王！

试论《传记文学》的责任

（《传记文学》创刊二十周年纪念学术讨论会讲题之七）

我个人这次可说只是“路过”台北，恰逢刘绍唐先生《传记文学》二十周年大庆，也真是“巧遇”。我既然是《传记文学》的长期投稿人之一，是“刘司令长官”麾下的一个“过河卒子”，在道义上、兴趣上和职业上，我都自觉有参与盛会的必要，所以我就提前两天自纽约动身到台北来了，但是我未想到绍唐居然也要拉我的夫，强迫我上台说十五分钟的话——这在当前大陆上史学界的术语里，便叫作“做学术报告”，十五分钟的“学术报告”。

记得远在二十八年前，那时美国的哥伦比亚大学也举行了一个创校两百周年的纪念会。他们也拉夫拉了胡适之先生，要他以中国校友身份，到电台上去作十五分钟的讲演。哥大在讲演之前一年便通知了胡先生，据说胡先生为这篇十五分钟的讲稿足足的预备了三个月，易稿十数次，最后才上台亮相的，这篇讲演最后当然讲得十分精彩。

讲演和写文章一样，是愈短愈难的。据说在中国古代，只有王安石最会写短文章——所谓“半山之文，愈短愈妙”。但是一般平庸的作家，像我自己一样，就只会写“王大娘裹脚布”，又臭又长。要写短文章、做短报告，则非得有长时间充分准备不可。为十五分钟的讲演，胡适要花三个月，那我至少也得花十个月八个月——虽然《传记文学》只是二十周年纪念，而哥大则是二百周年。可是我收到绍唐兄的通知至今还不到三十小时。同时由于中美飞行的时差还未校正过来，三十小时有一半都给我睡掉了；另一半时间则和一些老友和新交吹牛吹掉了。所以我这次上台，可说是毫无准备——而这个大会又是专家如云的大聚会，我这样冒失登台也实在太不自量、太大胆了。但是绍唐先生老友之命不敢违，只好硬撑着上台，耽误诸位的宝贵时间，来“土法炼钢”一番，实在抱歉之至。

我个人既然在“学术”上“报告”不出什么东西，但我自己毕竟是学历史的，尤其是传记方面的历史，所以我想讲点儿我这行职业上的感想，请诸位指教。

我第一个感想便是我觉得我们学历史的都是一群“阿Q”。阿Q是个弱者，被人打了一顿而无法还手，他便说今天老子“被儿子打了”。这样一想，他就胜利了。他虽然打了我，哼！我是他的“老子”、他的“爸爸”，也就值得了。

阿Q有时也要欺侮一下比他更“弱”的“弱者”——他要去“摸一摸”小尼姑。小尼姑唧咕他一下，阿Q说：“哼，和尚摸得，我就摸不得！”

我们学历史，便是一群这样的阿Q！

且看我国第一个——也是最伟大的一个历史学家孔仲尼先生。孔子自命为“儒”。儒者柔也，凡事不抵抗，逆来顺受。他老人家受人一辈子闲气，被人撤职，被人查办，被人“绝粮”，被人围攻，最后被人赶出国门去流亡十四年。但是他还是口口声声地“不报无道”——换言之，便是任凭人家如何欺侮我、虐待我，老子绝不以牙还牙，纵使不“报怨以德”，也要“报怨以直”——相信公理一定胜过强权。

但是这个“直”（公理）始终无法伸张，又如何是好呢？那么孔子就著书、写历史、作《春秋》；可是作《春秋》又不敢破口大骂——只在字里行间，隐隐约约地骂人“混蛋”，是谓之“微言大义”。但是人类历史上的事实，却是“枪杆出政权”。试问自古以来哪些坏蛋真正怕你吭都不敢吭出声来的“微言大义”呢？历史学家对此也有解释，他们说：哼！儿子不听老子话，又有什么办法呢？老子想想，也就罢了。

可是阿Q却要作弄好人——像小尼姑一样的好人，所谓“责备贤者”。只有像小尼姑一样的贤者，才怕孔子的“微言大义”呢。小尼姑要维护贞操，贤者爱惜羽毛，好身后之名，所以才怕人在死后骂他、鞭他的尸。“乱臣贼子”才不怕什么鞭尸呢！所以“孔子作《春秋》，而乱臣贼子惧”这句话要改成“孔子作《春秋》，而贤者惧——小尼姑惧”，才比较接近历史事实。

我国的历史学家，自圣人而后，至司马迁、司马光、班固、陈寿……到胡适之、沈云龙、黎东方、李国祁、蒋永敬、李云汉、张玉法，到黎东方的学生刘绍唐、唐德刚……都是一群阿Q。阿Q教授教出阿Q学生来——大阿Q教小阿Q。

从可怜的阿Q，我又发生了第二个感想——那就是别看阿Q可怜，他有时也十分凶狠，狠得像“最凶的阎王”。他在喜怒之间，有时也可把有罪或无罪的小鬼，推下油锅，丢上刀山。五殿阎罗的审判过程是十分不民主的——他那儿没有“陪审制”，只要他朱笔一划，你投人胎、投狗胎、投猪胎……上刀山、下油锅，悉凭尊便！

就拿我们的中国古代史来说吧。孔子言必称尧舜，所谓“祖述尧舜，宪章文武”。尧舜是否有其人，现在的任何历史学家都不敢乱说，至于文王、武王则确有其人。可是所谓“文、武、周公”是否可跟我们的真圣人孔子相比，恐怕就很难说了！

我们读古代史，夏桀、商纣究竟坏至什么程度，文王、武王、周公是否真是圣人、完人，我个人读古书，就不敢盲从。夏桀、商纣可能是要枪杆、运用国家机器来镇压老百姓的“独夫”，但是文、武、周公也显然是“枪杆出政权主义者”，和他们同时的两位贤者——“大学教授”的伯夷、叔齐，就分明说他们之间的内战是“以暴易暴”。再看我们现代中国洋化了，有什么国旗、国歌、国花……古代中国则有一种国树，以这种树来代表一国政权的性质。且看他们夏、商、周三代的国树又是些什么植物呢？有一次鲁哀公问孔子的大门徒宰我，在国家祭坛边应该种什么种类的树。宰我回答说：“夏后氏以松，殷人以柏，周人以栗。曰：‘使民战栗。’”

把这句话译成白话文，大意便是：“夏后氏以松树为国家政权的象征，殷商则用柏树，周朝人则用栗树，用栗树的意思是要老百姓看到这树就感觉战栗。”

宰我是孔门“十哲”之一，他的道德文章至少不在黎东方、沈云龙诸教授之下。他的话不是胡说八道的，是有根据的。我们不能因为他欢喜睡午觉，便不相信他深厚的史学训练，否则鲁哀公也不会聘他做“国策顾问”的。

根据宰我的考证，周初的“革命政权”原来是个“使民战栗”的恐怖政权，那样的话，在叛乱成功之后，一连串的“镇反”、“肃反”之可怕，也就可想而知了。

但是在六百年稳坐江山之后，“镇反”、“肃反”的结果，公正的史学家被杀的被杀、该饿死的都饿死，大家六百年都不敢放个屁，暴君变成了圣贤，历史就被歪曲了。连一个“殷遗民”的孔圣人也信以为真了！

我们如把一部“二十五史”从头读起，“不疑处有疑”，恐怕一整部中华民族史都要重写了。

重写历史，我们今日当然大可不必。将错就错，又何伤大雅呢？我个人今天来怀疑圣贤，只是想帮助说明历史学家一支笔是多么可怕就是了，它可颠倒黑白、混淆是非。

司马迁出言不慎，被皇帝把生殖机构破坏了，他有气没处出，便“微言大义”一番，把“今上”的祖宗大骂一通，说他是流氓地痞，不慈不孝……甚至是个同性恋患者——下流无耻至极。其实嘛，刘邦不一定就那么坏,坏就坏在他的子孙不该把个伟大的历史学家“下蚕室”就是了。

司马迁是个大阿Q，但是司马迁也是个最凶狠的“阎王”。他把刘邦这“小鬼”，戴高帽、游街、打入牛栏，让他两千年不能翻身、平反。

这种以恩怨执笔的复杂心理，不但正式史家如此，野史家比正史家更可怕。就说魏武帝曹操吧。曹操也不一定是个“白鼻子”,他说:“天下无孤，不知几人称帝，几人称王。”他对阻止内战、恢复文教是有大功劳的。但是他被一些野史家——一些“刘绍唐”领导下的野史家们，糟蹋得不成样子。你看他在《捉放曹》中的表演多么可恶。

曹操在中国文学史上是有崇高地位的人，我不相信他会说：“宁我负人,毋人负我！”这句话显然是“刘绍唐”的“野史馆”中传出来的，其力量与影响，是远大于“正史馆”的。

以上所说的只是贬的一面。其实褒的一面也是一样的。就拿诸葛亮来说吧。论古今用兵，在我们心目中，诸葛亮算是第一人了，白崇禧将军绰号就叫“小诸葛”。以前湘军有个将领（是左宗棠吧）即常常以“诸葛”自命，一次他打了个胜仗，不觉得意洋洋地说：“此‘诸葛’之所以为‘亮’也！”又一次，他又打了个败仗，弄得垂头丧气，他一个幕僚就取笑他说：“此‘葛亮’之所以为‘诸’（猪）也！”左氏大怒，据说后来便借故把这个幕僚“修理”了。

其实诸葛亮用兵远不如曹操。陈寿在《三国志》上便说用兵“非其所长”，但是我们“野史馆的刘绍唐”，硬说他用兵是古今一人，他也就浪得虚名了。

再看我们所身历的民国史吧。我们的官史家、野史家——尤其是野史家，对一些颇有干才、颇有政绩的民国豪杰如袁世凯、曹锟、张作霖、刘湘、韩复榘……都有欠公平，尤其是韩二哥韩青天，简直就被人糟蹋得不成样子。其实韩青天并不就那么坏。所以我们如翻翻这部拥有二百四十二卷的大类书——《传记文学》，我真觉得刘绍唐不只是当今最大的阿Q，他也是一字定天下的大法官和活阎罗呢！

谢谢诸位。

原载《传记文学》第四十一卷第二期

杨振宁·《传记文学》·瓦砾坝

贺《传记文学》创刊二十五周年

去年（1986年）6月初，一次我正挤入北京饭店拥挤的电梯自上而下时，忽然背后人丛中有一乘客伸手在我肩上敲了两下。我回头一看，发现竟是杨振宁教授。他住在五楼，我在三楼，他先入为主，便被挤在电梯的后面了。老友“异域”（！）重逢，“他乡”（！）遇故知，十分高兴。

振宁告诉我，他在人民大会堂做七次学术讲演，那一天是第七次，晚间无事，大家可以聊聊。

这次正好我的幼妹德缜亦在北京。德缜是学汽车制造的，她和丈夫朱子智都是大陆上自制的最神气的“红旗牌”轿车的骨干设计师。二人都是高级工程师，子智更是长春第一汽车厂深圳分厂的总工程师，二人也都曾分别领队出国访问，到过日本和美国。

德缜听说我与杨振宁这位大名人有约，大为高兴，一定要我也带她去看看杨振宁，她除去要瞻仰这位诺贝尔奖得主的风采之外，还有另一个目的——要去“问问道”，因为她的儿子朱工今次高中毕业，在吉林省会考，考了个“解元”——物理第一名，全国统考也名列第七，在全国大学联考中，免试升入北大或清华物理系，他选择了北大。这在今日大陆统考那种疯狂的竞争之下，简直是不可想象的。儿子既然也学物理，那么妈妈要向杨振宁请教，当然是顺理成章的——在约定时间，我们就一起晤面了。

振宁兄不弃，对德缜儿子将来学习的方向颇多指点。他们都是搞科学的，德缜的专业是电子工程，俗名“电脑”的科学就是其中的一部分吧。据她美国同行对她的推许，认为她那点点电脑知识在美国相同等级工程师的薪金至少是十万美金一年，而她在长春的每月工资只有人民币九十元（约合美金二十五元）。所以我这位女工程师的妹妹似乎学得也还不错。

杨兄和我这位幼妹究竟谈了些什么物理学,我已全部忘了。不忘了，那也是牛听弹琴——虽然我这位老哥当年考大学时，据朋友们替我在“教育部”所查原卷，物理也曾考一百分，但是被一些不讲理的大主考硬扣成八十分，理由是我在湖南区考的统考，湖南区阅卷分数松，所以被扣了百分之二十。这一点我至今不服，还要继续向陈立夫老伯抗议！英汉史地，您扣掉我二十分小子何敢吭一声？但是数学、物理硬邦邦，怎可胡乱地打我折扣呢？

可是陈公今日纵使对我加倍发还，我对他二人那晚的对话仍然是一窍不通。

不过那晚振宁兄和我也谈了很多——我二人谈的却是《传记文学》。

杨振宁和我一样,也是一位“合肥老母鸡”,虽然他能讲一口“京腔”的国语。在他获诺贝尔奖之前,我们在普林斯顿便认识了。认识的原因，大概是我那口乡音未改的合肥话吸引了他的好奇，我二人一叙，竟是抗战初期的中学同班。当年为战火所迫，他自北平、我从南京先后转学故乡。但是他父亲是清华大学的名教授，所以他在合肥盘桓不久，便转学到昆明去了，后来由统考考入西南联大。我是个乡巴佬，逃难时只好死守着学堂，在敌人的机枪声中，穿着草鞋，翻山越岭，逃到武汉。由所谓临时中学改编成“国立安徽中学”，再次改成“国立第八中学”落户湘西。后来我在湘西参加统考，考入中央大学。

我们那次逃难是举校搬家的，全校老师和数千男女青年都穿着草鞋，踢踢跶跶地跑到后方去，十分罗曼蒂克。这些当年的草鞋青年，今都垂垂老矣。前不久还有老同学女诗人阚家蓂（匹兹堡大学名教授谢觉民的夫人）填词忆往事，并寄给我要我狗尾续貂，"和"她一番。我"和"她些什么歪诗，记不得了（据说家蓂还保存有原稿），但其中有两句我还记得是："三千小儿女，结伴到湘西。"这三千小儿女中，就包括了杨振宁当年的整个老同班。

振宁在校时间太短，没有参加逃亡，所有老师和同学的名字他都忘了，只记得"学生程度很整齐，老师阵容也很杰出"。我自己受惠极深而念念不忘的一些老师的名字如沈沅湘（数学）、沈兰渠（化学，绰号"老猛"，合肥城关话"某"字说成"猛"字。沈老师是城关人，故有此雅号）、鲍哲文、张汝舟（国文）、施伯章（英文）、刘毓璜（历史，现在还在南京大学教授历史）……诸先生他已记不清了。

后来杨兄一举成名，得了诺贝尔奖，成了个闻名世界的大伟人，交际圈一下扩大百十倍，应接不暇。这一来我们反而疏远了。不是他贵易交，而是我这位小老乡、老同学不想去找他了，理由很简单：不想"杀入重围"。像杨兄这样的名人，到任何地方，围他的人都是一圈一圈的，你想"一亲芳泽"和他握个手，就得勇往直前去"杀入重围"。花了这么大的气力"杀入重围"，如果去和漂亮女明星接个吻，那还值得；"杀入重围"去和杨振宁拉一下手，那我就不干了。不干，就疏远了。

前年，大陆的名作家、其后出任文化部"尚书"的王蒙也曾问我，他四访纽约，为何难得一晤，我也告诉他相同的故事。这是人际关系，活生生的事实嘛。社会学家如有兴趣，把这现象概念化一下，也可得出某种某种的"定律"来。

不过，近三十年来，承振宁兄不弃，在不需"杀入重围"的场合下，我们还是不时往还的。一次，他身怀大笔奖学金，代表“纽约州大”来招兵买马，我代表“纽约市大”来接待这位施主，并多少求点情，还把我一个学生送入州大研究院去读史学博士学位。

前不久我们又在一位朋友家见面了，那也是我第一次拜见他的老太太——杨伯母。我见她老人家，她老人家见我，真备感亲切，因为这老人所说的话和我母亲所说的几乎一模一样。这在故乡三万里之外，是不易听到的。

去岁我们北京之会，振宁还学他母亲用合肥话说：“啊唐德刚，唐德刚，唐家圩的，唐家圩的。”（“圩”，土音读“围”）

与振宁兄一夕之谈，使我觉得这位诺贝尔奖得主，平时我们虽往来无多，但他对我这位小同乡、老同学并不陌生——他知道二三十年我在干些啥子——我写的那些破铜烂铁，他居然也看过，而多半都出自《传记文学》。

杨振宁这个物理学泰斗居然也是《传记文学》的长期读者，这倒使我颇感意外。在《传记文学》二十五周年纪念之时，我得向“刘传记”报告这个好消息。下次杨公莅台，“刘传记”对这位不平凡的读者，应大请其客才对。

我们北京之会，振宁兄对“我的朋友”胡适之、李宗仁虽很熟悉，但他对他老太太口中的“唐家圩的，唐家圩的”是怎么回事则不甚了了，问我是怎么回事。

“唐家圩”这个古老而神秘的东西现在是在地球上消失了，也永远不会回来。前几年台北有位读者写信问我“家在何处”，我回她说：“……家在吴头楚尾，欲飞还，怕绕空梁……”那时我还是估计得太乐观了点，其实我这个“家”被挖土三尺，夷为平地，哪还有什么“空梁”好绕呢？

“唐家圩”是个什么东西呢？我原先是在其中度过童年的小主人之一，却不知其所以然。等到进了大学，学了历史，抗战末期返皖，步行通过黄淮大平原——尤其是通过一个据说是穆桂英挂帅的地方的穆家寨（后因穆氏式微，寨已换了主人，也换了名字）——我这个对社会史有兴趣的历史系毕业生，才颇有所悟。

“圩”这种东西在河南叫“寨”，在陕西或许叫“围”——毛泽东在长征途中，就曾打过这种“土围子”——在我们江淮之间则叫“圩子”。它是黄淮一带平原之上，动乱岁月里（中国历史上，有几年无动乱？），农民聚族而居、扎寨自保的一种东西。某年“穆柯寨”里出了女寨主桂英，她看中了邻寨里一个漂亮青年杨宗保，一时芳心大动，乃带领喽啰一下把宗保掳来，强迫他做“午夜牛郎”，和一个又老又丑的女寨主结婚，那可能就是《穆桂英招亲》这出戏的本事了。

我们姓唐的这群贫下中农，又怎么扎了个“唐家圩”呢？这是中国社会史学上一个有趣的题目，说来话长，足够写篇博士论文。

其实在我们那一带扎圩子的也不只我们姓唐的一家，沈从文的丈人家张家也是一个。另外还有个“刘家圩”（出了个麻子寨主刘六郎，在台湾还有个铜像的刘铭传）。除此以外还有个“周家圩”，合肥东乡还有个“李家圩”出了个李鸿章……真是畝欤盛哉。

华裔人类学家许琅光教授曾写过一本书叫《宗族、种姓与社团》（Francis L. K. Hsu，*Clan*，*Caste & Club*. Princeton，N.J.，1963.）来比较中、印、美三个社会结构之不同，而说明中国社会结构是以宗族为重心，不像印度人之侧重宗教阶级和美国人之注重“俱乐部”。

我们那些“寨”和“围”在以前也都是一种宗族组织。不特此也，我们合肥那些所谓大族还有个总根，这个总根据说发源于江西省的一个小镇叫“瓦砾坝”（“砾”字，合肥土音读“折”）。

笔者在美国参加了“旅美加安徽同乡会”。会友中凡属祖籍合肥而知道祖宗背景的，几乎都说远祖来自江西瓦砾坝。前年访台，承现“国防部部长”郑为元将军和郑曹蕙玲夫人召宴，嗣又与“旅台合肥同乡会”

乡贤王秀春先生等十余人，欢叙于“国防部前部长”郭寄峤前辈家，一时风雨如晦，鸡鸣不已，欢乐无比。

郭寄老在合肥的祖居距舍下才三英里（纽约市上只六十个街口），我早年便听说郭府也是瓦砾坝老移民。至于郑将军和曹夫人远祖是否亦来自瓦砾坝，我未及一问。但据我按比例推测，那天我们在郭府欢叙的十多只“老母鸡”，可能有一半为瓦砾坝之苗裔也。

瓦砾坝才是我们大多数合肥人远祖之所自。至于我们族谱上那些什么唐尧虞舜、老始祖、大名贤，都是修谱时撰谱序的文人胡吹的。在下的始祖不是什么“周成王”、“小弱弟”、“封于唐”的皇族。我唐某人真正可考的老祖宗，原是在瓦砾坝耕田种地的老农民。这才是可靠的“信史”。

瓦砾坝在咱合肥前贤中被怀念了三百余年。很快地，他老人家就要在我们子孙的记忆中消失了。

呜呼，瓦砾坝究竟在江西的什么地方，吾合肥佬不知也。但是传闻异辞，故事却多着呢。

今乘《传记文学》四分之一世纪大庆，来“寻根”一番，倒不失为民族学（ethnology）上一宗有趣的研究。

话说大明帝国末年，由于政治窳劣，民不聊生，发生了农民大起义。这次大起义的头头之一便是陕西延安府人张献忠（1606—1646）。这位张大王嗜杀成性，他于崇祯八年（1635）率军攻入皖北，焚明皇陵于凤阳，然后从凤阳南下，自合肥、舒城、桐城、怀宁……一路杀向湖北、江西而去。沿途被他杀得赤地千里，天日无光。

张献忠不是像今天左翼史学家所说的那么可敬可爱——只杀地主，不杀农民。他是逢人便杀，不分贫富的。杀到后来无人可杀时，便宰杀自己的小兵以泄其杀人之欲。他从我们敝省过了一下，一路上便把老百姓杀得精光。

我们那个“唐家圩”，那时便已存在，因为地居要冲，居民住户被张献忠杀得一个不留。原主人姓啥名谁，谁也不知道——纵使他们或有姓名文件留下，那些自瓦砾坝逃来的难民贫农可能也是一个大字不识。他们搬进去暂住之时，只见死尸遍地，他们搬走死尸，拿起人家留下的锄头，干起老活，就当起“中农”来了。

他们一直在等候原屋主归来，以便物还原主。可是原屋主显然已经死光了，永不归来；他们乃在新朝注册，取得产权，一住便住了两百多年。直到 19 世纪 50 年代，他们又碰上了一次农民大起义。可是这次起义的新领袖，没有张献忠那么凶。这些贫下中农乃自己组织起来，来个反起义，和起义北上的贫下中农拼杀起来。结果起义的被反起义的打垮了。反起义的头头们，从一字不识的贫下中农，数年之内，都变成了“淮军将领”、“同治中兴”的高干，并把那些“败则为寇”的王侯们的金银财宝瓜分了，纳入私囊，搬回老家，大修府第，猖獗一时。

以上便是当年瓦砾坝难民子孙的一支——也是代表性相当强的一支——三百年来兴亡的简史，其他各支的遭遇应是大同小异的。

所以从各种史迹来推测，当年从一个不知何处的瓦砾坝集体逃亡、后到合肥集体定居的难民，一定是为数可观的——从几百人到几千人之多。其逃亡故事很有点像三千年前，摩西教主率领犹太难民逃亡的《出埃及记》：当他们前有大海、后有追兵，正在绝境之时，忽然上帝指点，一海中分，现出条康庄大道来，才把他们渡了过去。

瓦砾坝难民不信上帝，上帝也不救急。所幸他们人多，人定胜天。当他们碰到一河难渡之时，他们乃每人找了一块瓦砾，结果投瓦断流，便造出个瓦砾坝来，才使他们自江西安抵合肥。

他们集体在合肥定居之时，也颇像美国摩门（Mormon）教徒在教主普里翰 · 杨（Brigham Young，1801—1877）率领他们在盐湖城（Salt Lake City）定居的故事一样。他们数百人漂泊经年，杨教主忽然找到了盐湖城，乃大呼一声："就是这个地方！"（This is the place.）他们就住下了，一住到今天，传为历史佳话、人世传奇。

瓦砾坝难民，填河筑坝，终于找到了"这个地方"，也太富于传奇性了。可惜他们没有教主，也没有个上帝，否则他们一定也会有感恩节（Thanks giving Day）、受难节（Passover）一类的宗教仪式出现——难民原不是好当的嘛。事过境迁，回首当年，感慨系之，便有种种的心灵反应出现了。

我们的合肥佬，既然很多都是集体逃亡、集体定居的难民后裔，他们难免也保留些当年难民祖宗的遗风。这遗风所表现的一面，便是合肥佬一般都气度甚大，不计较小节。这一点往往是其他地区的朋友们所不能及。

据说李鸿章做两广总督新上任时，他属下的司道知事等循例都得亲来衙门递"手本""请训"。这些请训小官中居然有个小知县是李的同乡合肥人。李乃以乡音向他开玩笑说："你在这里做县官做了这么久，地皮刮了不少吧？"谁知这个小知县不太懂林语堂式的幽默，竟然顶撞说："你当总督刮了多少大地皮，就不能让我小知县刮点小地皮呀！"

这句话漫说是那个专制时代，就在今日国共两党治下，十三级以下的小干部也是说不得的啊！他二人你一句我一句地撞了半天，那个小知县火了，竟然拂袖而去，抹了李中堂一鼻子灰。

这种干法，在大清帝国里是有脑袋搬家的可能性啊！然而相反的，我们李中堂却慌了起来，赶快请客赔礼，才终使误会冰释。

在这段小故事里，这个小知县的无礼，和这个总督大人的风度，都不是一般人所能做的。但是你如果知道他二人都是瓦砾坝难民的后裔，那也就没什么好奇怪的了。

1987年5月14日于纽约

原载《传记文学》第五十一卷第一期

陈其宽画学看记

兼论国画现代化

那已是50年代的旧事了。

一次我和鹿桥一起在纽约的米舟画廊看画。那儿挂着几张陈其宽的现代山水。当我二人走到这几幅画的前面时，鹿桥忽然转过身来，很严肃地告诉我说："陈其宽是三百年来第一人！"鹿桥这句评语，使我愣了半天，吐不出气来。

鹿桥是位百分之百的恂恂儒者、谨言慎行的谦谦君子，一位极有分寸的画评家，艺术作品经其评题，言出于口，文发于笔，都是一字千钧的。

他为什么对陈其宽有如此崇高的评价，当时对我确是个小小的震撼。

鹿桥其人

鹿桥（吴讷孙）是我的挚友。他修身齐家的德性，都是我最为佩服的。相交数十年，他一直都是我"见贤思齐"的标准。

鹿桥的中英文都比我好。那时我正在读他那尚未出版的《未央歌》，而自愧弗如。鹿桥的英文尤其使我折服，在50年代中期，中国知识分子在美国尚不敢做太多教书的梦。他们最企慕而又有可能得到的金饭碗，便是进联合国。

联合国里面众人皆想的工作，分两个阶层：一个是“主管级”（directorate）的工作。那是要走政治后门的，常人不敢想也；另一种是“专家级”（professionals），如普通的翻译工作，那是要凭硬功夫参加考试的。笔者愚不安愚，也曾参加过这种考试。同科三百余人，真是博士如云，专才如雨，洋洋大观焉。结果，生而有幸，竟和三百余名学者名宦，于孙山之外，同科落第；而鹿桥却与“小猫”三四，同登金榜。

鹿桥不但考取了，他考取的还是最难的一项——立刻传译的口译。他那时是位“新科进士”，在我这位“乡试不售”的老秀才看起来，真是心服口服。

他那座“延陵乙园”

鹿桥在艺术创作上也是位天才和雅士——也可说是个怪杰吧。他在耶鲁读书之时，结了婚而没有新房。他和他那听话的新娘乃决定自己动手，在地价甚低的山地来盖一座小房子。二人餐风宿露、搬砖搬瓦，盖了六年，居然盖成了。

其后他又租了推土机和怪手机，自己驾着机器，引清流至屋角，又挖了一个不小的人工湖。湖畔古木阴森，怪石嵯峨，湖内游鱼浮沉，云影荡漾，俨然别有洞天。

他二人又沿清流，运巨石，筑了个小型西式音乐台。后来因势又添了些野餐桌、情人椅……

布置粗具规模，鹿桥乃把他这个小园起个名字，叫“延陵乙园”，因为他姓吴嘛。

记得有一年初冬，我们的小组织白马社里十来位男女社友应邀来访。那时天正微雪，木叶黄落，气象肃飒；但是我们那位领队入园的陶塑艺人蔡宝瑜，兴致甚好。她说她最喜欢此时此刻来访乙园，因为此时此刻，这花园内，没有花，也没有人。

她说过这话之后，我竟为之雅兴大发，自衣袋里取出拍纸簿，当场口占一绝。后来宝瑜死了，我的诗也丢了，但是我还记得开头的那几句：

领队的姑娘说，
她最喜欢这花园，因为
这花园内没有花，也
没有人。
……

其实冬天一过，鹿桥这座小园之内，是既有花，也有人。

鹿桥是位怕闹也怕名的人，却想不到他无意之间搞出的这所“三间东倒西歪屋”的东方情调，很快地便把这个乙园变成了山阴道上。鹿桥和他的夫人，这两个南腔北调人，也被弄得名满纽约。

原来战后的纽约此时已逐渐地取代了维也纳和巴黎而成为世界的音乐和艺术中心，是名艺人聚居之所，也是成长期中的小辈过五关、斩六将的必经之道。可是这批名满天下的艺人们，在广厦连云的纽约住腻了，忽然发现在耶鲁大学附近的原始丛林里，却有这样一座清幽脱俗的摩耶精舍，这一下可把这批误把脏和臭都当成了雅的大胡子们提醒了，大家相率过访，终至倾城而来——这一下也就把鹿桥发掘出来了。

是过誉还是知音

就当鹿桥在耶鲁渐次出山之时，东方书画在纽约艺坛也逐渐抬头。大家在玩弄“四王”、“八怪”之外，才知道这种艺术的背后，还有延陵乙园这一类的生活情调。临流自照，大胡子们自觉其俗，那不长胡子的鹿桥也就益发雅起来了。有些“芥千金而不盼”的画家琴师们，平时连洛克菲勒也不易请到的，这时竟不时到乙园里来，画点山水，赋点新诗，拉他几曲新旧调门。他们评起东方书画来，以鹿桥之博雅，很快地也变成纽约地区同行公认的盟主——虽然他在耶鲁还只是个画史系的助教授。

声名大了，鹿桥便益发谨言慎行，加以当时我们那一伙原来是个吃吃喝喝、无事时吹吹文学艺术的小浪人团体，从来未想到相互标榜，彼此之间的鼓励和批评，都是极其真诚的。

知音的鼓舞之情虽随时可见，而失当的过誉之评则绝未曾有。

正因其如此，上文所引鹿桥这句严肃的评语，对我才构成不小的震撼。最近我为草拟此篇，曾在长途电话中与鹿桥重提此事，鹿桥似乎对他那三十年前的旧话，初无修正之意。

事实上，也只有鹿桥这样，能在中西文化冲击中发生“协调作用”（acculturational function）的学者，才是那融会中西于一纸的陈其宽的真正知音。

败家子的玩赏癖

笔者不学，对他们艺人之间的相互讨论本不应置一词。但我个人也是个未能全脱传统习气的中国知识分子。中国的传统文人——除掉一段很短“漏夜赶科场”的阶段之外——他们如果想搞点学术，大半都是以兴趣为依归的。而兴趣又因人而异,喜欢专的,则不惜“白首穷一经”;兴趣广泛的，则喜欢炒杂碎，样样都碰碰。胡适之先生的了不起之处，便是他能二者兼而有之。

余小子一经未学、百事欠通，但兴趣之杂，倒不在胡老师之下。在下是美国领有专利的发明家协会中未缴会费的会员。在下玩赏起音乐艺术来，也每每废寝忘餐。所学别无专精，何至沉溺若此呢？无他，兴趣使然也，业余嗜好而已。这本是中国旧文人，一种任性、贪玩、不务正业和不为稻粱谋的劣根性、老传统；也是旧社会中，有小聪明而不成大器的败家子之通病。如今年届二毛，一事无成，反躬自省，倒颇有自知之明。

陈其宽的“泥菩萨”

由于兴趣和好奇心的驱使，我对陈其宽的画，早就有极诚挚的玩赏之心，认为他那种新尝试是对我国画坛千年模式的一种突破，也可说是一种解放和艺术现代化罢。

但是其宽所搞的并不是单纯的“华人画西画”那种百分之百的“横的移植”。他没有背弃中国传统,可是也不是“中西合璧”的艺术大拼盘。其宽所致力的则是中国青年情侣所最向往的“泥菩萨”，打破两个泥菩萨搅成一块泥，再做两个泥菩萨——你身上有我，我身上有你。这一程序在教育学、民俗学上，叫作“文化协调”(acculturational)。

这种融会中西、不着痕迹、两得其美的本事，他们搞建筑而专攻室内设计(interior design)的高手就最为擅长。君不见一座瓷制光头老寿星，如经一位高手安放于一座全部超现代化的洋房客厅之内，这位东方老丈真是神态潇洒、须眉欲动。但是如由我辈把他老人家自唐人街的杂货铺中请回，放于起居室香案之上，求他保佑，这老头便显得面目狰狞、俗不可耐。盖中西艺术之水乳交融，端看艺术家去如何处理——运用之妙，存乎一心，真正的高手运用起来，初无中西、古今、纵横之别也。

贝聿铭在80年代所设计的香山饭店就是这一手法在现阶段的最高表现——当然还可以提高。

在三十多年前，我便觉得陈其宽是这项高手之一，但我自知不学，不敢枉顾轻重，在行家之前妄言妄语。及闻鹿桥之言，惊喜之余，真有“夫子言之”的感觉。

我同意鹿桥的评语，只是觉得自己不在此行，不够资格说出罢了。

古董字画的“从贩”

我认识陈其宽比鹿桥还要早。其宽是我大学时代防空洞中躲警报的难友，也是我在饭堂内抢稀饭的劲敌。他在重庆已渐有脱颖而出的趋势，但是我把他看得高我一头，却是在50年代的纽约。

50年代是中国艺术品打入西方市场的更始期；50年代的纽约也是中国艺术品进入西方的第一号通商口岸。那时不管中国来的什么破铜烂铁，在纽约市的麦迪生大道，都可向白皮肤的富翁富婆，敲他几文。其时中国来的高级难民也麇居纽约，因此市场上的破铜烂铁也所在多有。

笔者本人是个最欢喜看热闹的人。光棍一条，无牵无挂，便养成有热闹便看的坏习惯。在我当年挤看这些古董交易之热闹时，心中真有说不尽的“阿Q情怀”。

为什么呢?

因为不过在短短的数年之前，我本人在1947年的上海，也曾做过一阵子出售古董字画的“从贩”——卖古董的不是我，我只是帮忙兜售而已，故曰“从贩”（阿Q当年在恋爱失败之后，不是也做过一阵子出售旧衣服的“从贩”？）。

那位“主贩”原是我的一位远方姑丈，大我三五岁。我二人各提筐篮一只，里面装满了官窑、汝窑、宣德、康熙……还有三两件“四王”、“八怪”的卷轴，挤上电车，到老霞飞路一带犹太人开的礼品店前，沿街叫卖。我便是我那位志在国际贸易的土姑丈的英文翻译。姑丈答应我的报酬则是：“卖掉货，便去吃丰泽楼、看梅兰芳！”

可恨的则是那些老犹太对我们两个土阿Q看也不看一眼——我二人一件也未卖掉。

现在回想起来，真连我自己也不相信有过这么回事。以80年代纽约的时价来估计，俺那一筐篮杂货，今日至少也值他美金千把百万，而我们留存在阁楼上的，还有十来个大件呢！但是这些大小各件，不特老犹太不要，连电车上的扒手也不看我们一眼，可恨不可恨呢?

丰泽楼吃不成了，但是姑丈还是要酬劳我，要我在大小各件中随意选择！可是我对他那些坛坛罐罐也失去了兴趣。

后来我拿到留学护照，无钱出国。我的老爸爸也翻箱倒箧，捡出六张“四王”册叶，要我拿到上海去卖。由于姑丈和我沿街叫卖的惨痛经验，我只选择了我穷爸爸的一百块“袁大头”，“四王”我是不要了。

我老爸那几张“四王”才是真的呢，不像50年代纽约市场上叫价十万而问题重重的“王”这、“王”那呢！

在纽约我是“一王”也不“王”了。但毕竟是做过贩子的，对老行道不能忘情，一闻有古董交易，我总是赶去，与一二真假专家坐在后排，品头论足一番。后来台北故宫博物院的精品经美国佬摄制完毕，我并力逼老婆听话，拨“巨款”购藏一整套——我们那时是在“清寒线”

（poverty line）之下挣扎啊。何以挨饿而为之？无他，败家子老病发了，年轻时受了老辈败家子的影响，染上不良嗜好，一时未能戒除而已。

洋画梳耙

未能免俗，笔者个人在诸老友之间，虽偶尔附庸风雅，不过在下于留学期中所学的，毕竟是"全盘西化"——由"欧洲中古史"转"欧洲近代史"转"美国史"。由于个人兴趣，也由于朋友关系，那时我也是纽约四大博物馆之间的常客。各馆之间，相隔虽仅数分钟的路程，可是各馆藏画——从中古到现代——可就有霄壤之别了。

后来余游欧洲，再一看各国所藏名画，便觉得自文艺复兴时代到现在，他们的绘画简直变得驴头不对马嘴。甚至某一画家个人（如毕加索），一生短短数十寒暑，也无时不在变动之中。我们的传统国画，在同一时期和西画相比，那简直就静如止水了。

谈西画流变，非关本题。不过要回看西画流变对我们国画所发生的"挑战作用"（challenge），以及我国画家如徐悲鸿、张大千、陈其宽诸先生对它的"反应"（response），则我们对近期西画风格之演变，也不能不略事梳耙。

请从19世纪说起。

19世纪初年由于工业革命及法国革命的影响，欧洲的社会结构有了变动，画风乃随之而变。第一个出现的，便是抛掉中古宗教的框框而复古罗马之古的"新古典主义"（Neoclassicism）；接踵而来的，则是干脆抛掉古典而注重自由挥洒的"浪漫主义"（Romanticism）。

欧洲的传统画家与我国传统画家的生活方式是迥然有别的。中国传统画家都是"文人"，做官有俸禄，优游林泉当地主，有农民奉养——

他们一般是不靠卖画吃饭的。靠画画吃饭的，则多半是画匠或画师，其作品就不为文人所重了。这种画匠，他们自己也很自卑，有时纵有传世之作，他们也无此自信，有时画了连名字也不敢留下。君不见敦煌壁画数千幅，有几幅是名人之作呢？

西洋无“文人画”，画画的都是些职业画师和画匠，靠合同吃饭。可怜的是，在中古欧洲，财富和权势都在封建诸侯和教会手中，画师找雇主也只有此两条路可走。因此一代才人往往都为王公和主教等所豢养，形同倡优。

可是时代发展到19世纪中叶，西欧和北美中产阶级兴起，封建王公和主教们都渐次靠边站了，艺术市场有了变动，画家的心志也随之而变。其时接着浪漫派而来的，便是所谓“自然主义”（Naturalism）了。画家们撇开宫廷、教会，开始面向民间。

视野开放，灵感随之，随自然主义而兴的，乃有“印象派”（Impressionism）和“超印象派”（Ultra-Impressionism）之出现。画家们心际宽敞，热情奔放，目睹自然界风月声光之美，随意挥毫，自成杰作，也自有富商大贾倾囊相购。一朝成名，举世咸钦，大艺术家们是不再受大主教和王公贵妇们那些鸟气了——好大的解放啊。

朦胧诗情·朦胧画意

时至20世纪初年，艺术工作者已高踞中产阶级自由职业之上层。艺人们照例都是多愁善感的，对人世间不平之事，也最勇于主持正义。加以经济发展、科学进步、思想解放、社会结构加速变动、照相术之改进、艺术市场之不断扩大……在在都刺激了西方艺术风格之加速变易。

绘画这一行，本是艺术家对大自然的“客观之美”和社会生活中许多感人的故事，所发生的“主观的反映”。远在千年之前，唐代的画家张璪论画，便说他自己的画是“外师造化，中得心源”，也正是这个意思。至于主观反映的方式和技巧，则凭各个艺人的灵感、技巧和功夫了，能够搞到“气韵生动”、“六法皆备”，那就是画之上乘了。

可是这种中外一理的绘画哲学，到了20世纪初期便发生了变化。因为“气韵生动”的“外师造化”这一面，已逐渐在摄影术竞争之下有了根本的变动。加以第一次大战前后，人类相互砍杀的残酷和精神生活的崩溃，都已达到极点。这在多愁善感的诗人们、艺人们看来，似乎世界已濒临末日。因此他们内心向外发射的情感，往往支配了他们对造化之美所发生的反映。

画家和诗人原都是一样的“情性中人”，但是他们对情感的表达，则通过不同的方式：诗人用有声的语言，画家则用无声的图像。诗中可以有画，画里也可以有诗，但是诗与画毕竟是表达方式迥异的两种艺术。可是时至第一次大战之后，两者的边界，却发生了意想不到的模糊。

“桑籁”而后，他们的诗，已不是有规有格、平实易懂之诗；他们的画——在“超印象派”滥觞之下——也已非有图有像、上下分明之画了。

结果呢，是诗意朦胧，画意朦胧。诗人和画家对情感表达的方式已渐趋一致——一个是“打翻铅字架”（柏杨语），一个是“打翻墨水瓶”——难兄难弟，殊途同归。

内心主观的感情（七情六欲、喜怒哀乐）表达挂帅了，至于客观反映的美与不美，玩赏者，您自去裁决吧！“闭门推出窗前月，吩咐梅花自主张”，俺是管不得许多了。

这就是两次大战之间，西方诗、画两途发展的轨迹。诗评家劳神褒贬，那就各凭所好吧。

为“现代派”寻根

上述这种朦胧诗画的发展，中国就比西方晚得多了。

朦胧诗的兴起，中国大抵比西方晚一辈（三十年）。奇怪的是，这种现代体的发展，在中西双方都是自发的。中国并没有受太多的西方影响（western influence）。这种现象在今日大陆尤其显著。“文革”以后，大陆上朦胧诗人之出现，一时如雨后春笋，使得老辈诗人如艾青者流，简直无招架之功、还手之力。这批诗人都是二三十岁之间的青年，蟹形文狗啥不识，所以他们的诗是真正的“发愤之作”，根本不是什么“横的移植”。

朦胧画在中国的发展就更晚了。撇开老辈留学生如陈其宽、赵无极不谈，“抽象表现”在台湾的出现，该是60年代的事吧——在大陆，千呼万唤，他老人家至今还未出现呢。

为了解它们在欧美的发展和对我们的影响，我们对这一派现代画风，也不妨寻寻根、摸摸它的老底子。

第二次大战前，这种朦胧画意的发展，是经过一番摸索的。

首创其端的是开社于意大利的“达达派”（这是30年代对意文dada的翻译），接着便是星光一闪的“立体派”（Cubism）和“未来派”（Futurism），以后便逐渐形成了“超现实派”或“梦境派”（Surrealism），直至产生了势倾一代的“抽象表现派”（Abstract Expressionism），其势至今不衰。各派大师辈出，而一直站在这变动不停的潮头上的弄潮儿，便是那道贯古今的毕加索（Pablo Picasso）大师了。

花都巴黎不用说是那时世界艺术万流归宗的重心所在，而各派大师亦均不耻下问，求道四方。毕大师中期的画风，便深受非洲黑人原始雕刻的影响。其他各派亦有受我们东方画风影响的。

谁知好景不长，良筵易散，二次大战骤起，花都蒙尘，久居该地的文艺大师们不得不迁地为良。那时最保险、最安定、吃饭更保证无问题的地方，自然就是“大苹果”纽约。大家乃纷纷浮海而来。

纽约本是西方文明的不毛之地，但经过两次大战的炮火栽培，在文艺上居然也卓然成宗。此次欧洲名士纷纷东渡，与本地专家相结合，自能相得益彰。因此在二次大战后，“抽象表现派”的成熟期中，开花结果的园地反而自巴黎迁来纽约，形成现代画史上光芒四射的“纽约画派”（The New York School），对欧洲传来的影响发生倒流作用。

在“纽约画派”滥觞之时，也正是鹿桥、陈其宽和在下这一批抗战后大学生来美留学之日。为着集体学习、结伴欣赏，我们也曾组织个“白马文艺社”，推选性喜抽象而又长于组织的顾献梁做会长。“纽约画派”的土生大师波洛克（Jackson Pollock）和由欧东渡的德·库宁（Willem de Kooning）不用说都是我们心目中的英雄了。

我们之间有志为同道服务的卓乎来和欧阳可宏、周培贞夫妇，并开办了一所“米舟画廊”。画廊就是我们的社址，它也是其宽早期“个展”的会场。

陈其宽是在来纽约以后，耳濡目染，才正式下海成为现代派画家的。我没有替他写过年谱，不敢妄言他和“纽约画派”的关系。但是学看其画——如《圣玛珂广场》（1956）、如《岩岛神社》（1957）——我倒觉得他和波洛克有其一点相通之处。不论怎样，其宽是第一个接近“纽约画派”的中国画家；他也是第一个把我们传统的“文人画”，引入“抽象表现”的“纽约画派”的中国画家。

只是其宽毕竟是“中国画家”，他的“东方”背景也就限制了他在“西方”艺坛中的“市场价值”。比其宽早来二十年、那个有“西方”背景的德·库宁可就不一样了。德氏原是一位荷兰的小画家，当过海员，于1926年跳船偷渡入美，在纽约沦为油漆工人，在失业与饥饿边缘挣扎十余年始重拾画板，偷习抽象。无钱多买工具，德氏乃单以黑白二色作画。谁知锥处囊中，终至脱颖而出，今日竟成“纽约画派”仅存的镇山之祖，市场上一幅百万、画价最高的“活人”。事实上，其宽便是我们的德·库宁。他的画价无德氏之高，他也没有像德氏那样醇酒妇人、胡天胡地罢了。

“民族风格”和“样板”

朋友们读拙作，可能认为我过分突出陈其宽了。难道徐悲鸿、张大千诸大师，反要屈居陈某之下乎？

非也。笔者为文，初无上下之别。我所说的只是他们在不同阶段的中西艺术汇流之间所发生的不同作用而已。

悲鸿、大千都是20世纪东方艺术领域内的异岭奇峰，永垂不朽。他们都代表了我国傲视世界的民族艺术传统表现在20世纪的民族风格。

不过笔者是读历史的，衡文评画，自与搞纯文学、纯艺术的朋友们略有不同。在不同的拙著内，我便一再强调，文学史、艺术史不可与社会发展史分开来读。换言之，文学、艺术都不是孤立的东西，它们的诞生与发展，与它们所寄生的社会是血肉相连的、相互为用的。

今日在纽约从事“超写实主义”（Photorealism）创作的名画人、我的好友姚庆章，便一直认为中国自南宋以后便无“画”可言。许多洋朋友们也认为18世纪以后的中国画，只是一种嚼之无味的“反刍”。他们的专家之见固未始无理，但是我们读文化史的人，总认为他们贬抑过当。

不过无可讳言，我们的传统“国画”，正和传统“国剧”、“国乐”、“国诗”（旧诗词）一样，是一种“传统社会”的产品，而这一“传统社会”已不复存在，或正在消逝之中。

我们也不容否认，从巴黎时代的徐悲鸿，到摩耶精舍的张大千，他们的创作，也是这种“传统国画”的延伸——虽然他们每个人仍有其独特的20世纪的风格。

将画比诗，则我们也可以说，大千、悲鸿之画为“旧画”，亦如柳亚子、易君左、毛泽东等人之诗为“旧诗”。

“旧诗”也可写新事物，但要用点旧名词，例如“电灯”应改用“电炬”，半夜12点叫“子夜”或“三更”，虽然现在已没有人“打更”了。

“旧画”也可画新事物，但是有其极狭隘的局限性。如张大千画台湾横贯公路的那幅《太鲁阁》（1959），“路”在其中央矣，但是看路的游客，则只限于张大千、郑曼青两位胡须飘飘、奇装异服的老人。如读者诸君和在下等西装革履之士也加入观看，则大千就要把《太鲁阁》撕掉了。

再看大千巨幅遗作《庐山图》。如果在这“图”上加上些——如大陆一些人民画家的干法——汽车、缆车、红旗……有了这些东西，则张大千就变成“张百万”了。

张大千，现代人物也；汽车、缆车，现代景物也。而汽车、缆车与张大千势不两立，何也？

1972年余返大陆探亲，两个月之内看了四场样板戏《红色娘子军》。幸好最后一场上台的是梅兰芳的女弟子杜近芳，那时如果梅郎未死，也被迫上台拿盒子炮，当“红色娘子”，那我这位坐在前排的梅传作者岂不要上吊？

古典艺术自有其古典之美，硬要把古典“改良”，小脚放大，再加一双高跟皮鞋，那就恶心了。

悲鸿、大千都是喝足洋水的现代人物，但是他们的传世之作，则限于古典（classical）。传世的古典作品（classical work）在纽约大都会博物馆是有其一席之地的，把它们挂在“顾根翰”的墙上，就不调和了。

千年传统，百种画论

我说悲鸿、大千为古典派画家，绝无贬抑之意。

须知文艺复兴以后，西洋画风演变之轨迹，无一宗、无一派而不能于我国古典画论中觅其始祖者。

记得二十年前，余授“中国目录学”一课于哥大研究院，有关画史、画论一章，我从顾恺之的《论画》(四五世纪之间)，到张大千的《画说》，共列“经典书目”(classics)一百种。那时我就鼓励班上程度好的学生，若有人能下一个暑期的苦功，熟读此百种名著，他就可以成为一个小小中国画论专家了——什么印象派、抽象派……哪一项咱们家老祖宗未提示过?

徐悲鸿“留”的什么“学”

由于我国的古典遗产太丰富了，近二十年来中国学子负笈来美，攻读“中国学”博士学位的比比皆是。用西洋方法整理中华国故，是言之成理的。可是在六七十年前，西方汉学未盛之时，徐悲鸿他们来留学的情形，就不一样了。

悲鸿于1919年赴巴黎习油画，一住七年。在留法之前，徐氏已是一位颇负时誉的国画教授。所以徐氏留学不是去融会中西，而是去“另学一行”。

再者，在徐君“另学一行”之日，也是巴黎画坛一年数变之时。在此特殊情况之下，一位中国艺术教授到巴黎学西画，他究竟学哪一门子的“西画”呢？后来有人赞誉徐氏，认为他画兼中西。其实这对徐教授实是天大难题——他“兼”哪一派之“西”呢？达达派？

立体派？抽象派？

所幸，悲鸿究不失为一传统书生。他决定还是学点西方传统油画和素描，学学画模特儿——也可说是西方的“旧画”吧。但是这点传统技巧的“学院派”，也不是一位半路出家者可以真正拔尖的。所以他老人家回国之后不久，又穿上长衫，重执毛笔，再作冯妇。

悲鸿的作品，从总的来说，他的油画、水彩、素描，都可说是一种启蒙的作品，没有悲鸿的签字，是进不了博物馆的。徐氏的国画，是上品的传世之作，但从风格上看，则是“略带新意”的古典作品。至于他晚年与蒋碧薇闹分居时，搞五马同桌的“离婚画”，就简直可斥为艺坛的污染了（据徐公最得意的大弟子张安治先生告诉我，徐氏晚年为增加生产量，时常一桌之上，五匹马同时动笔）。可是当他二人情浓意真之时，悲鸿赠“爱妻”之画，则是画中之神品也。

在“五四”前后出国的留学生中,画界的徐悲鸿和建筑界的梁思成，都可以说是学兼中西，但是他二人都是身通两行，并没有融会中西。在这两行之内真正融会中西的，那还要再等三十年，让贝聿铭、陈其宽两位后辈去努力了。

传教士张大千

大千和悲鸿就完全不一样了。悲鸿是“五四”时代的留学生，那时代的风气是喜新厌旧的。大千风云之际，正值“五四”回潮，他那时代的风气，是厚古薄今的。

大千未做过一天留学生，也未认真地拿过一天调色板、涂过一天帆布。他是在海外旅行、传教、卖画、交朋结友的纯中国古典画家。

他老人家头戴方冠，身披鹤氅，腰束飘带，足蹬布履，加上“蛇钻不入”的“满嘴胡须”，真是仪表堂堂，在巴黎、纽约招摇过市。

大千因不谙洋文，时常迷路，因而身怀洋文灵符一道，其词大意是：

> 愚，张大千，中国画家也。现住某城某街某号。
>
> 因不识洋文，以致迷途难返。尚盼过往仕女君子，援我一臂，送我回寓，不胜感纫。

据说这道灵符，在美国这个“礼仪之邦”（柏杨语）十分灵验，屡试不爽。大千有个不识英文也时常迷路的好友李宗仁，大千乃解符相赠，而李德公则始终不知此符灵验与否，未敢一试也。此为李氏宴大千之后告我者，谅非虚语。

不过此符对大千虽灵，然也只能保他三五里之遥，他如一迷三千里，则过往仕女君子，就爱莫能助了。

有一次大千自巴黎飞纽约，亲友闻讯，纷至机场恭迎，却未见大师驾到，怅怅而返。孰知半夜三更之后，居士忽自洛杉矶来电话，原来他飞抵纽约，不知下机，乃随机飞往洛城去也。

大千是位百分之百的传统中国的名士，宿必美姬，食必唐味，腰缠十万贯，自带名厨，把个“四川味”、“大千鸡”弄得名扬欧美。

大师胡须飘飘，道貌岸然，此番光临海外，不是来游学的。以夏变夷，山人是来传教的。君不见“画无中西之分，初学如是，至最高境界，亦复如是”（见《大千居士画说》）。

大师“自认是万物之主宰，有创造万物之本领。在我画笔之下，要如何，便如何”；“俺训诲弟子作画如欲脱俗气、洗浮气、除匠气，第一是读书，第二是多读书，第三是须有系统有选择地读书”（同上）。

张大千在我们传统国画（尤其是山水画）上的成就，实在是宋元之下、明清之上。其造诣驾道济和尚、八大山人而上之，悲鸿终不能望其项背。我们这个时代，居然出了这样一位怪杰，也真是时代之光——大千是在传统国画夕阳无限之际一次最耀目的回光返照。事实上，也只有具备他那样尊如泰岳的地位、咳唾如虹的气魄，才能也才够资格讲出上引的《画说》——那篇我们大陆传统画论中的最后一章。

张大千在国画上的地位，正像梅兰芳在国剧中的地位。他二人都是我国这两项传统艺术的"收山大师"，不说是前无古人，至少是后无来者。正因为如此，大千在传统国画风格流变史中，比徐悲鸿还要老一代，虽然他比悲鸿晚死三十年。

也正因为大千注重读书，有他这样国际地位的人，他所读的范围，对他的事业，影响就大了。张大千是位粪土中外、目无余子的人，但他只能读线装书，线装书就"装"不了"摩登时代"了。所以西方自文艺复兴至"抽象表现"，究竟有多大的变化，为何有这么大的变化，老夫就有所不知了！老夫就"想当然耳"了。不过看到老友毕加索"打翻墨水瓶"，倒颇有新意，俺在庐山之上、三峡之中，也照样来他两下——这就是晚年的张大千了。

他们这两位老友的不同之处便是：毕加索变了一辈子，张大千一辈子未变。

中国近代画家如云。笔者只突出上述徐、张二大师者，盖以二人皆名震华夏，久历欧西，最富有代表性也。但他二人均未做到"融会中西"四个字。非二人之才不逮也（其实才有过之），时代未到故也。

陈其宽的底牌

陈其宽和上述二老比起来，就没有那样的多彩多姿了。

其宽是一位从一而终的谦谦君子，木讷、内向、循规蹈矩的建筑师、画家、大学教授、系主任、院长。桃李满门，身教、言教，一丝不苟。

时代和教育背景也使得陈君在中国艺术史、教育史上，扮演了与上述二老截然不同的角色，前辉后映。

其宽幼年和笔者一样，出身于一个“旧家庭”，启蒙后的主要教育是背书、习字。其宽是有艺术天才的，进小学不久，他就得了个全校书法头奖。

过来人都知道背书、习字都是“童子功”，那是过时不候的，半路出家来学，那就太晚了。

在中学、大学时代，陈君和在下都赶上了中国近代教育史上的理工热。那时中产之家的子弟，策划未来，非理即工，搞文史已属下乘——学艺术则更是父母皱眉、女友叹气了。就在这种特殊情况之下，其宽选择了工程、艺术两得兼的建筑工程。

在咱们那年头，不学工程则罢，一入工学院，那就全盘西化了。建筑系内所授的“建筑画”，也全部是西式的，排水通风的设计，就不用谈了。

四年大学教育对任何专业人士的前途，都是有决定性影响的。因此其宽在大学建筑系所受的纯西式训练，那位半路出家的徐悲鸿和出家又还俗的张大千，便无此机运了。

中央大学是个好学堂，尤其是中大艺术系，那时更是全国所仰止，而这一系系主任便是技兼中西的徐悲鸿教授。当年我们在大学听课是随心所欲的。名教授上堂，真是不分文理，人山人海。悲鸿大师当时便是驰誉中外的名教授，因此那爱艺术竟甚于工程的陈其宽，自然而然地也就是徐主任的系外门墙了。事实上，《陈其宽画册》上最早的一幅水彩《嘉陵江》（1940），便酷似悲鸿。

这种中西双结合的背景，便是陈其宽画师的底牌，他的艺术生命的起步。这也可以说是时代赋予他的机运和天降大任吧。

海外驰名，海内微名

可是陈君的作品，驰誉海外二十余年，但是在大陆和台湾却默默无闻，也真是咄咄怪事。其实这一现象并不令人费解。

第一，陈君非好名之人，不像美国艺人，差不多每个人都有位“知名度经纪”（publicity agent）。这是一种中国固有而值得称颂的德性。

更重要的一点，则是其宽所搞的是受西方影响的新东西。我国近百年来推动新东西的新人物（如孙中山、胡适、贝聿铭，等等）之知名海内，都是发端于海外的。

在近代欧美，一种新思想、新事物之发展，多半是社会发展之“果”；在近百年之中国，则正相反，它们往往是社会发展之“因”，是引起社会变迁的原动力。它们在某个阶段显得太新了，古老的中国社会，有时还来不及接受呢。

听说香山饭店完工之日，贝聿铭要在一个主厅之内选挂一张赵无极的画。此事颇引起大陆艺坛不快。真的，难道大陆画家千万人，就抵不上一个赵某乎？关于此事，笔者倒甘愿冒大不韪，完全支持贝聿铭。因为大陆上固然找不到一个赵无极，大陆上也未曾造过第二个香山饭店啊。

经济起飞、文化发展、艺术提升，是要一步步地来的，不可一蹴而几。知道这个规律，就可以了解陈其宽何以扬名海外而拙于海内了。

陈其宽之名，近年在台湾艺坛已逐日上升。其宽未变也，宝岛在变啊！

“现代中国画”的起步

但是老陈画的是哪门子的画呢？国画？西画？印象画？抽象画？

现代画？四不像画？……画？假如让我班门弄斧，在现代中国文化史里面替它取个名字，我应名之曰“现代中国画”。

什么是“中国画”的定义呢？第一，中国画有其“中国的”（Chineseness）物质上的特色，如特有的工具、特有的技巧，和由于这些工具和技巧所导引的特殊布局和设色。

陈其宽是把我们国画这些物质的特色全部继承了。不特此也，他超出了既有局限。就说着色的方法吧，其宽是中国两千年来，第一个在我们安徽出产的宣纸上两面着色的画家。这一技巧，如在欧美，早就被誉为“陈氏着色法”了。

陈氏对处理空白亦有其独到之处。国画不像油画：后者要画，则画其整幅；前者则可预留空白。盖绢子和白纸，材料本身就很美，所以不必全画，预留空白（spacing）便是国画布局的最大特色之一。号称“马一角”的马远（1189—1225）就专门只画一角，细观其画，玩赏者往往觉得其无画之角，比有画之角更有情趣、更美。其宽对空白的处理，便不在马远之下。英人东方画评家莫士㧑（Hugh Moss）对其宽这一手法，便推崇备至。

第二，中国画还有其精神方面的特色。两千年来中国人的生活方式，是受儒、释、道的三种精神力量所支配的。画师们“意在笔先”，一动笔便不期而然地流露出儒家仁民爱物的气度、道家物我相忘的襟怀和释氏慈悲为本的爱情。

中国画这个精神传统，日韩两国画家也全部承继了。但是日韩毕竟是小国寡民，文化不脱“岛气”（islandish），和我们恢弘似海的“大陆传统”（continental tradition），就不可相提并论了。

这种吐气如虹的大陆传统，我国书画名家从顾虎头到张大千，真表达得淋漓尽致。这一脉长江大河的传统，世界上再没第二条。这也是我国艺人过分高傲自封的思想源泉和历史背景。而解释这一传统的画论百种，世界也没有第二部。

陈其宽便直接继承了这个精神传统，但是他把这传统也扩大了。

我们的儒、释、道三教都主“静”，所以画师们对万物变幻，都主张“静观”。其宽挟其西方影响,则是中国画论家第一个提出“动感”的，他也是把动感引到山水之间的第一位中国画家。

国画中亦有“动”的画面，如板桥之竹、悲鸿之马。佛家论“动”，亦有“旗动”、“风动”、“心动”之别。但这都是静观自得的场面。而飘逸于山水之上，人动物不动的“动感”，就只此一家了。

何以其宽能画出这“动感”而前贤不能呢？就是因为这一美感经验是今之所有、古之所无的。在国画中画出这种“今之所有”的经验，就是国画现代化的起步了。

什么叫“现代”

上述传统与特色,是肯定了陈其宽的作品不是“西画”而是“中国画”的界说。但是“现代”又在何处呢?

“现代”一词是个专用名词，它和“中古”一样标志着人类历史发展中的某一特殊阶段。但是这一部八千余年的人类文明史，如以生产方式来分段，则大致只可分为两大段。前七千八百余年，都是农业和小手工业生产的社会。在此社会中，一人工作，只能养活三五个脱离生产的闲人或文化工作者。而最近两百年，则是个大规模生产的阶段（age of mass production)。在此阶段中，一个农人可养活五十至一百个闲人，一个工人一年之中可以生产一百部丰田牌小轿车。

所以“现代”和“现代以前”(pre-modern）的社会，是截然不同的两种社会。社会性质不同、结构不同，则一切文物制度、生活方式和心理状态，亦迥然有别。

老实说，在“现代以前”的阶段中，中国文明是举世无双的，发展到最高层。我们的传统国画，就是这最高层文明中精华之一面。

可是在“现代”这个阶段中，冠军就落在西欧和北美了。由于我们的“传统国画”或“旧画”，基本上是“现代以前”阶段的产物，它对“现代”这个阶段里的文物制度、心理状态，就无法充分表达了。不能充分表达的原因，便是有个老框框、老“裹脚布”限制了它。

这一点，大千居士的《画说》就“说”不清楚了，因为他忽略了“时间”这个重要因素。

陈其宽的贡献，就是他首先解掉了这条“裹脚布”，把国画“现代化”了。他大胆引进新观点、新技巧，也把西方的现代派“中国化”了。关于这一点，古典派诸大师都没有做到。

现在继陈而起的新画家，人才辈出。但是享誉自50年代始，其宽实是三百年来，把中国画引入现在阶段的第一人——他是最早参加这场世界文化奥林匹克的中国选手。

这是鹿桥兄三十年前的先见。拙文只算是对鹿桥之言的一个小小注脚而已。

好有所偏

近四十年来，其宽佳作甚多，可是他始终以“余事”、“游戏”自娱，难得窥其全貌。但是一位玩赏者对他所心仪的画家——尤其是方面甚广的画家，自亦有其偏好。

多少年来其宽在台湾是以“那个画猴子的”而驰名。我对他的“猴画”便有偏好。以前其宽曾送我一幅《老奴》。那是个猴妈妈带了四个猴儿女的全家福。这幅画所用的可说是彻头彻尾的传统笔法。恕我班门弄斧，那实在是以“波磔有隶意”的“章草”笔法作画。这幅画事实上是幅草字，不过这位书法大师所“写”的不是字，而是几个猴子罢了。

这是我个人收藏中最可爱的一幅“现代国画”。

我的中西朋友和学生子侄看了这画，都会莞尔一笑，觉得其中有爱、有幽默、有和谐、有情趣、有艺术。

艺术的社会功能，是它能陶冶玩赏者的心灵，甚至可以改变一个人的七情六欲和生活方式。久看“老奴”的人，我不相信他会一旦失去理智和人性而虐待妇孺。

《老奴》的画法、画意，是代表其宽一部分重要风格的。《足球赛》便是同一笔法而对不同景观的另一种艺术的反映。我亦时观足球赛（中国以前译为“橄榄球”)。我第一次看此画，便觉得真亏画家能想得出这个抽象场面。足球场观众，闭目而观之，不正是这幅抽象画？！

一位艺人的心灵，不只是“抽象表现”着爱与和谐，他也观察到、表现出社会上的异化和孤寂。你看陈君的《老死不相往来》(1955)、《阱》(1959)，尤其是《少则得》(1977)，那两个玻璃缸内的两条金鱼，我真想把它们搬到一个缸里去。但是这是陈其宽的东西，我岂可乱搬呢?

朋友！我们这个多难的人世间,其中我想“乱搬”而终于搬不到的，又岂止这两条小鱼呢?

陈其宽的山水画，鹿桥说它有“三视”。

吾友沈家桢居士亦强调佛家观察事物有“五眼”。

其宽说他自己的山水是视之以“意眼”，触之以“动感”——画上不只有“时”、“空”，而兼有“速度”。

在下这个谈西洋文化史的人，三句不离本行，则觉得其宽山水的时代性，是介乎“印象”与“抽象”之间。

把上述四仁兄的观察所得加在一起，余不禁豁然有悟。

苏东坡论画诗，说："论画以形似，见与儿童邻。"

子瞻反对"形似"。但是画为什么不能"形似"，苏老大就讲不出"科学的道理"来了。余今玩赏其宽之山水，参以上述观察，大悟之余，不知手之舞之、足之蹈之也——西洋画从印象派开始，而终于进入一个玄而又玄的抽象阶段，是经历过一番"渐悟"的程序的。

我们传统的山水画——如大千的遗作《庐山图》，许多都是画兼"六长"、视被"三远"的，但是毕竟不是"抽象画"，总还得有点"象"（形似）嘛。可是把艺人的"三视"、"三远"（郭熙的要点）净化，而以佛家的"五眼"观之，那就可以全部无"象"了。

在抽象艺人的眼光中、意念中，"着象"就是下乘了。起东坡于地下而问之，是耶？非耶？

这就是吾友陈其宽了。

不特此也。其宽承继了古"文人画"的传统，不以职业画师自居，因此他也不怕随意动笔而有损于他自成宗派的形象。天才横溢、技巧多端，因此他可随心所欲，想啥画啥。一个艺人如为世俗（尤其是市场），对其形象问题，而限制了创作自由，那他就自缚手足、难成上品了。

其宽那几幅有宋人笔意的《山城泊头》（1952年始作、1963年重画）和《大雨如注》（1953），也是我所最喜爱的，以其有个人感情在也。

这几幅画，我想，恐怕只是我们于四十年前，在中央大学学生伙食团当"采购员"的青年，在"大雨如注"之中，打着伞、赤着脚，到磁器口去买菜的"沙坪旧侣"，才能真正领略个中滋味吧。

往事成烟，故国如梦，待在这车水马龙、万人如海的百里洋场之中，在"觉来无处追寻"的心情之下，也只有去翻翻陈其宽画册吧。

1984年6月25日脱稿于美东新泽西州北林寓庐

原载《艺术家》第十九卷第三期

又是一部才女书

读何庆华著《红星下的故国》

前世不修，今世生为一个百无一用的“读书人”。自从呱呱坠地、牙牙学语以来，便与读书结下不解之缘。及长，十载寒窗之后，又靠读书教书来养家活口。读了数十年的书，跟读书先烈胡适之先生一样，养成了“读书习惯”——日常工作便是读书;工余消遣，则是读另一种书。总之，一年三百六十五天，一日二十四小时，很少时间不在读书，真是作孽。可是偶尔到图书馆书库之内张望一下，还是要大惊失色。这满框架的数百万卷典籍，我究竟读了几万分之一呢?

读不了那么多，就只好选书而读之。既选矣，才知道选书也要有相当的火候。上下五千年，绕球十万里，前贤后哲，该出了多少书?你选而读之，尤其是工余之暇，为着消遣而读的“另外一种书”，该选张三的书呢，还是李四的书呢?

别的不说,就说游记这一类的书吧,那也是汗牛充栋的了。漫说“开卷有益”，且管“趣味盎然”，要选起来，也是很不容易的。因为自第二次大战后，无烟工业兴起，旅游成为时尚；加以交通发达、经济复苏，因此不管生张熟李、赵大哥王三姐，动不动就环球数周。世界上的十大都会、七大奇迹等,无不挤得人山人海。近年大陆开放了,故里变成异域，游子做了“外宾”。每年大陆上入境的游客，数踰千万，而百分之八十以上仍是“华裔”。因此长城上下、故宫内外、泰山之巅、西湖之滨……“台胞”、“美籍”也随处都是。

在这些人山人海之中，才子佳人又多如过江之鲫。大家畅游归来，放录像、展照片、设野餐、开讲座……正如我安徽农村的土话所说：“乡下孩子上过街，回家说得嘴都歪。”有文采、有才气的仕女，就更要笔之于书，以飨同好。这样一来，游记览胜之作也就读不胜读了。

我个人穷酸，游兴不大，但也是个老游客。在海外逋逃四十年，地球也绕了好多圈。在什么七大奇迹、十大都会的人山人海之中，也挤出挤进多少次。近年大陆开放，做“华侨”、做“美籍”、做“外宾”……也东南西北跑遍神州，进出十余次之多。但是不论中外景观是如何赏心悦目、风俗习惯是何等奇特古怪，我终不敢以所见所闻来写一本“唐霞客游记”，也不愿背个大照相机去猎奇览胜。为什么藏拙呢？无他，只是自觉我不如人而已。我照的那几张癞照片，比我在礼品店所买的，是实在见不得人。与其自己照，何不花钱买呢？

至于写文章，我哪能和旅游指南相比呢？要动笔，那我就要做文抄公了。“天下文章一大抄”，我还未抄，就觉得肉麻兮兮的了。算了算了，烂文章也就不必写了。记得我曾经看过一篇由一位政要所写的印度沙伽汗皇妃古墓（Taj Mahal）的游记。我也很欣赏那座七大奇迹之一的古墓。但是看过那篇文如其人的游记之后，我再也不敢肉麻效颦了；不但不写，我对类似的文章也懒得选读了。最主要的原因还是大家去的都是一些热门的地方，翻来覆去，有什么好谈的呢？这是我个人历年选读“三上”（枕上、车上、厕上）之书的一种成见。一直到最近，无意中读了本书作者何庆华女士的著作，这成见才逐渐消除。我理解到，纵是最热门地区的游记还是有许多可读的，其关键不在“热门”与否，重点还是在作者其人、其风格、见识、学养和文笔。我们对天下任何事物，都不应以偏概全、存有成见。

何庆华女士原来并没有要我写序，这件差事是我自己惹来的，因为一次我当面夸奖她游记写得好，她觉得我所说的不像油腔滑调的违心之言，乃叫我写一篇序。在下糊口番邦，是个大忙人。平时为着公务、杂务、家务、外务弄得片刻不暇。最近更为“北美20世纪中华史学会”在纽约市大召开国际会议，我负责打杂，弄得一分钟空闲也难抽出，但是会后杂务未清，我还是赶写了这篇序。我觉得这也是一本好书的读者的一种道义。读者们看完好书，欣赏之余，每每还要写篇“读者投书”，我的序也不过是“读者投书”的另一种方式罢了。

篇前已言之，我原对读热门游记有成见，何以又读起庆华的故国之游呢？诚实地说，我原先是无心拜读的。我开始翻阅实在是为她文题用字的典雅所吸引的，例如“溪口蒋宅旧时样”这个标题就吸引了我的注意力。我是在当年大陆上教过高中乃至大学文史的酸古董教员之一。我那时在文学班上讲述和批改学生习作的旧诗词时（写旧诗词在那时代不是什么稀罕的事），我总是告诉学生说：“曲可以有词味，而词不可有曲味。诗可以有词味，而词不可有诗味。”这种风格问题，说来容易，领悟至难。上选之例:“溪口蒋宅旧时样”,便是“有词味之诗”的好例子。

写旧诗词和作新诗歌的重大分别之一，便是作新诗可以不顾旧汉学,而写旧诗词则必须有深厚的汉学底子——这是所谓“典雅”的基础。出手带“俗气”的旧诗人，往往是汉学底子不够的缘故。有汉学底子不一定能写好诗词，可是能写好诗词，则一定要有深厚的汉学底子。

庆华的标题出手不俗，标志着什么呢？这就使我另眼相看了。

我认识任先民夫人何庆华女士也有二十多年了。我知道她是国府当年的高官之女，美丽大方的大家闺秀，大学毕业，享有硕士以上学位，却能歌善舞，聪明活泼的小贵族；更是满口标准英语，遍身西式礼节，却又“三气”俱全，来自台湾的女“知青”。“三气”者，台湾亲友笑我旅美女同胞“说话洋气，花钱小气，穿衣土气”也。正因有此“三气”，她更是位所谓留美学人最理想的配偶，第一流的家庭主妇，极标准的贤妻良母——四十年来我所认识的这一类小贵族也有好几打吧。我这位不修边幅的“老弗兰克林”，也是她们所熟识的倚老卖老的“唐大哥”。有许多我们更是有三代之交的通家之好。可是在我动笔写这篇序文之前，说句老实话，我是向来没有把这些“小贵族”和什么“汉学”连在一起的。和她们跳“迪斯科”卖老命，不算稀奇；谈北京狗、波斯猫，有声有色；谈股票，间或有之；谈“汉学”，“Oh，no.”；说有“洋气”的夹英华语叫“十分 incompatible”，掉文，则叫作“风马牛，不相及”也。

有一次一位小贵族小妹告诉我说：“我们在中国都是衣来伸手、饭来张口的废料啊！到美国都变成了有用之材。”她这些话说在二十年前，真是有绝对的真理。在物质享受上说，什么花园洋房、冷气汽车、雪柜淋浴……那时台湾高官巨贾的享受，也正是美国中产阶级的普通生活。可是台湾的小姐太太们，婢仆如云，可以衣来伸手、饭来张口；一到美国，则立刻得卷袖入厨房，洗手做羹汤，从丫环做起，把“贵族”的“废料”留在台北了（后来有机会深入大陆，才知道无产阶级的小贵族也是一样的）。等到结婚生子，抓屎抓尿，甚或为补贴家用还要兼职打工。如此，则“贵族之气”全消，就“有用之材”毕露了。

在一个落后的国家内，“材料”往往变成“废料”；在一个已发展的社会里，则“废料”往往变成“有用之材”。这位贵族小妹的话虽然平淡，在社会学上、经济学上，有时却可变成“定律”。

我感到歉疚的是，我们任、唐两家交往二十多年了，我始终没有把这位甜蜜美丽的任太太和“汉学”发生过任何联想。

“汉学”者，我辈老朽昏庸的教书匠不得已而用之的吃饭工具也，与这些洋化了的小贵族，何有哉？所以我在没有睹其文之前，只是看到一些小标题，竟使我惊异不置。由于标题的引导，我才慢慢地触及正文。

一读正文，竟然放不下去，乃开始找该文的上下篇。越看越欲罢不能，四处搜寻，才读完全书。在书中我看到她曾经在台北“中国文化大学”教过大一国文，我这时才松了口气，喟然叹曰：“原来如此！”——我又认识了一位才女，读了一部才女书。

才女和名士一样，往往都是一些行为异常、服饰古怪的特殊动物，如胡适在杜威酒会中所见的“长头发的男人、短头发的女人”，等等。可是我现在才发现的这位才女任夫人却是位一切与常人无异的贤妻良母——真是名士才人也可过个常人的生活嘛，何必一定要弄得脏兮兮的呢？！

作者教过大一国文，可不简单啊。此事我也有切身经验。

我自己大学毕业后第一个职业便是教高中文史。我知道高中课目中最难教的便是国文。因为其他各种课程如英数理化，都有其整齐划一的客观标准，唯独国文班中的程度是参差不齐。程度坏的坏到仅能阅报；好的则“四书”、“四史”都能整章背诵，唐诗宋词俯拾皆是，五才子书更倒背如流，诗词习作亦往往出手不俗。有些程度好而好调皮的学生，甚至在有意无意之间，使老师下不了台。记得我在读高二时便有位老师把“考信于六艺”讲错了而丢掉饭碗，高三班上以写小品出名的老师也一去不返。

我在重庆沙坪坝读书时，也有位在邻近中学教国文的长辈常把他班上的作文卷送到我们宿舍来，请求代庖。当年四川各中学生多半都是英文太鲁、国文太好。记得有位川生在考大学的英文考卷上作了一首诗，诗曰：“英文、英文，对你无情。我是毕业了两年的师范生。怎么能比得上下江人？悲夫哉！被摈出了大学之门。罢罢罢！买舟东下杀敌人。”

这位仁兄在大一英文班上肯定要交白卷了，可是在大一国文班上，你可得防他一手啊。

等到我自己当起国文教员来，体验就更多了。在一个高二国文班上，我出了个杂感一类的作文题。一个学生在他的作文卷里，竟然写了一篇可圈可点的骈体文，有一句话说："……红墙在望，平添思妇之愁……"他这平仄两读的"思妇"一词是一语双关的，表面上的意思是"悔教夫婿觅封侯"的"有愁思的妇人"，另一个调皮的意思则是"想讨老婆"。我校女生宿舍的墙是红色的，所以他说他一看到女生宿舍，就想在里面"讨个老婆"，混不混账呢？我还记得我的批语，用的也是骈体，针对他的意思，教训他一顿，我说："……胡马犹存，应笃守治（平声）平之治。匈奴未灭，恶可动思（平仄两读）妇之吟。少壮真当努力，君其勉旃！"我用的也是双关，教训他："匈奴未灭，何以家为？"抗日期间，不可乱想"讨老婆"。

当时我们师生两造的对话，都流入社区，传诵一时。我这个青年的老师，总算未被学生拆掉蹩脚。后来我教大学，这一类的故事就说不完了。

现在中学、大学的国文程度是远不如我辈在大陆当年了，但是班上还是时时有"小鲁迅"出现的。被一两位"小鲁迅"拆了蹩脚，你这位老师在校园内是不好受的。所以大一国文没有三板斧是教不了的。何庆华教授的三板斧，在这本游记中是俯拾即是的。我想，有心的读者自会同意拙见。

何庆华教授这本游记所写的不是"七大奇迹"或"十大都会"，她所写的是"红星下的故国"。这个红星下的故国，对我们关了三十多年的门，一旦开放，她对我台港澳同胞和海外华侨来说，处处都是个谜团。但凡作者去过的一些热门的地方，我几乎也都去过。我去的次数比她多，访问的地区也比她广，她所熟识的人，如她先生任教授的母省湖南高干，几乎我也全认识。而我这个对看游记一度有成见的读者，为什么偏偏把她的书读得如此起劲呢？这就不能不说说我的理由了。我的理由，其他读者也许会有同感。

第一，我想是风格使然。在文学上，风格是一个作者的先天禀赋、后天修养和不经意的环境陶冶的综合表现。禀赋是不可学的，修养则看功力的深浅，环境陶冶则有幸有不幸，是偶然的。文学、艺术乃至任何学科，各级峰峦的攀登、成就的大小，都要看这三项配合的程度。本书作者对上述三项都有相当高度而十分调和的配合。三项之中有一项过分突出，或过分落后，都会影响一个作者的风格。有好风格，才有高级的可读性。

可读性是用眼睛来读。如果用耳朵来听，也可说“可听性”吧。例如我们听贝多芬的交响曲、梅兰芳的《霸王别姬》……都是百听不厌的。百听不厌的原因，不是因为它们新奇，而是原作曲者和表演者的艺术修养配合得好。

同样，一般文史教师在课堂上重复司马迁或荷马说的老故事，有的就说得恍如身历其境，有的则说得味同嚼蜡。同样的内容，何以霄壤若是呢？这就是各教师的口才问题了。口才是表达能力之一种。这种表达能力往往是天赋的，是不可效颦强学的。可是一个教师只有口才，而欠实学，在课堂“说鼓书”说久了，也会倒胃口的。

胡适之先生可以说是中国近代教育史上最优秀的教师，就是因为他对上述各条有最高度和最调和的配合。

何庆华这本书各篇所以有优美的风格和最高度的可读性，也就是上述各项有良好的配合。至于作者所特有的环境陶冶，而使记述中表现出强烈的“个性”，这就标示出本书是何庆华的游记而不是徐霞客或老残的游记了。

因此，这本书的另一优点也就是它有“个性”，而不是一般的“报道文学”。

不幸生为我们这一代的中国人，是各有其“不幸”之处。在数十年内外战争翻天覆地之下，每一个中国人——不管是身居高位的还是普通平民百姓——哪个人没有一本辛酸史？像我们这样不幸而漂泊到海外的人，朋友，哪一个人没有一本难念的经？捧着这本难念的经，在乡音无改鬓毛衰的条件之下，再回到你生长的地方，你情感上没有强烈的反应？笔之于书，这种强烈的反应，就是你书的“个性”了。个性如何表达，那就看作者的表达能力了。

作者是湖北随县人。她的爸爸何成濬老将军一度是“湖北王”，漂亮活泼的小庆华也曾经是那个“香格里拉”王宫中的“白雪公主”——多么令人艳羡啊！“小公主”旅居海外已二十余寒暑。如今哀乐中年，跟着丈夫，拖着个鲜卑语胜于汉语的儿子，又回到“生长的地方”。那当年“笏满床”的“香格里拉”不见了，眼前所剩下得只是一些“青苔碧瓦堆”。看今朝想昔日，“呀！这一堆黑灰，是谁家炉灶？”

当年的“小公主”、今朝的“外宾”任夫人，身历此活的“哀江南”的遭遇，感慨又如何呢？她把这最深的感叹，用最浅的语言说出来，这是一本有“个性”的游记，而不是普通的“报道文学”了。

我不是湖北人，但是武汉在我的生命史上也有其难忘的一页。不妨也写出来，比较比较。

那是1938年，抗战第二年的盛夏。在一个月明星稀的三更时分，我和数百名自沦陷区撤出的难童，跑下拥挤的小轮船，进入武昌城。那儿是无枝可栖的，我们乃被领到黄鹤楼前。楼是锁着的，但是楼前却有大片花岗石铺的广场，那就是我们临时的宿营地了。

这营地干净清爽、高高在上，上有清风明月，下有浩浩江流……就在这诗情画意之间，我们这群孩子便呼呼大睡了。我一觉醒来，觉得身上暖暖的，原来已日高三丈，揉眼四顾，发现周围全是人腿。我就睡在人腿如林之中，有的腿还在一摇一摇，有的腿却往来不停地跨我而过——真是奇特的经验，一生难忘。

原来这广场本来是露天茶馆，夜晚打烊收市后，桌椅板凳则被搬入黄鹤楼中锁起来，早晨开市再搬了出来。显然是这天我们睡得太熟了，开市时老板叫不醒我们，就在我们身上开起茶馆了。那时武汉好热闹啊！到处人山人海，所以我才看到人腿如林的雄伟场面。现在的青年实在太娇惯了，哪能体会出我辈当年弹雨枪林下罗曼蒂克的流浪生涯。

一转眼五十一年过去了。今年（1987 年）4 月 15 日，我随同星云法师的“弘法探亲团”，乘着豪华游艇“峨嵋号”，从宜昌顺流而下，又在同一地点登陆了。黄鹤楼自然也是我们必游之地。

现在这座翻修的新楼，朱栏黄瓦，新式电梯，建筑虽然难免俗气，然耸立于龟蛇之间，上干云表，俯视三镇，也算是美轮美奂的了。可是正当星云师徒和从游之士七十余人上上下下观览景色、诵读楹联之际，我却一人低头彳亍于楼前广场之上——我要寻觅我曾睡过的那一块石头。方位大致不错，我再蹲下去看看来往仕女的大腿，碰碰下面的石头——真是石板如旧而人腿全非！是悲伤，是凄凉，竟一时无法说出，同行记者小姐宋芳绮要我作首诗以志感慨，我就应命打油一下，诗曰：“机声弹影忆当年，曾在楼前石上眠。黄鹤既飞不复返，谁知今日又飞回。”

我这只飞回的“黄鹤”，原是个难童；而本书中飞回的“黄鹤”，却是个“公主”。难童当年所见的武汉与“公主”当年所见的武汉，当然是两个不同的武汉，今日对重回武汉的感慨当然也有不尽相同之处。她看见她失去的武汉，我看见我失去的武汉，再加上星云师徒那一群，更不知道有多少个不同的武汉呢。

作者多情，在我所知道的这一大群访客中，只有她以主动的文笔、丰富的记忆力，娓娓地写出动人的篇章来，作为时代的见证而使我一读再读。

当然，我们华裔作家写大陆游记，只是在情感上打圈圈是不够的。已故的美籍华裔诗人刘若愚教授在归国探亲诗中说：“残家事物皆为泪，祖国河山尽是诗。”

祖国河山本身固然是“诗”，而我国文明的特点之一，则是有数不尽歌颂这个“诗”的诗人、学士和画家——三千年来自屈原而后，我们知识分子的聪明才智，都在此道之中消耗掉了。值得不值得，留给我们的功利主义者去慢慢检讨吧。但是这些消耗了的精力，却为我民族文化留下了他族所未有的、大量的美好诗篇——我国传统的诗、词、歌、赋。这项先贤遗产，也把我们这个民族变成了诗的民族——三千年来，何人何事、何山何水，没有被诗人的情感衬托出来？

山河之美好，万年不变也。才人情感滋多，而类别无殊也。赏山玩水、伤时惜别……哪一项感情，在我国传统诗文中找不到最美的表达？所以中国人旅游中国和世界人旅游世界，最大的区别之一，便是中国人旅游中国，对传统的文字，尤其是诗词，要有相当的修养，才能得其三昧。

就拿西湖来说吧，西湖者泥塘一块也。在自然的环境上，它未必胜得过台湾“日月潭”。若比起北美国家公园里的一些不太知名的小湖，则瞠乎后矣，无法相比。而西湖毕竟是世界级的名湖之一。何也？其美在其中国文学之中也。设使西湖而缺“苏”（东坡）“白”（居易）；设使西湖而缺雷峰塔、灵隐寺、许仙、青白蛇、苏小小、岳武穆；设使西湖（在文学上而非景观上）删除三潭印月、平湖秋月、断桥残雪、楼外楼、保俶塔……则西湖者一池臭水而已——西湖水太浅，有时且有臭味。西湖之美者，美在文学诗歌、爱情神话衬托之也。

毛泽东酷爱西湖，以己度人，甚至用专机把美总统尼克松也送去共享一番。尼克松哪里知道什么苏小小、青白蛇呢？除去这些中国文学上的美好篇章，老实说，西湖的景观，可能抵不上纽约市庞大的蓄水池。尼大总统又到蓄水池里去看了些什么呢？

所以，在中国旅游，写中国名胜游记，一定要对中国旧文学、旧诗词有相当了解，否则“巫山云雨”、“水漫金山”、“四大名楼”等，不都成了对牛弹琴？

何庆华教授这本书的可爱处之一，也便是她游览名胜，伤时忧国，而能对这些名胜、这种情感文学背景有深度的修养和陶冶，在她有感而发之时，能把传统的高度的表达技巧信手拈来，嵌入文句，无不恰到好处。这表示她对旧诗词不但熟稔，且都食而化之，才能不露斧凿之痕。这种自然流露、杂糅新旧的文笔，断非矫揉造作之文可比。

吾友鹿桥说过他父亲教诲他说，生为现代中国的知识分子，必须精通一两种外国语文。这真是时贤训子的名言。我古老中国经史子集、诗词歌赋独步天下也，但它毕竟只属于一个传统，而这个传统在现代世界早被西方赶过了头。异族文明中多少好东西在我们中文里还是找不到的，我们如果习惯于抱残守缺，而不知道自己是井底之蛙，就太可悲了。要冲出这口井，四顾无碍，就要对一两种外文（尤其是英文）有相当程度的掌握。加以我们自己的文学传统太迷人了，一旦深入这个字纸篓而不知身在篓中，就易于沉入酸腐而不能自拔了。

何庆华这位大一国文教师，传统汉学的底子有可观的融会贯通，可是她在大学本科的训练却是以外文为主的国际外交。我认识其伉俪这么多年了，我想，以她个人的学养、口才、仪表，去吃她的第一行饭碗也会吃得有声有色的。舍第一行而改行第二行，就更是锦上添花了。

搞人文科学的原则原是与搞自然科学不同的。搞自然科学的，务必求其精专；搞人文科学的一定要能博能约，要约也得由博返约。搞人文科学的对象是人嘛，以人为对象的学问，怎能只知其一而不知其二呢？我想庆华洋洋洒洒的文风，毫无酸腐之味，毫无矫揉造作之习，这与她中西文字的造诣都有关系，值得读者钦羡，值得亲友为她骄傲。

我承认，一个读书人，入者主之，出者奴之，对其阅读诗文的好恶，是有个人主观的。我爱庆华之文、心笛（作者等创办白马社时代的女诗人）之诗，可能都是个人主观使然。但是和我有相同好恶的，可能也大有人在，至少，刘绍唐先生就是我的帮主。刘公在那尺土寸金的《传记文学》中不但把何文一登再登，并把作者在别处所发表的文章也一选再选，加以转载。“刘传记”除“选家”之外，也是位“出版家”呢，一选再选恐怕还有生意眼光吧——他知道好之者众也！

1987年7月14日法国大革命二百周年

于北美新泽西州北林寓庐

原载《传记文学》第五十五卷第三期书中人语

书中人语

序刘著《渺渺唐山》

好久以前，刘绍铭先生写信给我，要我为他在“华美文学”方面的新著写篇序。我自己是个无事忙的大忙人，但是老友之命不敢辞，就答应下来了。慷慨承担了刘兄的好意，老实说，实在出于“债多不愁”的无赖心情，跟他耍赖、拖债罢了；因为在绍铭之前，还有四位好友曾作同样的吩咐，我至今还未交卷呢。

稍后绍铭去纽约开会，旧事重提，我还是满口答应了。不久我们又重逢于台北，这才使我慌起来，看来是非兑现不可了。那时我正另有重担，路过台北去新加坡。屈指一算，新加坡之后，纽约市大就开学了。在这儿，我又是个不得已而“炒回锅肉”的系主任，校中一开学，那就更忙得不可开交，哪有工夫替朋友们的大著写序？

今年（1982年）9、10月份，纽约市大开学后的忙乱，真被它弄得颠三倒四，因而也把为刘著写序的心头负担丢到九霄云外去了。孰知10月16日（星期六）下午，忽然门铃大响，邮差送来一包挂号邮件，竟是刘著《渺渺唐山》的校样，编辑先生留条：万事俱备，独缺我这篇“唐序”。看过这小条，再举目四顾，真惶惶如丧家之犬——大有“二十年后，又是条小伙计”的心态。

“书中人”的感慨

《渺渺唐山》我是在无限忙乱的环境之下，抢看了一遍。可是不看则已，一开始看作者自序，我就放不下去了。绍铭本是个令人“一读便放不下去”的作家。等我看到自己竟然也是作者所描述的华美舞台上的小演员之一时,我就益发放不下去了。我想作者可能也就因为我也是“书中人”之一，才要我作序的吧。

当我读到本书第一章中作者提到的“哎哟派”所批评的华美四大作家时，我就情不自禁地提起笔来替他加注了——在那译者尚不知中文姓名的 Betty Lee Sung 名字之下，我便加上“宋李瑞芳”四字。

瑞芳是位才女。她的前后两位先生,都是与我有三十年交情的老友。她现在是我的同事,将来还会做我的接班人。在她的事业的发展过程中，我对她也还有过援手之谊呢。

那是十年前的事了。其时正是本书作者所描述的“华美民族运动”发展到最高潮的时候。我本人误入“陈桥驿”，被推动少数民族运动的青年学生“黄袍加身”，卷入了这场可歌可泣的民族运动。

这时是 1972 年春初，纽约市立大学之内的千把少数民族学生，和他们白种多数中的道义支持者，在校园内发动了一个黑、白、黄、波（波多黎各）、西（南美西班牙与土著的混血儿女）五族共和的大学潮。

我个人那时并不在市大，但在学潮期间，由市大当局紧急电告，赶回纽约，出任市大新成立的亚洲学系的第一任系主任，来平息学潮。那时，这个学潮正义在握，人多势大，市大当局对它是有求必应的；而学潮总部当时对我的要求，以及通过我向学校当局所提出的整理亚洲学系的“五大要求”之一，便是与瑞芳有关的——她那时已是名著《金山》（*Mountain of the Gold*）的作者，因书应聘为纽约市大“华美学”（Chinese-American Studies）的专任讲师。

这批学潮青年当时加予她的“罪名”（用个后来才出现的名词）便是“歌德派”。他们认为她在书中报喜不报忧，向那鱼肉我先侨百余年的白种种族主义者“歌功颂德”。

我在当时的看法，与这批热血沸腾的青年又略有出入。我认为著述家应享有其个人著述的自由。写华美移民史怎能罢黜百家、独崇“缺德”呢？“歌德”的，也应该让他们“歌”一下——这儿是个“开放的社会”嘛！何况“德”亦不无可“歌”之处呢。

这个恼人的“第五条”最后总算我以去留相争把它划掉了。我为此事，虽与其中少数“哎哟派”争辩了一整夜，但我并没有说服他们。其后这一派激烈分子不但继续批评她，而对我这“老成谋国”的作风亦深致不满——这就是后来“哎哟派”点她名的意蒂牢结的背景。

美东的华美学研究

对于 1972 年这场风潮，我必须指出，当时这个风潮里的华侨领导分子，都是一批民族感强烈、品学兼优的“华美青年”。他们的团体则是个 ABC（American born Chinese，美国土生华人）和 CBA（Chinese born Americans，中国出生美洲华侨）“竹心”（前者）、“竹节”（后者）的空前大团结。其中由于背景和个性的不同，难免有温和与过激等等的宗派思想，但大体说来他们都是没有党派背景而动机纯正的。十年后的今天，他们之间好多都已是纽约市挂牌的名医和律师了，有时他们还结伴前来，找我这位“老师”话旧。好汉提起当年勇，好不开心！

在这次风潮中，我原是个不折不扣的“黎大都督”，虽然他们并没有说我是被他们“从床底下拖出来的”。风潮初起时，我原在二百英里之外。我的出面是纽约市立大学校长马歇克（Robert E. Marshak）打电话、送机票，把我请回来帮忙的。

风潮平息之后，亚洲学系正式成立，我便应聘出任该系的第一任系主任。我任内第一要务，除整顿传统的亚洲学科目（历史、文化等科）之外，便是开设十多门美国教育制度上史无前例的“亚美学”（Asian-American Studies）的课程，诸如“亚裔民族移民美洲史”、“美国政法制度与亚裔移民适应之研究”、“美国亚裔少数民族社区发展之变迁”、“亚美文学选读”、“亚美文化冲突”等。这些也就是作者在自序上所说的“巧立名目”的课程，为传统的经院学人所不取。

不过，我个人在专修美国历史时，也曾有十年之功。可是在我为着考试而读的几百本美国史书中，“亚裔移民史”又几乎是美国史上的一个盲点，有分量的史家不是无心忽略，便是有意地回避。在那重重考试、泰山压顶的情况之下，这一门也可完全不顾的，它绝不会构成学位考试中的一则命题。

最糟的还是我国老辈留学生，他们都是或多或少的特权阶级人物，眼向上看，对贫苦无知、在洋人鞭笞下呻吟的华工苦力，照例是不屑一顾的。以前我就曾问过胡适之先生关于他留学时期的华侨生活。胡先生说：“那时，‘我们’与‘他们’之间没有往还。”我听到这句“我们”与“他们”的言词，真发生很大的反感。

由于“我们”祖国政府和知识分子对“他们”没有真正的了解、同情和抚助，在洋人欺压下，华侨社会乃滋长出它们特有的、自生自灭的畸形发展——不易为外界所了解的畸形发展。而受过美国教育的下一代华人，也就相应地滋生了畸形发展的心理状态——他们可能由种族感而引起对压制他们、歧视他们的白种种族主义者的愤恨与抗暴的心态。这一心态也可能导致他们对自己的祖邦、长辈乃至华人社区中一切事物，也同时鄙视与憎恨。这就是一部分过激的“哎哟派”的心理背景。在他们身上，情感的冲动远超过理智的思考与学术的研究。

另一种，则是难免由于自卑感和在洋人社会中力争上游，而像本书上所说的向“白种中产阶级”胁肩谄笑的风气。其实这两种方向，都是病态。

至于怎样才算正当呢？我那时的想法——也算是一厢情愿的书生之见吧——是从学理研究着手，把上述这些科目，从“巧立名目”的现状，逐渐移向“学术正轨”，使“亚美学”渐次提升到正统的社会科学的地位上去。这便是我那时努力的方向。

但是在美国大学里，开设新课程的手续与条件是十分繁杂的。这十多门课的主要内容和“教学提纲”（course proposals）几乎是我这位系主任一手赶制的。要在短期内把十几门史无前例的新课提出来，并交校方各审查委员会投票通过，然后再编入全校的教学规程（college catalog），真是一件披心沥血的工作。为着这一提纲，我所涉猎的参考书籍竟多至数百种。几年之后，我又把这些书目重加诠释，并赢得了美国联邦政府的资助，编印成书。这份“注释书目”，不知何时竟为老友李志钟教授所探悉，他乃鼓励我付印，取名“第三种美国人”（*The Third Americans*），就在 1980 年出版了。它虽然只是一本小册子，而我在为它催生的初期，却因疲劳过度而被送入昂尼昂特医院。真是涓涘之献，也是沥尽心血的。

这门新兴的“亚美学”，截至今日，在美国仍只有东西两大中心。在西岸便是以伯克利为首的加州大学，在东岸便是我们的纽约市大了。不过那时在西岸所成立的，还不过是些“中心”、“计划”一类的单位，为此科设立正式学系，恐怕就只有纽约市大一校了。而我本人——虽是被拉夫上阵，却是市大方面的主持人。在当时“亚美学”发轫期中，在教学行政上，我也算是顶半边天了。所以我才不揣冒昧地把我自己也说成这本亚美文学专著《渺渺唐山》的“书中人”。

卷入“台风”的经过

落笔至此，我倒想补充一句：我当初出任纽约市大亚洲学系系主任，却不是上述这个学潮的结果，相反的，却是那个学潮的起因。我被卷入这场“台风”，也是十分偶然的。

事缘纽约市大于70年代开端决定成立亚洲学系时，校方想自全美亚裔的资深教授中选聘一位系主任，因此成立了一个专设的选聘委员会（search committee）。它首先拟订了一张候选人名单，然后不惜重资，将名单上所列的候选人一一礼聘来校作专题讲演，并参加咨询会。其后经十位选聘委员（六师四生）秘密票选之后，再由校方正式聘请。这也是一种例行的法定手续。

那时先后应约来校接受咨询的资深教授共有十余人，我的名字竟亦在群贤之末。跟那些名震一时的其他候选人相比，我是“高攀”了。不过我也可算是“码里人”，因为我那时在市大兼课。这项兼课，我在市大各分校已“兼”了十多年了。

这学年我兼的第一堂课是中国现代史。上课的时间是星期五下午3至6时。这是个最坏的时间，按理这门课可能不会有学生选修的。但出乎意外，我却搞了个大班——有时有些学生只能在门外听课。

第二学期，我这门课被派给一位白种美国教授了，主持人乃给我排了一堂美国史的课。这虽然有点不寻常，我还是接受了，只是有些学生却为之愤愤不平。

上新课之前，授课人照例是要用书面略叙教学方针的。我在我的教学方针上便提出，我要突破传统框框，从“不同角度”（from different perspectives）去透视美国政治、社会的各种现象。在同一个上课时间内，我竟然又搞了个大班，人头挤挤，名传校园。

这两堂课加起来，我一共讲了八十小时以上，这和“外边来的”资深教授只讲一两小时的情形就有轻重之别了。加以我讲的这两堂课——一亚、一美——也正巧合乎当时“亚美学”的理想要求。因此在选聘委员会最后秘密投票时，我竟然得了十票中的九票。得次多数的便是本书作者最怀念的“亡友”许芥昱教授，他得七票。许君以次的候选人，则各得二、三、五票不等。

在这次秘密选举中，我成了“黑马”，是出人意料的，尤其是出乎当时委员会主席和夹袋中可能另有人选的院长的意料之外。这位院长乃决定对这次选举的结果来个“留中不发”，一拖数月，消息全无。等到第二学年的教学规程的校稿出现时，院长所列出的代系主任，仍是他事前所指定的代理人。这才引起师生之间的怀恨、不满和质询，院长辞穷、支吾，乃引动导火线，爆发了一个偌大的学潮。

这次选聘委员会的投票是绝对保密的，我当然是全不知情，直到风潮爆发的第二天上午我才知道。那时我正在纽约州立大学的昂尼昂特分校上课，忽然系秘书匆忙来叫我，说有紧急长途电话要我接，吓得我惊惶失措，不知是什么紧急事件。后来市大马歇克校长同我在电话内说话了，当时我竟不知马君何人也。

我在市大只兼一堂课，管它校长姓啥名谁呢。

后来马氏叫在他身边帮忙的袁旂教授向我解释，袁旂与我是老友，他才把全盘经过告诉我——原来是这么回事。

事过境迁十来年了，但是其时的当事人现在都还健在。当年在学生群中领导风潮的，还有一位学心理的青年教授，他后来回到台湾去，现在也是台湾有名的资深教授了。大家想起往事，能不欷歔！

那天我在接到马歇克的电话之后，便乘了市大出机票的一架小飞机回纽约。立时校方和学生都派代表来看我，三家大电视台的记者也在等着我。我见了学校和学生的代表，电视记者我是回避了——因为我还搞不清楚这风潮的底蕴，无法对新闻界“发表谈话”也。

以上便是我怎么被卷入“亚美运动”这场大“台风”的始末，也可算是《涉涉唐山》中的一个小花边吧！

“华美运动”的文化背景

上面所说的学潮看来只是个偶发事件，其实那也是当时全美少数民族社会运动的一个重要环节，它的发生是有其一定的文化背景的。《涉涉唐山》这本书上的故事，也就是以文学方式所提供的文化背景的一面，也是最有趣的、最感人的和最真切的一面。

至于整个的文化背景又是怎么回事呢？那就说来话长了。不过，我们也不妨长话短说，略表一二。

大体说来，美国这个国家自 1776 年开国到现在，基本上是一个中产阶级、白种基督教徒统治的国家（近半个世纪以来，犹太人才逐渐挤入这个统治阶层）。论人口、论财富、论文化水平、论组织能力，等等，他们都远非非白种少数民族（non-white minority ethnic groups）所可望其项背。

白种民族近数百年的表现，本来就是个高傲而富于侵略性的民族。在美洲二百多年来居高临下的优势，难免就益发增长了他们的优越感和盛气凌人的作风——高车驷马，丰衣足食，一切唯我独尊。所以美国自开国以后，一向是把“异端”的少数民族视为“低等人种”（inferior races）。你事事得听从于他们；要自救，也只有在生活上、文化上，向他们“归化”，做个“顺民”或“二等公民”（secondary citizen）。

说也奇怪，这一心态的发展，日子久了，双方有很多人都视为当然。在美国黑人之中，向白人俯首帖耳效忠的，便产生了美国黑人文学上所刻画的“汤姆大叔”（Uncle Tom）一类“忠仆”型的人物。“汤姆大叔”

型的人物，当然在其他少数民族中也是所在多有的。“汤姆大叔”其实不是个坏人，他只是个知识浅薄、生性忠厚、自觉只配做奴婢的一种白种主人的“忠仆”而已。等而下之，则难免有胁肩谄笑之流——再等而下之，则就像我国古人所慨叹的“便向城头骂汉儿”的小奴才了。

这些现象，如果不用社会科学——社会学（sociology）、民族学（ethnology）、社会心理学（social psychology）等诸种法则去加以研究分析，那也不过只是一个时代的社会百态之一罢了，不值得去吹胡子瞪眼睛的。但是如果要利用新兴的社会科学的方法去研讨、去写几篇博士论文，那其中的学问可大呢！

笔者发此议论，也只是就近二百年来美国社会史上所发生的“形势”而言——讲句时髦话，那就是采用社会学上习见的所谓“宏观法则”（macro level approach），凡事从“大处着眼”，而不是说每个白种中产阶级人士都是种族主义者（racist）；虽然我们也不能否定美国白种中产阶级之内种族主义（racism）的存在这一个事实。

老实说，论个体间为人处世的道德，他们白种中产阶级里的基督徒，在平均数上有时会超过一般少数民族亦未可知。笔者这里所指的，只是“形势比人强”；而这一优越的“形势”，事实上也是构成白种中产阶级公民心理上种族主义滋生的许多原因之一。

在这种心理背景之下，再加上经济竞争——大家在一起抢饭吃——的因素，二百年来，在美国谋生的“少数民族”真是受尽煎熬和压榨，他们纵安心俯首帖耳，做个“二等公民”亦不可得！

华侨的血和泪

在近百年的美国史上，少数民族中受苦受难的，华侨应该算是首屈一指了——他们所受的苦难，是远在美国内战后的黑人和印第安人之上的。

笔者无心在这篇序里多谈美国华侨的血泪史，这类著作，不论是“歌德派”还是“伤痕派”都为数不少，虽然纯学术性的产品还不多见。

十多年前，现任夏威夷大学“西东中心”主任、斯时任教于斯坦福大学法学院的李浩教授曾和笔者讨论到如何成立一个“华美学计划”，把百余年来美国各级法院所保存下来的有关华人诉讼的案情和判例（包括1904年孙中山先生路过旧金山时，虽持有美国护照，还横遭无理拘留的旧案），来作个通盘的整理——先编点可靠的史料，还谈不上研究。但是这项史料的编纂工程实在太浩大了。不用说当今自视甚高的“留美学人”对这项“巧立名目”的学问不屑一顾，纵是有“巧立名目”之癖，而有避重就轻之性的“华美派”的学人之中——包括笔者本人——哪里又能找出有这种志趣的“书呆子”，来干这种无名无利的傻事呢？虽然我个人到现在还在馨香祝祷我先侨在天之灵能保佑我们这行内能出几个“傻子”，将来还是把这桩事好好做一下。

不过，现在虽然“书缺有间”，从大处着眼，我们还是可以把美国华侨史的轮廓略事描叙。

我们不用说美洲的原始土著印第安人是我们蒙古种同胞的亚洲移民了；就单说发现美洲吧，现在的美国史家也大致承认我们的“慧深和尚”是发现美洲的第一人。慧深于我国南朝刘宋、齐、梁之间，便两度经过加州海岸，并在今日墨西哥属的中美洲一住四十年。

在16世纪末季，当西班牙人开辟“马尼拉航线”（Manila Galleon）之后，第一批横越太平洋的造船工人和随船服务的海员，也都是中国人。他们在中美洲所建的第一个“唐人街”、“中国城”或“华埠”的时间，也不在第一个“英埠”——“詹姆士村”（Jamestown）之后，詹姆士村始建于1607年。

其后美国独立了，欧洲白人向美东移民，中国黄人向美西移民，本来也是顺理成章之事。在19世纪中叶，美西“中太平洋铁路”兴建之时，几乎全部路工都是来自太平洋彼岸的华工。迨加利福尼亚州成州之始，其地几乎四分之一的居民也是华人。

向“新大陆”移民，原是“旧大陆”所有人民共有的权利；美国原是个多种民族的国家，白人东来，黄人西至，各民族和好相处，亦断无白种人一族鲸吞的道理。1868年所订的中美《蒲安臣条约》于此即有明文协定。

孰知历史上竟有如此不平之事，我先侨兴建之功未竟，白种人竟搞出个最无耻的反华运动。这一运动发展的结果，到1882年竟由联邦政府和各州背弃条约明文，相继立法，竟然立出了现代文明史上初无先例的《排华法案》(Chinese Exclusion Acts)来。

长话短说。这些《排华法案》只有两个目的：第一，绝对不许华人继续向美移民；第二，既来的华人，则逼其早返唐山。不愿回去的，则用种种法律的限制，使其谋生无路、尊严全失，也非离境不可；至死不去的，也要使其绝子绝孙，死而后已。那时的清政府虽据理力争亦无能为力！

法律上的排华既已如此，社会上的排华当然就变本加厉。从无中生有的辱华、侮华、停工、解雇，到殴打、谋杀——无所不用其极。

如此一来，不用说中国继续移民来美是不可能了，已经在美的华侨，如果有家可归的，谁能受得了这种灭绝人性的洋气，大家也就忍气吞声地卷铺盖回国了。但是时至1882年，我侨民移美已有数十年历史。有的已经辛辛苦苦地建立了一些小店铺、小农场——毕生心血，尽瘁于斯，怎么忍心弃之而去呢？何况他们多半是贫雇农出身，被贩卖“猪仔”贩到美洲的；祖国那边的日子，无根无柢，也不太好过。因此纵处于此无法容身的条件之下，也得咬紧牙关，容忍下去。

自己虽然忍辱偷生了，但是重洋彼岸的衰亲、弱息、青年眷属，则永无团圆之望。有的华侨，纵因旅美日久，取得居留身份甚或公民权，虽亦能偶尔还乡与老亲、妻孥暂叙别情，但是重洋万里，波涛阴恶，加以私蓄无多，探亲费重，因此往往经旬之聚，接着便是半生别离，甚或从此不复一见。

试问这种远隔重洋的悲欢离合，一个飘零身世能经得几次？所以我们先侨当年所受的苦痛，真是罄竹难书。笔者往年偶读这类记载，并不时听受害者的亲口哭诉和他们后来来美子女和眷属亲身所述，我自己自伤身世，再设身处地为他们想想，有时竟为之悲不自胜。

美国的基督徒、传教士，有时对我们传布耶稣之慈、上帝之爱如何如何，我每想起他们排华时期的灭绝人性的行为，心中真有“见他鬼，放他屁”之恨。再想想那些为着当今旅美华裔成就如何如何，而对托庇之邦歌功谄媚之人，内心对其鄙弃之感，也是无法抑制的。自念三十年漂泊，早已木石心肠，言念及此，愤犹难平，怎能怪那些血气方刚、热情横溢的华裔少年们的攘袖挥拳呢！？

第二次大战爆发之后，我国国际地位略胜于前，美国政客为略示小惠，在废除《排华法案》之后，也只准我侨眷每年可申请入境一百零五人。这对数十万妻离子散的华侨家庭来说，一百零五人究竟能起什么作用呢？——立法的目的，只是对并肩作战的盟邦略示好感罢了，作用云乎哉？

可是第二次大战后，全世界弱小民族争取自由平等运动风起云涌，美国黑人便首先发难。在一批黑人先哲如马丁·路德·金（Martin Luther King，Jr.）博士等人大力倡导之下，美国少数民族争取民权运动也就风靡一时。到60年代中期乃发展至最高潮。

时至1965年，联邦政府终于让步，乃有“移民新法案”之颁布。在这一新法案之下，美国《独立宣言》上“人类生而平等”的空话才首次见诸法律。根据这一法案，全美每年移民入境总额，规定为十七万人，让全世界诸种民族一体均分；然任何单一民族——如华人、日本人、意大利人、希腊人等——每年入境移民总数不得超过两万人——各民族“一律平等”。

这个新法案之颁布，对我们数十年来、数十万妻离子散的华侨家庭来说，也真是“恩高德厚”了。两万之数虽微，比起昔日一百零五名的限额，那真有霄壤之别了。再看看近三十年来旅美华人各方面头角峥嵘的表现，和富裕移民大量涌进，所有“华埠”均地价上涨、日进斗金的繁荣状况，饮水思源，能不归功于“山姆大叔”的恩赐？

而习于排华传统的联邦政府官员和白种中产阶级士女，目睹此情，竟以华族恩人自居，亦人之恒情。如此联邦政府甚至不惜巨资巨奖，鼓励华裔作家建生祠、造神位，来歌功颂德一番，这也是他们分内之事。所幸我华族向来有量如海。君不见，抗战期间，日本人对我们的奸、掳、焚、杀，那种禽兽之行真是仇深似海，而现在我们海峡两岸，还不是仇将恩报，旧恨一笔勾销？

“山姆大叔”如今既然改祟归正、雨露重施，知恩报德也是理所当然。何况有笔如椽，情深义重，人家岂有不知之理？如此则小恩大惠自然源远流长。这种心理，大概就是本书上所说的“来投中产阶级白人所好”的作家们的哲学基础吧。

华人社区，形形色色

但是六七十年代的华人社区（Chinese community）毕竟是复杂而敏感的，因为此时也正是少数受美国教育的华裔第二代成熟之时。他们有他们的主见，也有他们的成见，也有由他们各种主见、成见所引出的不同的观察与答案。

首先，他们一致的意见，便是对“歌德派”的反感。

他们认为过去百余年华侨的痛苦和今日华人社区的沆瀣落伍，全是白人“种族主义”的后果。过去百余年，欧洲白种移民是千万、百万地大量涌入，而我辈黄种移民则被斩草除根。如今全美各地已有人满之患，才允许我们年入数千人，这种猫哭老鼠的假慈悲，何来崇功报德之有？所以他们对“歌德派”的深恶痛绝，也是不无道理的。

因此，于60年代末期，在全美少数民族联合争取民权的大纛之下，“抗暴”、“反歧视”、“争平等”，乃至“寻根”、“认同”、“多重文化”（cultural pluralism，亦即不许一种种族文明独占）等呼号，也就变成了炽烈的“华美运动”的中心课题。

这些课题，对当时所有“少数民族运动”中的诸部成员来说，原是有其一致性的——不过究竟向谁去“认同”，何处去“寻根”，他们也还是模糊不清的。

可是“华美运动”中，有一点为其他少数民族（尤其是黑人）所无的，便是华人社区中有严重的“代沟”和“文化冲突”的问题存在其间，甚至隔代之间的语言都无法沟通——不像一般黑人的祖宗八代早已都是崇美俗、说英语也。

在华人中，深广的代沟和冲突的价值观念，往往竟使隔代不能相容。老一辈的对他们幼年来美、在本地土生的子女，则嗤之为“竹节”（两头不通气）和“竹心”（胸中空无一物）；而许多不愿做中国式的“佳子弟”的下一代，也就反唇相讥，他们为泄愤而咒骂老子的脏话，连刘教授也“不好翻译”。

由于对父母、长辈的落后的生活方式和“非美的”（un-American）价值观念之鄙弃，而他们又要在这个波涛汹涌大民族运动之中去“寻根”、“认同”，在四顾无所适从的迷惘情况之下，乃寄望于一时高深莫测的祖国的政权了——这也是当时所形成的、一字号“左”倾浪潮的心理背景。殊不知，国内搞起了“文化大革命”，在一连串的“伤痕”报道之后，这批热情澎湃的海外革命儿郎又重新被打入冰窖——真是上下五千年，纵横八万里；一个区区华裔青年的心路历程，竟如此回旋荡漾，终不知何择何从，真令人拊掌叹息。

笔者厕身此一浪潮，先后亦已十余年，既是运动员，亦是旁观者。这类青年在我的课堂中进进出出的也不下数千人，他们的父母长辈向我哭诉的也比比皆是，真可说是“阅人多矣”。

其实这些现象，吾人如客观沉思，也觉其没啥费解。

概括说来，所谓“华人民族社区”（Chinese ghetto community），通常所谓“唐人街”（Chinatown）者，实是美国种族主义的后遗症——华人是被迫聚居自保，始形成我华侨所特有的一种产物。

最初我侨民为抗拒美国最无理的《排华法案》，聚居之后，他们断不能处处遵从美国法律。所谓“美国法律”，原是对华侨要“斩草除根”的，试问世界上有哪种生物会愚蠢到“守法自毙”的程度？

对他们的“法”，不得已只好“虚与委蛇”，对内为着求生存，也只有“山人自作主张”。如此天长地久，则所谓“唐人街”乃逐渐变成美国境内的一个美国种族主义者所逼出来的“封闭社会”（closed society）。其表固美国也，其里则唐人之。个中玄机，洋人不知也。社区内活动，则一切根据中国传统老办法，自求多福。因此所谓“唐人街”，事实上便是一个传统中国的缩影。“唐人街”者，“小中国”也。

我古老中国的文物制度、道统、德统，固均博大精深也。但是借用台湾名作家柏杨先生一句话，我们的传统乃是博大精深之“酱缸”也。近百年来，既有“唐人街”之后，我旅美先侨便把这只大“酱缸”搬过太平洋来，不管缸内有些什么酱——甜酱、鲜酱、霉酱、虾酱、蟹酱、芝麻酱、绿豆酱、胡椒酱……百酱俱全，原封不动地搬了过来。

我辈唐人，聚居于大缸之内，久而不闻其香，熙熙攘攘，也颇能怡然自得——缸外事，老番管之；缸内事，自有我主席、会长、元老任之。洋人不入缸来，华人不出缸去。如无重大法律冲突，真是缸里不犯缸外，河水不犯井水，华夷相安，各得其乐！

“跳缸”的问题

这种“缸中生活”,原无什么不好。而问题却出在“缸外有缸”的“形势”之上。

我国固有之“缸”原是天下无匹的。真是“率天之下，莫非王缸；率缸之内,莫非王酱”！可是一旦“王缸”外销,套入另外一个“大缸”,问题便出来了。

我们这个国货大缸，运美之后，无处安装，却套在一个美制大缸之内。柏杨只看过这国货土缸,而不知有美货洋缸也。更不知洋缸之内,芥末、西红柿……也百酱俱全。“礼仪之邦”中，上国士女，久居其中，亦不闻其臭矣！

本来这两缸美酱，各得其用，皆是调味妙品——臭酱、霉酱也可制点臭豆腐、臭咸菜，而天下更不乏逐“臭”之夫。我想，柏杨与在下可能都在众“夫”之列，久不食臭豆腐，偶一闻之，食指动矣。

但是问题却在两缸相套，一旦缸中“酱多自溢”两酱相混，那问题便大了——试问芝麻酱拌西红柿酱，又令人如何下咽呢？

我们的华埠“社区问题”便出在这里了。我们的元老、侨领、报人、经理、主席、会长、大厨、企台……都不妨自安于中国酱缸之内，自做其酱瓜、香干或臭豆腐……无奈酱多自溢，他们的儿女、晚辈，自幼儿园起便开始“跳缸”了。既跳之后，两酱相融，孰香、孰臭，那就各凭主观了。

就拿笔者所亲见、亲闻和躬自参加的社区所谓“会议”来说吧，我们社区华人——尤其是元老、侨领们——他们就没有哪一种会议是遵照孙中山先生所拟订的“民权初步”的议事程序“议事”的。我们的会议，事实上是在有魄力、有能力、有野心的领袖们领导之下“商量着办”的。因此我们的“会”一旦与美国法律发生了抵触，我们就有被捉将官里去的危险，至少也要吃“败诉”官司。

笔者夫妇十余年前便曾一度热心“服务社区”，曾献“巨资”（以我自己的财力作比例）、出大力，参加了“纽约华埠服务中心”（The New York Chinatown Service Center，Inc.），希望为“侨胞”服务。我自己并被谬选为董事十余年，也干了不少“福利事业”。不幸今年秋季我忽然收到纽约州地方法院传票，与本会前后两任董事长及十来位董事同时做了州法院检举的被告。理由是我们向州政府贷款一百万美金，建造儿童培护中心（托儿所）大楼，楼成服务儿童，一时颇不乏社区歌功颂德之声；不幸我们未照福利章程办事，纽约市政府拒付教育经费，敝会因而无法按月归还州政府造楼“垫款”。州检察官一时震怒，乃通过法院，要把我们十余人一起捉将官里去，弄得我们赔了夫人又折兵！

我们中国“酱缸”出来的人是最怕“官”的。官方传票一出，敝会天下大乱。大家焦头烂额之余，检讨结果，乃把全部责任一股脑儿奉献给我们以前一致票选的董事长头上去了。但是我们也都知道：没有王董事长，便没有儿童培护中心大楼；没有大楼，我们也不必陪我们敬爱的董事长一道吃官司。

我们的王董事长的确是很有能力和魄力的，遗憾的是这一件事弄糟了。而十余年来，我们董事们又在干吗呢？我们最大的错误是没有实行“三民主义”和“国父遗教”！我们十余年来，开了几十次董事会，但是就没有一次董事会是按“国父遗教”、“民权初步”的程序进行的。

余小子身为董事，每次会后，欲知议案，还得去看中文报纸；而中文报纸，也就是敝会“董事会议案”的唯一根据。

我个人现在借刘绍铭先生的大著来家丑外扬一番，绝无心揶揄我会的任何负责人——因为我自己也是董事之一，危难期间并且被选为常务董事。问题是我自己也是“中华大酱缸”里出来的，而“民权初步”这一味酱，虽然是孙中山先生介绍的，它始终还没有成为我们“唐餐”里的调味佳品之一罢了。

再看看我辈华侨所亲见、亲尝的“洋酱”。

我们自娶妻生子之后，孩子进了幼儿园，便被园方敦请，不时去做“窗外旁观客”——这“窗”是“暗窗”，我们能看到孩子，孩子看不到我们。当我第一次“偷看”孩子们在班上“选举”时，见他们那样“秩序井然”的会议，我不禁感慨地告诉老婆说：“我们的孩子在奉行‘总理遗教’、实行‘三民主义’呢！”

其后孩子进中学，我跟着做校中的家长、贵宾，随时参观孩子们的团体活动。一次一位李姓朋友的孩子打电话回家用国语报喜，说：“爸爸、妈妈，我当选总统了！”父母为之大惊——原来这位李公子竞选上了级长，级长者总统（president）也。他们一级的总统与一国的总统选举程序并无两样。一级的总统不能大权独揽、胡作非为；一国的总统也得循规蹈矩，为选民服务。我看看李公子当选“总统”的经过，再看看我自己服从董事长和主席领导的情形，我虽生性愚鲁，也不能不有所感慨。两大“酱缸”内容之截然不同有如是也。

明乎此，我们就不难理解我们的“代沟”问题了。

“酱”有中西好坏之别?

不过笔者在此颂扬“洋酱”，却与主张全盘西化的李敖和主张汉字拉丁化的柏杨有别。他二人久困国内，同坐铁窗，有其反抗乡土的情绪。我是“天朝弃民”，久困海外，受尽洋气，有些假洋鬼子的习气。我认为酱总是酱，不论土酱、洋酱，均各有其酸、甜、霉、臭之一面。大家彼此彼此，五十五十。

我华人的“崇洋派”——与“媚外派”有别——如胡适之、郭衣洞，则认为“洋酱全甜”。

我们“国粹派”，如唐君毅、钱宾四诸先生，则认为“土酱最鲜”。

笔者今夏访问星洲，新加坡第一副总理吴庆瑜先生则告诉我，应该截长补短，兼采东西之长。

但是我们当今的问题却是什么叫作长、什么叫作短。什么是中长中短、西长西短呢？寸有所长，尺有所短。长、短之间的标准，究竟如何衡量呢？

笔者侨美三十余年，对中西短长之议，我一家六口——夫妻、儿女、猫狗——真是互不相让，言人人殊，猫狗的意见，亦各自不同。

我更敢大胆地说，留美百万华侨，对于中美长短、是非之辨，亦言人人殊。

本书作者说得好：“华埠是个心态。”但是究竟怎样才是华埠的心态——我们美籍华人有没有个共同的心态呢？祖国同胞对我们的看法又是怎样呢？

言念及此，我对本书的重要性便越看越重了。

我个人是学历史的，我们治“旅美华侨史”，那是增一分则长、减一分则短的事，是个铁的事实。不管此邦人士如何曲解、我们自己如何忽视，日久它会自入正途，由“巧立名目”转入正统史学的。

至于如何用社会科学的法则来解释华侨社区里的人际关系——并从了解人际关系，进而增强全侨的政治影响和社会福利，更进而影响祖国的现代化，和其他地区海外同侨互通心声，一切研究的基础，都是自了解侨社的“心态”为起点。而捕捉“心态”最基本的方式，则是“华美文学”。

文学是反映人类社会生活形态的最基本工具，它可以写尽人生百态和喜怒哀乐。诗歌词曲不用说了，纵是长短篇小说也绝不能凭空虚构，小说只是社会事实的夸大和戏剧化而已。而写真实的文学还有个必要的条件——作者一定要是“个中人”，这样他的作品中才有真性情、真感情，有血、有泪，有爱、有恨。

就像朱路易所写的《吃一碗茶》上的各节小故事吧，不是纽约“唐人街”社区的“个中人”，谁能写得出？特别是宾来和陈源在兰心酒店七〇九房偷鸡摸狗那一段，那故事哪是名震寰宇的华侨文学大作家林语堂先生他们能从“华埠”之外“搔”得着的？

刘绍铭的天降大任

一言以蔽之，要了解留美华人的社会生活和历史，一定要自了解华人社区中（包括“华埠”之内和“华埠”之外）千奇百怪的华人“心态”（mentality）着手。而了解千奇百怪的华人心态，那又必须从当地的“乡土文学”着手——不管是“凡是派”、“歌德派”、“伤痕派”、“轻华派”、“仇孝派”、“国粹派”、“媚外派”、“崇洋派”、“唯性派”……乃至“右派”、“左派”、“中派”，五花八门，都要兼收并蓄，才能略窥华人社会的真相；再进一步，才能谈到研究与改进。

笔者在纽约市大所承乏的这个系内，便开有这项“华美文学”的专课。但是要想心平气和、不偏不倚地去做点“综合工作”，经验告诉我们，是万般困难的。

第一，做这项综合工作的人一定要是华侨，而且是老华侨，他才知道这个封闭社会之内的一切私事，不说外行话；而且他还要是个贫寒出身的穷小子。华侨的主力是华工，华工的生活岂是公子哥儿们所能体会的！

第二，这位工作者最好是一位“广东佬”，熟谙广东方言、俚语和由这些方言、俚语所转化出来的唐人街英语［Chinatown English，有时也颇像黑人英语（Black English）］,能说得“过瘾”,说得“入木三分”。这样他才能做唐人街的“个中人”，摸透“街”底。

第三，这个人还要是个观察能力极强，并有高度训练的学人，上对诺贝尔奖金获得者，下对唐人街内的“穷馆”（如领馆、报馆——这两馆现在已不太穷）、“富馆”（如赌馆、餐馆、衣馆——这些馆今日也已不太富），乃至一切吃喝嫖赌、鬼影帮、白鹰派……都能观察入微。

第四，这位通才还要有深厚的中、英文学（不止于“文字”的运用）的训练和创作经验。“华美文学”本是双语并举的，两面翻译，为求其信、雅、达，则这种训练尤其重要。

笔者旅美三十余年，识与不识的华裔文化界人士之中，具备上项条件而有兴趣整理“华美文学”的，真是屈指可数。亡友许芥昱先生便有此兴趣。但是芥昱是个志在琴棋书画、公子哥儿出身的传统中国士大夫，他的粤语亦不够灵光。他不能打入华侨社区，也无心深入。

其外笔者所知道的海外学人，就只有一个二残——刘绍铭了。

二残是个贫寒出身的穷华工，自学自励，直至爬到中美文学界的最高峰，名满中外。他的成就，也反映了百余年来我们侨界前辈的一切血泪和成功的经验。他是个华侨社区内“上通天文，下识地理”的“个中人”。他有此经验，有此第一流的中英文造诣，也有此学力，才能把我们这封闭的美国华侨社会的真实情况，介绍给我们祖国的同胞和千余万海外同侨。

眼光、学力之外，最难得的还是二残的文笔。他把华侨文学中的各种心理状态——爱、恨、悲、喜、轻蔑、愤嫉、无知——乃至中美两文化中所发生的文化冲突，都能以最睿智的眼光选出来，以最生动而真切的笔调译出去，译得出神入化，读来十分过瘾。击节之余，我情不自禁地把我个人二十多年来在华侨社区所亲见亲历的平凡小事也加了些进去，写出了这篇不伦不类的长序。

有一点我不同意二残看法的便是，他把这宗“华美文学”在中国文学中的分量看得太轻了点儿——他认为这是他不务正业的遣兴之作。

我则不以为然。我认为“华美文学”应是正统中国文学、乃至美国文学、甚至世界文学的一个重要部门！它所反映的是一个有血、有泪、有恨、有爱、有良心、有罪恶……的特殊社会和不为人知的特殊现象。因此二残选的这几篇也是千古奇文，足够传之后世、传之今日华人各个社区的——包括海峡两岸和欧美南洋！

这当然是我个人的偏爱，有待千万读者大众的共鸣。至少我个人觉得，刘绍铭先生是当今最够资格向国人介绍这类作品的大作家、大翻译，这工作也是他的“天降大任”。

希望作者不要小视这一行，要把翻译工作继续做下去才好。

1982年11月7日晨于新泽西州北林寓庐

原载《渺渺唐山》，九歌出版社

父子之间

殷志鹏博士编著《三地书》序

老朋友殷志鹏博士给我一本书稿，要我替他写一篇序。我收到他的稿件已经两年多了，却一直没有动笔。事忙人懒之外，还有一层原因使我迟迟握管，那便是：我觉得这是一本很不平常的书——也可说是一本奇书吧。我读后竟为之掩卷叹息，甚至沉思流泪。

几十岁的人了，一生所经历的生离死别、国破家亡之痛，几乎是与生俱来的。经过这种波涛风霜的人，在感情生活上说，也可算是槁木久枯、铁石心肠了。但是读完这本书，竟为之默坐垂涕，也可说是很不平常了。我认为我应该为这部奇书好好地写篇序言，好好地想想，然后慎重下笔才对。又有谁知道，一个事忙又不善于支配时间的人，慎重却变成了拖的借口呢？

这是一本怎样的奇书呢？且让我慢慢道来。

这本书本质上是一本书信集——是一位居留在中国大陆的父亲殷福海写给他那位在海外漂泊的儿子殷志鹏的信。这位父亲在他们父子分别后的二十六年中的十三年——其中另外的十三年他们失去联络——一共向他那旅居在台湾、伦敦、纽约三地的儿子写了一百六十九封信。现在这位父亲过世了，他的儿子在他的一百六十九封遗书中，选出了九十一封刊印在这里，作为纪念公诸大众，也传诸后世。

写家书，然后出集子，以便扬名后世，这本是我们中国传统文人的老玩意儿，没啥稀奇。不过这些老玩意儿，原只限于名流学者和党国要人的，一般平民百姓是根本不会想到来干这种无聊之事的。而这本奇书之所以为奇，便是它的主要作者——殷福海——却是中国社会上普通而又普通的平民。用一句当今大陆上所流行的“划阶级”的术语，这位殷老先生的“阶级成分”只是一位“市平”（城市平民）或“市贫”（城市贫民）。他既不能参加去“革”人家的“命”，也没有资格被“革”，讲一句美国土语，在社会上他实在只是个 nobody。

福海老先生一辈子只受了些极起码的所谓旧式教育，读了一些《儒林外史》上所说的“三百千千”(《三字经》《百家姓》《千字文》《千家诗》）一类的书；年长时再自习一点“四书”、“五经”和《古文观止》，来个经世而不致用。

这样出身“市平”的老人家，他一辈子也不可能会想到要于身后出一部《殷文正公家书》来教训教训他那得了双重博士的儿子和媳妇的。他只是生有书法天才，写了一手工整的小楷。所以他一辈子也就靠替人家写字、抄书、写公文过日子——在那中文打字机还没有普遍流行的时代，做个司书、录事或缮写员等最起码的小职员或公务员，来养家糊口。

这种录事一类的工作人员，在抗战前那比较安定的社会里，靠升斗之俸也还可勉强免于饥寒；可是在抗战后期和胜利之后那种物价一日数变的恶性通货膨胀的社会条件之下，就难以为生了。据我个人所知，在战后南京各机关就有这样的职员因贫病而自杀的，其中一位留给他妻子的遗书便只有短短几个字说：“××，我自私了。”

这一阶层的公教人员，在南京易手之后而沦为失业的“市贫”，其境况就更不堪想象了。殷福海老先生便是这样一位滞留在南京的市贫。

在我国百事皆无保险的传统社会里，一个苦难的人或家庭，他们心里所寄托的最大期望，便是有个有造就、有前途——尤其是能升官发财的“佳子弟”。一旦“刘公得道”，他们纵不能“鸡犬升天”，至少也可免于饥寒。这一期望也就是我国传统中“有子万事足”和“养儿防老”等心理状态所滋长的社会背景。这种传统落后的社会经济制度不改变，而要强制执行男女婴平等的“一胎制”，狠心的父母就要选择“溺（女）婴”的残忍道路了。结果女婴死绝，男婴宠坏，其后果就更不堪设想了。

本书的主要作者殷老先生，那时便是个有四个儿子的幸运老人。他甚至无力能把一个儿子抚养成人并受完满教育，但是儿子的自动成长，却变成他老人家其后领不完的退休金和开不尽的金矿。本书编著者殷志鹏博士便是老人的次子。在1948年的冬季，当共产党军队渡江前夕、南京岌岌可危之时，他撇离老父和两个幼弱的弟弟，与长兄随军撤往台湾。这时的殷志鹏博士还只是个十五岁的难童。

照常情来说，一个十五岁的孩子，在兵荒马乱之中随败军而去，对一位父亲该是如何沉重的心头负担：他的饥寒衣食、生死存亡，为父的能不日夜心焦？殊不知在那个濒临饥饿边缘的岁月里，一个十五岁的孩子，竟成为挨饿老人的唯一的希望。在南京的父亲开始向在台湾嘉义的儿子告急乞援，这样便开始了这本《三地书》中的“一地书”——南京向嘉义所写的信。

从1949年1月27日起，到同年4月12日止，两个半月之内，殷老先生向儿子写了十封信。这十封信的性质，大致和其后一百五十九封信都差不多，在内容上是一边倒的——老子要饿死了，儿子赶快寄钱来。

殷福海是位很传统的中国父亲，向儿子要钱，视为当然。殷志鹏也是个很标准的中国儿子，虽然只有十五岁，他也认为节食事亲是义无反顾的。

在这两个半月，共产党军队渡江前夕的存亡续绝之际，这位殷老先生活命之需的“金圆券”，便是他儿子在嘉义所得的微薄的“台币”工资换来的。

这位殷老先生也是位“多产作家”。在他向儿告急求救之外，他也描述了南京在被占领前夕惊心动魄的社会情况。这些毫无虚假、实人实事的小市民的生活状况，岂是些作伪成性的“官书”和那些自吹、自捧、自骂的“名人回忆录”中所能找得到的！

看官信否？莫瞧殷福海是个小“市平”，他所无心写来的这本小书，才真是一本奇书呢！让我们且抄一两段来看看。

> 小部共产党军队已达浦口。所隔者，长江也。据云陆路只十五华里即达首都。性命付诸于天！
>
> 南京物价波动，说出来真要吓一跳。猪肉一百元一斤，青菜五元一斤，食米已达一千七八百元一担，糯米每石三千二百元尚买不到。
>
> 汝可将肥皂卖了（志鹏去台时曾带了些肥皂想贩卖图利），连同薪饷合并寄来父用……（1949年1月27日）

> 来信有一二日内发二月份薪饷，发下望速交邮寄来……现在私米已升至三万元一石。京地情形，日趋险恶，炮声隐约可闻。满街散兵游勇，漫无秩序……满街流民图，触目惊心，干戈何日才能结束？呜呼！涉笔至此，能不凄然流泪！？
>
> ……！！
>
> 见信速将钱寄回应用。（3月9日）

> 此次官米早晚应市，要三万元一斗……要多寄钱来……（4月12日）

以上是一位留在南京的爸爸告诉他逃往台湾的儿子，南京易手前两个半月内社会生活的实况。就食米一项而言，已由一百七八十元一斗涨至三万元一斗！

你如住在那儿，你如何活下去？

这位住在南京的殷老先生原也活不下去；他能活下去的原因，是他还有两个赚“台币”的儿子。可是当他发出第十封信之后不久，共产党军队就占领南京了。台币来源断绝，这位无依无靠的老人，带着两个无母的幼儿，究竟怎样地活下去，就连他那流落海外的儿子也无从想象了。

大陆与台湾断邮已二十四年了，但他们殷家父子之间只断了十三年。在这渺无信息的十三年中，这位殷福海老人并未饿死。他究竟是怎样活下来的，在他们父子恢复通信之后，老人并未直说。这或许是不愿伤儿子的心，也或许是传统读书人的“头巾气”。但在蛛丝马迹之间，我们知道他老人家最初还在一个佛教机构内以抄经为生。不久他就失业了，四处流浪，甚至露宿。两个幼儿保不住了，被收入儿童教养院。其后幼儿又夭折，连入葬的破棉被也被“盗墓者”偷去。

殷福海自己呢？他隐约地说，一度曾寄住于“群丐麇集之所”（1963年12月13日信）。在这些群丐之间，那位写得一手秀丽小字的殷老先生，是群丐之间的一丐呢？抑为群丐之外的特殊分子呢？那就费人深思了。

但是不管怎样，这位殷老先生是活下来了。活下来的原动力，可能是他还有两个流落海外的儿子，他相信他们是孝顺的，有一天他们还可能继续接济他。这一天殷老先生总算是等到了。

殷志鹏是我的好朋友。我比他年纪大，幼年也比他环境好。可是他是个好儿子，而我不是。照大陆上的新标准来说，他的家庭出身比我好。所以我父亲所受的苦难也比他父亲所受的大。而先父既没有向我写过一百六十九封要钱的信，我主动地接济他也远不如志鹏。想想地球那边的祖国和死去的父亲，我自愧不如志鹏远甚。子欲养而亲不在，我心疚、我落泪、我泣不成声。我不怕说，我哭得很丢人。

再回头说说殷志鹏。

那个十五岁的难童，在台湾嘉义且工且读，由中学而大学而考取公费留英、留美，终于获得哥伦比亚大学的博士学位。学位读完后，正如他父亲所说的“大小登科一齐来”，又娶了一位和他有同等学位的美貌娇妻廖慈节小姐。这虽是他自己苦学的收获，但是一个安定的社会，能让苦学青年有上进的机会，也是功不可没的。

志鹏于 1963 年飞抵英伦之后，居然又和失去联络十三年的父亲联络上了。父子消息重通，对那无家而失业的苦难老人说来，真是喜从天降。自那时起，直至 1974 年他们父子重聚，乃至两年后老人弃养之前，父亲又给儿子写了一百五十九封信。这一百五十九封信，自然还是和最先的十封信一样地一边倒——向儿子要钱，只是随儿子的上进，略为升级罢了。再节录一封殷福海老先生在 1967 年中秋前夕所写的信：

> 儿允许父到（中秋）节寄钱，但等到八月十四日信款皆不到，不知是何缘故？你要孝心到底，贯彻始终。进了八月，一天天盼信，一直望到十四日，父才写信。父已经急疯了！整天魂不附体、麻木、废寝忘食。见此信，速寄钱来，以度晚年生活！

殷志鹏那时是一个在海外打工的穷学生。我自己也是打工过来的，知道打工谋生的滋味。在这种且工且读的千钧重压之下，三天两天便要收到一封在祖国贫病交加的老父要钱的信，什么“婴儿望乳”、“不寄钱来父必饿死”等严厉的需求，一个人不为此发疯才怪呢！

志鹏没有发疯，他是撑下去了，撑得老父亲夸奖他是“纯孝”——这个封号真是比博士学位还要难得。

后来志鹏读完博士了，又结了婚，老人的生活要求自然也就水涨船高。1973 年 1 月 23 日在给儿子和媳妇的信中，老人就说“日常生活，非肉不饱，非帛不暖”了。这个时候的殷福海老先生显然自知已是“博士公”的“老太爷”。而这个博士儿子和博士媳妇，当然也不会使老人失望。

他们殷氏父子之间，经过二十六年生离死别和艰难困苦之后，总算有个父子重聚，最美好的收场，令人欣羡！

读完《三地书》之后，我不能没有相当的感慨和感想。

这位殷福海老先生只是一位很传统、很普通的中国父亲，家贫多病，赖子媳反哺过活。而他的不普通之处，是他在十三年中，向流落海外的儿子居然写了一百五十九封信——封封要钱，封封都写得那样力竭声嘶！

而真实不平凡的却是这做儿子的殷志鹏。他在那十三年中打工、读书、成家、立业、得博士，并承担了这样沉重的一百五十九封家书，而没有发疯，而继续所学，而同时也能仰事俯畜，不改旧观，为老父赞为“纯孝”。

我认识志鹏已二十年了。如记忆无讹的话，我可能还是他博士论文评阅教师之一。他生了副乐观的 baby face，见任何人总有一番充满真诚的微笑。我们聚会的机会并不少,但是我们向未谈论过彼此的家事。一直等到我看完他这本《三地书》稿，才知道他那微笑的面孔之后，却负担着这样沉重的父子之间的感情压力。

现在这位殷福海老先生是长眠地下了。他如死而有知，应该为子孝孙贤而含笑九泉。回读先人这一百六十九封遗书，志鹏博士应该也会感到祭薄而养丰，没有愧对先人，真是存殁无憾。这件事对一些抱恨终天、存殁两憾的人们说来，他们殷府父子，实在太令人羡慕和崇拜了。树欲静而风不息，为之奈何？

最不平凡的还是志鹏这位贤夫人廖慈节女士。她是个受美式教育的女留学生、收入有限的小家庭的主妇。她的美国教育和知交近邻的熏陶，使她怎样能接受这样一位无穷无尽要求的 father-in-law，而不和丈夫吵架、出走，甚或闹离婚？这虽是她个人秉性纯厚、伉俪情深使然，但却是我们所谓“留美学人”圈子里的奇迹。

君不见“悔送儿女去美国”的老作家乎？他们所说的故事，我们所见所闻还算少吗？

想不到沙漠之内也有绿洲。对殷志鹏夫妇这对文化班超，我真是从内心中发出无限的崇敬和羡慕。

不过话说回头，殷志鹏的品行，也不是我在海外所见到的唯一的例子。以前我就认识一位四十未娶而日夜操劳的华侨洗衣工。问其日夜忙迫，所为者何？他说是汇款回唐山养家，在国内的双亲弟妹，就靠他这一只熨斗过活。汇款养家是他生命上最大的意义，也是他工作中最大的安慰。后来双亲亡故，他失去了汇款的对象，也就失去生命的意义和工作的活力。

“侨汇”是我们祖国外汇的最大来源之一，但是又有几个人知道这笔财源的文化动力？

中华民族的成员里，为什么产生了千万个像殷志鹏夫妇这样的华侨呢？学社会科学的人应该把这一现象“概念化”（conceptualize）一下。

原来我们这个三千年文明古传统之中，是充满了无限的“国粹”和“国渣”的。但是这亦“渣”亦“粹”之间，却同垂不朽，玉石难分。君不见我们那个“起自人间贱丈夫”的“小脚”，还不是裹了一千多年！我们善于讨小老婆的多妻制，和搞君君臣臣的愚忠、愚孝，不也是流行了数千年？在这黑白难分的文化蒙鸿里，我们胡子一翘一翘的“卫道之士”，往往就以“渣”为“粹”；而那些善于攘臂挥拳的“革命分子”，又往往将“粹”做“渣”。

须知“国粹”和“国渣”之别，便是前者经得起考验，而后者不能。

因此当两个以上不同的文化发生了接触和相互挑战之时,“国粹”和“国渣”就泾渭立见了。真正的“国粹”,不但我们自己会不自觉地(像殷志鹏那样)起来誓死保卫,其他的文化中有识之士——如今日新加坡那些受纯英式教育的领导人们——也会发现其优点,而自动来学习模仿。这就是所谓“文化交流”和“进步”(progressiveness)的真正含义。我们大多数华侨靠它过活的“唐餐”,便是一种“国粹”,它毋待乎大师小师们来“发扬”,自会在国际间不胫而走。我们的“裹小脚”就是个“国渣”,尽管它已有千年以上的历史,但一碰到另一个文化的挑战,它自会立刻“放大”,而归于消灭。

“唐餐”和“小脚”之别,就是前者在“文化交流”中经得起考验,而后者不能!

殷志鹏夫妇,和成千上万殷志鹏型的华侨,他们都不是“孔孟学会”的会员,他们也没有唱过“保卫中华文化” 或“发扬固有道德”的高调。但是他们那种不声不响、不为人知的个人行为,却为我们东方文明延续了一项最值得保留的父慈子孝的精华。试问,殷志鹏夫妇之行,有几个满口“固有道德”的卫道之士和他们的夫人们、子女们能做得到?

笔者去岁应聘去新加坡,看到那个小国家今日已成为一个讲英语的世界。李光耀说得好,我们要吃饭就非讲英语不可。青年人不谙英语,势将啖饭无术。可是在这个漫天蔽海的英语狂潮之下,我却发现一大批能说流利英语的华文作家、诗人和教育家。他们在东西两大文化冲突的夹缝之中,在兵败如山倒的溃退之际,坚守着零星的孤堡,在继续其“抗战”。他们对幼年时期所受的华文、华语教育,只感到珍惜和自幸;而对职业上的不便,却无丝毫自怨自尤之意。我目睹这些文化班超不惜其杀身成仁的苦斗,真觉他们的孤臣孽子之心可泣可歌。

奇怪的是,这种现象只有在中西两大文明短兵相接的新加坡才看得出,在中国大陆、台湾、香港和美国却渺无踪影。

这些文化班超们为什么要这样坚持苦斗呢？这正和殷志鹏夫妇为什么要那样刻苦地去奉侍殷福海是一个道理。在当今这个东西两大文明相激相荡之下，二者原是优劣互见的。抱残守缺的乡愿和一味洋化的“香蕉”，都是误国误族的。文化竞争之间，亦自有其优胜劣败的轨迹。优良的传统是埋没不了的，殷志鹏这本书就是一本具体的注释。

1983年8月16日于北美洲

原载《传记文学》第四十三卷第三期

王莹是怎样“回国”的

前几年在大陆的“伤痕文学”里，曾看到30年代电影红星王莹被江青残杀的消息。最近在台北《传记文学》（第四十五卷五期）上，又看到作家李立明对王莹身世更详尽的描述。但他们都没有说出王莹夫妇是怎样地从纽约回去的，知道的人似乎有义务补充一下。

王莹和她的丈夫谢和赓与我在美国也有一段交情，而且这交情相当不平凡——因为我与和赓曾在一起做过两年“书童”（page boy），一道“落难”。

记得40年代出国之前，我曾在安徽立煌的安徽大学之内，当了一名最小的讲师。那时我自己就雇了一名书童供我使唤。一次，我约了安大的一些男男女女到敝庐去欢度重阳。既然有个书童，我这个主人只要一声招呼，则不用烦心，诸事齐备，因而“登高”如仪——青年才俊、莺莺燕燕，尽欢而散。

那时我还年轻，比现在风雅些，登高之后，我还做了些歪诗分赠同游索和呢。歪诗中有一首七律，一开头提起我的书童来。诗曰：

呼童收拾度重阳，

权把书香换酒香。
相与登临浇块垒，
平分秋色入诗囊。
……

为着侍候诸仕女“登临浇块垒”，我那书童被我使唤得头动尾巴摇。我二人感情弄得不错，简直如兄若弟。但是根据“封建道德”，我们毕竟有主仆之分。我既是主人，他免不了就得做我的勤务兵、我的小厮、我的“闹书房”的“茗烟”……他得为我做倒夜壶、擦皮鞋的“下男”。但是我的书童乐此不疲，到我出国前夕辞退了他时，他还哭得如丧考妣呢。

有谁知道，天道还好，未出三年，沧桑几变，我在美国也当起了“倒夜壶”、“擦皮鞋”的“下男”了呢。更恼火的则是我的主人远没有我那书童以前的主人礼贤下士、有人情味。

我碰到了个女上司，她是个神经质的老处女，动不动就杏眼团圆，弄得我走投无路。但是为着吃饭，又不能随意卷铺盖，真是有愧须眉。幸好林语堂大师那时在纽约办《天风》杂志，要我写稿。我没处出气，乃借林公之酒杯而浇我之块垒，把我的女上司请出来幽她一默，阿Q一番，出口鸟气。

我那篇《女上司》，一开头是这样写的：

在一个明朗的秋天的下午，我拿了一封学校人事室给我的介绍信去见我的新上司。这儿是一个伟大的法科图书馆……我被我的新上司和蔼地接见了。这个新上司是个碧眼金发风韵犹存的女人，她的名字叫做格雷小姐……一见之下，我便衷心自庆，因为我这次碰到了一个可爱的上司。她看过了我的介绍信、微笑地问我说：“你的名字是怎样发音的？”我反复地说了几遍，她也牙牙学语地说了几遍，可是她总说不好，她皱了皱眉头。“你就叫我汤姆好吧！格雷小姐。”我急中生智，取了个洋名字。她听了大为高兴。于是，从这时起，我就是我上司的“汤姆”了……（编者按：唐德刚先生的《女上司》大文已收入《五十年代的尘埃》一书）

在这篇诉苦的文章里，我没有再写“第二天”。其实第二天一早9点整我来上班时，那第一个指导我的老“书童”大维，中文名字就叫谢和赓。我的《女上司》大文，也是他后来“唆使”我写的。

他那时穿了一件灰色工作服，推一个大书车，对我笑脸相迎。我二人既是那个大机构中仅有的两个“支那曼”，互通姓名之后，用不着再问：“尊庚几许？仙乡何处？”人就一见如故了。他告诉我，他的“番号大维”和我的“洋名汤姆”，“命名”的仪式是完全相同的。

大维为人和蔼，见人总是笑眯眯的。我虽然落难，也倒不悲观，颇能逆来顺受——大维胖嘟嘟，我瘦嶙嶙。嘻嘻哈哈，一对劳莱、哈台，颇为相得。

我二人不但作息时间相同，连上午咖啡、下午茶也都同出同进，简直形影不离。大维汉文比我好，善于口占一绝。一次我二人正推着书车鱼贯而行之时，大维烟丝披里纯一动，七步成诗，口吟一联曰：

莫叹“排吉”志气小，
推来何止五车书！

乖乖！口气好大。大维正道出我两位“排吉”（page boys）的凌云壮志，终非池中物也。

日子久了，我才发现大维不只是胸怀大志、将来要治国平天下，原来他早已是个大人物了——他和当年所谓桂系一批风云人物，如李宗仁、白崇禧、廖磊、夏威、黄旭初、李品仙诸上将，都相知甚深。对桂系二级领袖如程思远、韦永成诸公，那自然更是称兄道弟了。像大维这样有历史背景的“要人”,现在居然也跟我一道当书童,来“倒夜壶”、“擦皮鞋”，我真是既荣幸，又惊奇，又惋惜！

可是车子一天天推下去，我发现惊奇竟一个接着一个，不断地迫人而来——原来大维还有个老婆，而这老婆还是个“女作家”，这“女作家”正在写小说，这小说还要拍成电影！

在这行发展上,大维原是他老婆的助手。有时助手的问题解决不了,我就被招募成助手的助手。

有时问题出现了，例如：“七七事变那天是星期几？”

对这种问题，我这位助手的助手，往往可脱口而出；脱口不出，也可一索即得。可是女作家有时也有些难题，卒使助手和助手的助手都瞠目不知所对。例如:“太古轮船的大餐间,从上海到芜湖,票价几何？”为此我二人都傻了眼。

“大维，”一次我问他，“你老婆为什么要写小说？”

那时是 1951 年啊，在纽约写中文小说有屁用？

“我们要译成英文，然后拍电影嘛。”大维认真地说。

“好莱坞要替你老婆拍电影？”我不免认真地吃了一惊。“谁替她翻译呢？”我又追问一句。

“赛珍珠嘛。”大维微微地笑一笑，又说：“赛珍珠鼓励她写自传式小说，然后翻译出来，拍成电影。”

“赛珍珠，那位诺贝尔文学奖得主，替你老婆当翻译？”我几乎把茶杯打翻。我又问：“你这位老婆是谁？”

“她是个电影明星嘛。”大维又笑一笑。

“哪个电影明星？”我立刻追下去，“白杨？白光？”

“她是王莹。”大维回答得很平淡，但显然有点得意的味道。

“那个演《赛金花》、和蓝苹抢主角的王莹？”

“……”老谢未答腔，只是傻笑。

在下是个守不住秘密的人。不久 David’s wife 是个中国电影红星的新闻便传遍全馆。我们的女上司和保罗、玛丽、亚蜜达等小鬼，也都嚷着要一睹风采——他们还未见过中国的电影明星呢。

但是我们这位老谢总是神秘兮兮的。他金室藏娇，连我也不让见一见——但生性好奇的鄙人非得见她一下不可，因为他们就住在另外一条街上，相去咫尺。

一次散工之后，我忽然瞥见他夫妇二人自哥大校园经过。机不可失，三步两步我便追了上去，并大叫：“大维、大维……”

这一下大维不得已停了下来，总算把“汤姆”向“赛金花”介绍了一下。

王莹和我微笑握手，并稍表歉意地说，她早该请我到谢家便饭：“……您是和赓这样好的朋友嘛……”

我把王莹仔细端详了一下。她虽徐娘半老，也并不太美，但倒是蛮可爱的，可是总和银幕上的王莹有点儿不一样。

我又想到《赛金花》在上演时，观众向戏台上丢汽水瓶的故事，心中颇有些异样的感觉，这感觉至今不忘。

他们谢家那时住的是纽约市曼哈顿区西一百十五街。这座房子还在，我现在也还在这栋房子中不时出入。因为这栋名人名居，现在又住入我的一对明星朋友——夏志清和王洞。

大维·谢和“约翰纳三夏”（Johnathan Hsia）一样，二人都很开朗，胸无城府。只是一提起他的老婆，他就神秘兮兮起来。

那时我们都还年轻——一位年轻的“书童”，要去拜候另外一个“书童”朋友的老婆，另外一个“书童”本是无法拒绝的。但是有时要请他二人小酌，甚或喝咖啡，大维不只是婉拒，简直是死活不干，他开门见山的理由便是“你太穷”。

但总算承他的情，他也约我到他公寓喝过一两次短暂的咖啡。至于保罗、玛丽他们，乃至我们的女上司，就无此特权了。

话说大维终因年资积功升迁，也因为他人缘好，我们一起做了两年，他就升级了——从“排吉”（page boy）升成“书写员”（lettering clerk），用白漆在洋书背上写号码。

其时我们的工资是七毛五一小时。升级后，大维就拿八毛了。两个五分钱在那时可乘一趟地铁——所以加薪五分钱也不无小补。

大维不推书车了。他现在有个比电话亭大一点儿的办公房。办公房内除“文房四宝”之外，还有一部只打进、不打出的电话。更奇怪的是，他这个小 office 只有乘书库电梯才能上去。这个只能乘一两人的老爷电梯如失灵了，则大维时常几个小时下不了楼，万一有火警，那真不得了。但是大维对他的小天地却甚为欣赏——这一下他可以真正地隐居了，不时还可接一接老婆打来的电话。

大维调职之后，总馆人事室又送来一位中国同学亨利王来补大维遗缺。亨利是我在沙坪坝的同学，我二人当然也能如鱼得水、阿Q非凡了。

一次我和亨利正推着宝车，在大阅览室内鱼贯而行，忽然看到两位衣冠楚楚的中年白人走到借书台前，说他们要见大维·谢。在我们有经验的眼光里，一看就知道他二人是来自联邦移民局的特务。

“他们是移民局来的！”亨利王说着便停下车子，我也跟着停下，一看究竟。

在借书台上工作的亚蜜达姑娘喜气洋洋地打了个电话给大维，说有两位绅士要见他。不一会儿，大维便乘着电梯下来了。看到这两个特务，他一愣，脸上立刻变了色。

那二人倒十分镇静，但面露凶光，低声而带煞气地说：“我们来自移民局！你跟我们走！”

大维面色惊慌、声调僵硬地说：“你让我上去换件便服好吗？”因为他穿的还是校中的工作服。

这时亚蜜达也慌了，帮着恳求那两位特务说：“大维的办公房就在楼上，你们让他去换件衣服嘛。”

大维这时固然慌作一团，亨利和我也出了一身冷汗——这是幕秘密警察抓人的实情实事，不由得不使你感到阴风惨惨也。

大维上电梯之后，那俩家伙在下面等了半晌未见他下来，再叫亚蜜达拨电话，而电话那边居然没人接——原来我们这个电梯虽“老爷”，它却上通天堂、下通地狱呢。大维换了衣服之后乘电梯直上五楼，那儿有个后门，大维乃自后门溜之大吉。

那两个特务心知有异，一声未响，便匆忙掉头而去。

大维溜走之后，乃径自返回自己的公寓去了。谁知那儿早有两部汽车在等着他，夫人也已端坐车内。大维一到，两个大汉乃自左右挟之登车，两车绝尘而去。

大维和他明星夫人被捕的消息很快便传遍全馆、全校。上下同事为此事都怒不可遏——美国一直都自吹人身自由，也自觉是世界上最具“无恐怖自由”的民主大国，孰知现时现报，当场便表演一出特务抓人的活剧给你看看。

这幕活电影演得太刺激了，馆内美国同事在义愤填膺之余，乃组织一个“大维·谢夫妇后援会”，招兵买马，大家到移民局前去扛牌示威，三大电视台也为此事做现场广播，闹出个偌大的茶壶风波。

我们在电视内看到我们的女上司对访问记者几乎说得声泪俱下，围观的群众也一致痛骂移民局特务是猪仔和法西斯，而移民局发言人则在电视上说他夫妇在美搞共产组织，非驱逐出境不可，各执一词，互不相让。

当谢和赓兄解衣上楼之时，那是我和他见的最后一面。后来的“援谢团”，亨利和我都不能参加，因为我们不是“美国公民”；洋同事们甚至拒绝我们一同上电视——怕我二人“自投罗网”云。

看到“伤痕文学”和李立明君在《传记文学》上所写的有关谢、王夫妇的文章，当年这幕美国特务捉人的活剧顿时重现眼前。

王、谢二人是因“共产”嫌疑而被美国移民局逮捕递解出境的。谁知可怜的王莹回国之后，却惨遭蓝苹的报复与迫害，死得那样可悲！这话又从何说起呢？

谢和赓兄据说现在还健在大陆。他如看到这篇拙作，我想他也许会称赞我这个学历史的未说半句假话吧！

1985 年 2 月 5 日写于纽约市立大学

原载《传记文学》第四十六卷第三期

白马社的旧诗词

重读黄克荪译《鲁拜集》

在50年代的中期，我们有一批以打工为生的文艺爱好者，在纽约组织了一个“白马文艺社”。为表示我们并不“落伍”,所以我们“创作”起来，真是“诗必朦胧，画必抽象”。可是我们那时毕竟“去古未远”,多少还保存了一些“落伍”旧习——有时也谈些旧文学，有时也以旧形式从事创作和翻译。

斯时“落草”纽约，来领导甚至镇压我们这批小鬼的大王，便是胡适之先生，他坚决反对我们以旧形式从事新创作。但是我们这位大王本身也相当矛盾——他一面彻底地反对死文学、旧文学；一面又时常吹牛，说他们搞文学革命时那一伙人（梅光迪、任叔永、陈衡哲，等等）作的旧诗词都很 acceptable（过得去）。他并强调说，如果没有那样 acceptable 的习作水平，批评，甚至欣赏旧诗词，都是很困难的。

受了胡大王打破锣的影响，同时震于胡、梅、任、陈等的盛名，我们白马社里只会做些 unacceptable（要不得的）旧诗词的伙伴们，偶尔写写，就只能躲在“衣橱”里，不敢公开“亮相”了。

如今三十年过去了，重翻白马社当年的作品，再读读目前对旧形式并无习作经验而好以中国旧诗词来和西洋诗歌做比较研究的学人的作品，胡适地下有知，恐怕更会骂他们“王小二过年，一年不如一年”了。

我想适之先生当年的这“一个坚持”——没有习作经验，便很难批评旧诗词（尤其是带有职业性的批评）的见解是确有其道理的。这一点，我想能搞点儿“仄仄平平、平平仄仄”的朋友们都会同意的。

其实我们那时伙计们的诗词，今日再偶尔翻出来读读，我倒觉得他们的作品并不比胡适之、任叔永、陈衡哲他们的作品 unacceptable 到哪里去呢。相差的是他们对文学发展所起的影响，前者太大，后者太小甚至没有罢了，而不是作品本身的艺术水平的问题。

吾友黄克荪译的《鲁拜集》就是个例子。

什么是《鲁拜集》呢？鲁拜（Robaiyat）原是十一二世纪间（中国北宋年间）波斯大诗人奥马珈音（Omar Khayyam，1048？—1122）所写的四行诗（Quatrains）。这个鲁拜诗集，经 19 世纪英国维多利亚诗人费兹（Edward FitzGerald，1809—1883）译出了一部分。费兹本人是诗人，他的重加润色的译笔所翻出来的英译《鲁拜集》可能比波斯原文更美。这样一来，作者以译者传，奥马珈音这位中东作家就晋身世界诗人之列而名满天下，各种文字的译本也就相继出现。

波斯（今伊朗）是个弱小落后的国家，精通古波斯文的外国学者太少了。奥马珈音既然出了名，大家来翻译他，也泰半以“费译”为蓝本。我国新文学兴起之后，青年人赶时髦，也就根据“费译”来从事汉译了。中国第一个翻译《鲁拜集》的，便是那位“创造社”骨干的郭沫若。“费译”既然是润色而译之，“郭译”（1922）就更是为润色而润色了。

这个《鲁拜集》，即是四行诗——第一、二、四行押韵，它简直就和我国旧诗中的绝句差不多。郭沫若的新诗自有其见仁见智的创造体，其旧诗则乏功力，甚为“打油”。以打油旧诗加奔放新诗来译《鲁拜集》，倒是个理想的拼凑。郭沫若本是个“流氓才子”，加以润色翻译（所谓衍译）又没有什么太大的忠实与否的问题——所以有鬼才的郭沫若此译颇为成功。其后国人还有几种译本，都抵不上"郭译"。一直等到黄克荪时代，他才对"郭译"不满（郭氏对"费译"也欠忠实），而要再来个"黄译"。

克荪是我们白马社的四五个发起人之一。他那时才二十七岁，已拿了物理学博士学位，在麻省工学院教书，住在波士顿，时常自波城赶到纽约，来参加我们几个所组织的一个小型朗诵会——他来的目的自然是一石双鸟（有个美丽的女朋友在纽约嘛）。另一个发起人吴讷孙则来自耶鲁，年久了大家都记不清楚，后来心笛写了一篇怀念白马社的文章，就把讷孙和克荪混到一起去了。我最近找出克荪送我的《鲁拜集》，才又想起三十年前的旧侣，一切又如在眼前了。

克荪广西荷城出生，很小就随双亲移民到菲律宾去了，是个不折不扣的小华侨。他后来到美国读物理，是位拿奖牌的高材生，留在MIT教书。但是他性喜文艺，所以就和我们这几位"企台文人"合伙了。

他那新译的《鲁拜集》，用的是"七绝体"，1956年在台湾出版。在那个"沙漠"年代里，我不记得有什么书评提到过。那本自费付印的小书全是我们那小伙儿"自斟自酌"的小出版品，"唱戏抱屁股，自捧自！"我们几个小喽啰自己认为"黄译"比"郭译"好！

郭沫若那时正在大做其"机内机外有两个太阳"，好不神气呢！

我现在无意中自乱书堆里找出克荪三十年前送我的小书，我也无意再来个"唱戏抱屁股"，替他补写个"书评"。我只觉得这是一本很好玩的小书——它代表我们那个时代写旧诗词的水平不是什么acceptable，但也不是什么unacceptable。

旧诗与新诗不同。旧诗的好坏，是有其一目了然的"客观标准"的，不像新诗，它的好坏，有时要靠"投票选举"。

以下是黄译《鲁拜集》中我所爱读的几首。抄出来，请同好把玩：

鲁拜集题诗三首

草缘花红夏又深，满天星斗读珈音。
赤蛇头对苍龙尾，指点微茫天地心。

结楼居士最多情，重谱波斯古笛声。
伊览一城花似雪，家家传诵《可兰经》。

留得诗心伴玉壶，珈音仙去酒星孤。
一千年又匆匆过，生死玄机解也无？

译诗十四首（选自全集一〇一首）

醒醒游仙梦里人，残星几点已西沉。
羲和骏马鬃如火，红到苏丹塔上云。

不问清瓢与浊瓢，不分寒食与花朝。
酒泉岁月涓涓尽，枫树生涯叶叶飘。

闻道新红又吐葩，昨宵玫瑰落谁家？
潇潇风信潇潇雨，带得花来又葬花。

一箪疏食一壶浆，一卷诗书树下凉。
卿为阿侬歌瀚海，茫茫瀚海即天堂。

玫瑰周遭向我开，嫣然浅笑更低徊。
“看侬一解柔丝蕾，红向千园万圃来。”

红花底事红如此，想是苌弘血里开。
一地落英愁欲语：“当年曾伴美人来。”

为卿斟酒洗尘缘，莫问明朝事渺然。
我便明朝归去也，相随昨日七千年。

地狱天堂说未真，恒恒贤哲几多人。
玲珑妙口今安在？三尺泥中不复闻。

辜负高人细解蒙，希夷妙语未全通。
此心本似无根草，来是行云去是风。

浩浩天门瞬息开，千秋蝼蚁浪疑猜。
云山几度成沧海，造化红尘游戏来。

曾司北斗与招摇，玉历天衡略整调。
纸上淋漓纵醉笔，勾除昨日是今朝。

碧落黄泉皆妄语，三生因果尽荒唐。
浊醪以外无真理，一谢花魂不再香。

天赐人间自在身，形骸放浪是元真。
此生哪有他生债？未向苍天借一文！

弯弯壶嘴似蛾眉，手做泥壶为阿谁？
随手捏成随手碎，到头还是一堆泥。

（《瓮歌集》选一首）

1985年7月7日于北美洲

原载《传记文学》第四十七卷第二期

知客和尚的“十一字真言”

集图像、印象、半抽象、抽象和无象于一身的卓以玉

诗人（包括中英两文）、画家、说起话来集“京腔”和“苏白”于一口、听来十分甜蜜的卓以玉教授，这次自加州东征纽约，在台北画廊作个人画展。笔者久仰令名，乃搬她到纽约市大亚洲学系作一次公开讲演。我因在幻灯片上看出一张间歇的“空白”，在学生的掌声里，误以为画片已完，实际上还有两张画片未映，开灯稍早，以致讲听双方均意犹未尽，把这场盛会弄得美中不足，真是抱歉之至。

以玉我虽久仰其名，也零星地看过她的画，而看她的全集“个展”，这次还是第一次。细看她的二十几幅精心杰作之后，我对一同前往观赏的友人脱口而出的评语便是她“集图像、印象、半抽象、抽象和无象于一身”。

纽约是深得没底的全世界第一号文艺大城。各行各业的专才，以及欣赏专才的普通市民，往往都眼高于顶——真是阅人多矣。闯闯纽约，谈何容易，尤其是在“热门”之内；而卓以玉所搞的“现代画”就正是热门之一。不信到“疏荷”去看看。那三步一廊、两日一展的盛况，也真是吓坏内行、累坏外行。

自大陆上邓小平的开放政策大行之后，纽约更成为中国文艺专才

外访的必经之道；而我们这些久适番邦的“老纽约”，也就变成了应接不暇的“导游”和“知客和尚”。在我们的客人之中，最感兴趣、最感迷惑、也是游客面前最醒目的一项艺术专业，就是无往而不存在的“现代画”。客人问起，使我们所最穷于解释的，也是它！

怎样来对这些万里外飞来的“游方”、“挂单”之客，于短短的三五小时之内解释清楚这种古怪的“现代画”呢？经验告诉我，最好是把现代西画发展的“通盘经过”来“融会贯通”地“概念化”一番，然后提纲挈领、简单扼要地讲出它的历史背景来，使好奇的游客来个“顿悟”。我的“概念化”的办法，便是提出个“十一字真言”：图像、印象、半抽象、抽象和无象。

为解释这“十一字真言”，我想最好能找出个个人画集——尤其是一位受现代西画训练的华裔画家的画集，作为我的“现代画导游示范”。这次看到卓以玉的“个展”，不禁为之大喜，她如果出个画集，便正是我所需要的示范之作。

以玉在50年代中期，曾和我的朋友心笛在纽约一起学画，可惜那时我们缘悭一面。当时她们这批青年画家学西画，是把已有一百多年历史的西洋现代画从头学到底的——这一点是华裔（尤其是说华语的华裔）画家的特点（西裔学画往往一出手便开门见山，从某宗某派开始）。所以这批华裔画家一旦成名，他们的个人画集，便显示出近百年西画从“印象”到“无象”的整个发展的轨迹——卓以玉的画便是这样的。

我这位“知客和尚”的“十一字真言”又作何解释呢？这里得简单说明一下。

人类画画自三五千年前初民岩穴壁画开始，到齐白石、张大千，画的都是“图像”（pictorial），也就是具体的“象”。有许多东西，本不存在，如龙凤、神鬼等，但是画家都会创造出个具体的图像来。

有些本有其具体的“象”，但这“象”早已在人们的记忆中消失，如孔子（现在我们的孔像是唐朝吴道子捏造的）、耶稣、荷马、圣母、关公、观音菩萨……但是早期的画家也都把他们“造”出个“象”来。这个“象”，后人也就视为当然了。前些时候，罗马教皇曾看到“耶稣显圣”——耶稣站在他床边，向他注目。他老人家就未想通，他所看到的耶稣，原来是艺术家的耶稣；真的“我主耶稣”，恐怕还不知道呢！

以前欧洲某圣地也有三千朝山仕女集体看到圣母在云端“显圣”的千真万确的故事。奇怪的是，这位圣母也是早期画家笔下的圣母——真圣母是什么样子，谁也不知道。

我国以前有些修炼的道士也曾千真万确地看过“关公显圣”，也是同样的道理——我们真不能小视画家。

所以，一言以蔽之，中外一理，千年古画，画的都是些存在或不存在的“图像”。大家大同小异地一画画了数千年，到法国大革命以后的巴黎国家画院时期，图像是登峰造极了。那时他们“院士”们所画的，真是 20 世纪 80 年代的彩色照相也不过如此而已。

可是物极必反。到 19 世纪中叶，巴黎画坛便起了“文化革命”，一批青年画家开始向传统造反——他们一反传统“图像”的画法，要把大自然中一瞬即逝的风月禽兽人物之美留下其“印象”（impression）。用句中国名词来解释一下吧，如画家画他对“平沙落雁”的“印象”，其美不在一两只落雁的姿态，而在万只落雁、在平沙、在夕照、在风声、在月色……怎样把这个“印象”画下来，就是所谓“印象派”（impressionism）了。

“印象派”初起时，曾受到冬烘的“院士”们的镇压和“肃反”，但是他们的革命毕竟成功了。

这是西画“现代派”响亮的第一炮。

卓以玉的画集中，也以“印象”为多，如《云林》《静观》《天抹微云》等，都是学的这一派，段数甚高。

“印象派”滥觞的结果，就必然走向没有具体图像的“抽象”（abstract）了。印象而杂以抽象的过渡期，便发展出“半抽象”（semi-abstract）来。以玉送我一幅画，她问我要哪一种，我说“半抽象”——结果我选了一幅《逸香》。

在“印象”、“抽象”之间的“半抽象”是人类“视觉艺术”（visual arts）自“图像”中解放出来的初期产品。彻底解放，那就干脆走向“无象”（non-objective）了。

绘画进入这个“无象”阶段，简直就和音乐合流了。现代音乐便是以音符绘出的“有声无色的图画”；而“无象”的现代画，则是用颜色和线条谱出的“无声有色的音乐”——两者皆是人类美感表达中的阿姊阿妹。毕加索、德·库宁晚年都升华到这一境界。晚近的“新表现派”（Neo-Expressionism）则又是这一境界的轮回反应。

卓以玉的画基本上是西方现代画。但她毕竟是一位在中国成长的艺人，她舍不得，也不可能背弃她自己的民族传统。她又是“林二哥”的崇拜者。她那幅“无象”之作“唵嘛呢叭咪吽”，“画”的干脆就是佛教密宗的“六字真言”。

以玉天才横溢，方面深广。她的作品正在丰收阶段，艺术前程似锦。谨不揣浅陋，作文以贺之。

原载《中国时报》

纽约东方画廊观画记感

十大画家，永不再有

我的朋友李宗仁（德邻）将军，在抗战之后，出任当时国府主席的北平行辕主任，手握重兵数十万，治下直辖五省三市，真是威风八面，一人之下、万人之上了。可是李公虽官高爵显，但是为人和谦，礼贤下士。那时的平津实是全国“高知”的精华所在，而这些“高知”的精华几乎全是李老总的入幕之宾。李上将在中南海、怀仁堂一带的帝王故宫之内，三日一小宴，五日一大宴，一时斯文翰墨，都被网罗殆尽。大家对这位功高国族而平易近人的上将，也确是心悦诚服，极具好感。

有一次，李氏特备一席盛筵，把当时名满东亚、身居故都的“中国十大名画家”邀于一桌，闲话家常——其时应约而来的计有徐悲鸿、齐白石、傅抱石、溥儒，可能张大千亦在其内——真是集中国艺坛一时之盛。众来宾对主人伉俪的盛情，也确是心感口服。酒酣耳热之余，主人乃着人取来画具，由十大名家即席联合挥毫，完成两巨幅松石花卉的中堂，呈献李德邻将军和郭德洁夫人以为纪念。

斯时、斯地、斯主、斯宾——从任何角度来看，这两幅巨制都是中国画坛的千古杰作，永垂不朽！

至于这十大名家，轮流执笔，何人画松，何人画石，十余年后，李公侃俪在纽约示我，今日我已无法记忆。但我却记得一株花卉上的一只蝴蝶是出于齐白石之手。据郭德洁夫人告诉我，白石是最后执笔之人，他把全画端详了一会儿之后，忽然提起笔来，在一朵花卉上加了一只蝴蝶，笔头只稍稍“点”了几下，为时不过数秒钟。

我为什么把这件小事记得如此清楚呢？原来郭德洁那时也有心学画，她在客人离去之后，把这两幅画仔细看了一下，她嫌白石那只蝴蝶翅膀稍为短了一点，乃调墨润笔，把白石蝴蝶的翅膀加长了一些，使它飞起来更为有劲。

后来李公伉俪隐居纽约时，李夫人无事时乃找了些中国画家如汪亚尘等来教她画一些花鸟虫鱼。一次她兴致很好，乃把当年那两幅中堂取出给我们欣赏，她尤其喜欢谈起她那段“加工”的故事。

我们看画之余，我记得在郭德洁背后，画师汪亚尘先生等，总难免暗暗摇头，嫌他们的“女弟子”把这幅名画糟蹋了。

可是细观两画之后，我却提出不同的看法。

我认为这画没有被糟蹋，相反的，经郭德洁这一“加工”，这幅画反更有韵味了。因为我是学历史的，和他们搞纯艺术的看法又略有不同。

记得我当时曾告诉几位摇头艺人一则故事：

在大唐开元、天宝之际，唐明皇讨了一位美丽而天真烂漫的贵妃杨玉环。那时正值天下缺钱，户部乃奉旨加铸新钱。一次，铸钱局向明皇进呈新钱的蜡模时，正好玉环妃子随侍在侧，她一时好奇，乃用她两个手指把这蜡模捡起细看一遍。她这一捡不打紧，她的指甲乃把这蜡模两面印上了两记“贵妃爪痕”。

这个后来铸出贵妃爪痕的唐代古钱，竟变成古钱收藏家的收藏对象——有爪痕的往往价值巨万，远非无爪痕的所可比。

这一故事可能是后来好事者所编造的，但是纵使是“小说”，这则故事也是很美的。

郭德洁夫人那样一位活生生的美丽而天真烂漫的上将夫人，如今已久眠地下，可是她遗留下的当代中国艺坛无价瑰宝——十大名家的联作——将永留史策，而这幅名画也将因郭德洁的“加工”而更有情调、更具诗意，也更有市场价值。

上述这段小故事可不是笔者编造的。已死的张大千、还活着的汪亚尘，和李公夫妇的众多亲友、部属乃至他们的两位公子，都可作见证的。

李家这两幅中堂，属于“先生”的那一幅，竟为李氏以三百元美金售去;属于“夫人”的那一幅,今亦不知何往。往事如烟,我时常冥想，若有画廊能把这两幅十大名家的作品找出来展览一下，那该多好。我相信出三百元贱价取得李氏那幅名画的幸运买主，现在可能还在纽约，他如能取出这幅国宝来，让我们再多看一眼，在他该是件多福多寿的善举，在笔者该是多么日夜渴慕的眼福啊！

这两幅十大名家合作的精品，今虽下落不明，所幸无独有偶——这次纽约的东方画廊却能选出近百年来中国的十大名家各自的精品来分别展览。当年替李宗仁将军夫妇所联合执笔的十大名家，除悲鸿、白石、溥儒、傅抱石（或许包括张大千）之外还有哪些人，我虽不能记忆，但我敢断定“东方”所展十人之中，有一大半是当年怀仁堂的座上之宾。思往事，感前贤，我这个有历史癖的后生，真对“东方”之展，一往情深，而流连忘返。

我国传统国画之所以可贵，之所以令鉴赏家入迷，其道理正和看传统京戏一样，它有一种古典美，而这古典美的最高表现，已到此为止。今后一切都成了“广陵散”，从此绝矣。

看京戏，我们只能看到“四大名旦”为止。但是京戏正和西方的歌剧一样，它还会继续唱下去的。可是梅郎一死，京戏里就不会再出现个梅兰芳，那是任何京戏爱好者都可肯定的。

何以如此呢?

那是社会学、文化学上重大的问题。寻根究底，那就说来话长了。

国画亦然。张大千和张大千同辈的十大画家或八大画家一死，传统文人画的发展也就“到此为止”了。因为张爰和他同辈的几位杰出的画家，都是“时代的产品”和“社会的产品”。这“时代”、这“社会”一旦过去，这项“产品”也就永不再有了。

传统的京戏世家，他们对唱戏的看法是:一哭、二笑、三白、四唱。唱是四项之中最容易的一项。

画传统文人画亦复如是。通常所谓诗、书、画，而三者之中是“诗难于书，书难于画”。因为国画的上品是“意在笔先”，而诗、书皆以意为主。有图像而无意境，则是工匠之画，非文人之画。张大千说,“除匠气，去俗气”的先决条件是多读书，所谓多读书，便是多读古典线装书。

我们不可否认，今日的社会上仍然有一些未脱俗气的诗人墨客。其所以不能脱俗的原因，便是缺少传统文人的书卷气;而传统的书卷气，则有待乎“诗”“书”的陶冶。不擅传统诗、书而画传统国画,则意境偏低;无意境，则其画则不足观矣。

可是以高度传统诗、书来培养传统意境的社会，已不再有。“东方”所展的十大画家已全是“古人”，和这批“古人”有同样造诣的“今人”也已屈指可数,他们再相率西归,则传统的“文人画”也就寿终正寝了。

读者也许会嫌我危言耸听。请让在下重复一句：上品国画有三绝(诗、书、画),是缺一不可的。后生小子能掌握三绝者,恐怕已不可能了,偶能为之也只是“为赋新词强说愁”的假境界，没有老辈的原始性了。

传统的文人画既不能再有，则“东方”五十幅精品回光返照式的联展，就特别值得我们珍惜了。

“东方”所展的十家是按画家年岁编排的。计有虚谷(朱虚白一幅)(注)、任伯年(六幅)、吴昌硕(八幅)、齐白石(五幅)、黄宾虹(六幅）、陈师曾（五幅）、徐悲鸿（七幅）、傅抱石（四幅）、潘天寿（两幅）、张大千（五幅）。

这五十幅名画——从1894到1981年——包括将近一百年。近百年中国国画名家的代表作，于此一展览中可以一“览”无余，也真是近年海外艺坛的盛事。

不特此也，此一展览会中所选的也是各该名家的“精品”。

就以悲鸿为例吧。徐大师善画马，可是他晚年为着离婚而以画为赡养费时，乃不惜大量粗制滥造，所以弄得劣马成群。我有一位亲戚近年曾在华府一家“车房拍卖”中，以不可想象的低价购了好几幅“悲鸿真迹”。可是其迹虽真，其马则甚劣。而“东方”所展出的却是一幅红鬃烈马。笔者不敏，悲鸿之马的真迹，所见亦不下数十幅，竟没有一幅可以赶上“东方”之马也。他作称是，无法详述。

我未便向“东方”主人追询这五十幅画的来源，然知其经过慎重选剔，货出名门，迨无可置疑者。友人之中或有以悲鸿那幅《嫩寒》为伪作，因其署名笔法不类一般“悲鸿”也。鄙意不以为然，盖此幅实系“神品”。画家口诀是“画松要‘老’，画梅要‘嫩’”。试问吾人所见故宫藏画，历代画梅者，更有“嫩”于悲鸿者乎？就画论画，此幅亦悲鸿画集中之佳作；如为伪作，则此作伪者，亦悲鸿同时人，彼亦自可成家，无待伪托。这与张大千伪制石涛，则不可同日语也。

我国传统，向不以作伪为可耻，有时且以能乱真为荣。故名家作伪，多师古人。名家伪托时人则鲜见，有之则学生冒老师；然师生之间毕竟有段距离，明眼人一望即知，不若此幅《嫩寒》在悲鸿诸作中亦系上品也。

至于署名笔法，尤不足为凭。作伪者第一伪着便是学签原作者之名，未有为伪作而在签名与印鉴中标新立异也。

此五十幅中另一特点，便是画出名家，而鲜见著录。吴昌硕一代宗师，享誉海内外百余年，近年尤为日本收藏家抢购对象。然此次展览八幅之中，用于画册封面之代表作，其题款竟缺书一字。今谨为标出，以博识者一粲。款曰：

一品名花，得春最“早”。
千年卷石，通禅不老。
既不富贵，亦长寿考。

在这一款识中，作者漏写一“早”字。历来鉴赏家未见提及。于此亦可见此画久属私藏，而藏者未以之示人。今日得流传海外，岂“文化大革命”之冲激有以致之欤！？

细赏名画五十幅，观后亦难免悲从中来。

这十家五十幅，历时百年，在当今世界艺坛之上，真是还有比这项展览更了得的吗？但是贤明的读者，你如细看标价，你也就会悲从中来！

想想：我中国文人就这么不值钱吗？

我们试把这五十幅名画的市场价值总额加起来，为数亦不及五十万美金。

算算五十万美金能在今日纽约做些什么呢？买买西画看，那位今日还住在长岛日夜作画的“现代画家”德·库宁，他的一幅涂鸦，就要卖上他三五十、七八十万不等。

想想吧，我们十位不世出的大师，辛勤一百年，作品加起来的总价，竟抵不上德·库宁三天两夜的一幅涂鸦！

再买买房子看吧，五十万元大致可在纽约的高级郊区买一所中等住宅，聊蔽一家四口之风雨。

到大西洋城去看看，那就更不得了。你看那些来自港台的“扬州盐商”们，五十万元往往不足他们为时五分钟一注的输赢！！

想想那位“画高六尺价三千”的郑板桥，再想想那些肯出钱而老郑偏不肯卖画给他们的“扬州盐商”们，也实在太可敬可爱了。

总之，我们中国文人、画家、学者之所以一直惨兮兮、不值钱，这与我们的国运实在有太大的关系。一直挤在“第三世界”里关门做皇帝，一朝走上有头面的国际市场来，自然就惨兮兮，见不得人了。国际市场岂可一蹴而几？

严几道说得好，“托都”(total)不行，“夭匿”(unit)又有什么办法呢？总希望我们海内外“夭匿”多多争口气，把“托都”建设好，则一切自然会水到渠成。

【编者注】朱虚白，清代高僧，法号虚谷，善绘事，安徽歙县人，1824 年生，1896 年卒。

1984 年 11 月 24 日于北美洲

原载《传记文学》第四十六卷第一期

读三老《感逝》诗

顷拜读阮毅成、程沧波、胡健中三丈《感逝》之诗，亦颇有感触。郁达夫，我国现代文学中奇才也，何意竟因失爱投边，为倭寇所戮。三老伤之，余亦戚然。因裁狗尾续之。

狸奴旧孽著新笺，三老相濡亦可怜。终化余情成烈士，讵缘钗断误投边。

柔条可折宁偷折，着意问天哪有天？地下若逢旧诗友，唱酬应自各成篇。

桂棹兰栓同杳杳，孤魂幽魄两翩翩。他年香梦随风逝，飞向南洋哪一边？

此是莺莺第几笺？海隅老丈忆从前。阮郎已赋连三角，胡子何须叹月圆！

［编者按］陈公亮先生逝世前夕，曾将30年代名作家郁达夫前妻王映霞女士远道寄来的问病卡面交阮毅成先生，嘱转赠胡健中先生及本刊编者保存。阮毅成、程沧波、胡健中三先生并赋有诗章，见《传记文学》

第四十四卷第四期。旅美史学家唐德刚教授读后有感，步三老韵和之。

原载《传记文学》第四十四卷第六期

《浅探》的浅探

朱文长著《唐诗浅探》读后

这已经是二十多年前的事了。

一次，一位多情的中国留美学生向一位祖国外交官的千金求爱。在一封缠绵悱恻的情书里，他引了两句唐诗："春蚕到死丝方尽，蜡炬成灰泪始干。"

谁知道这位收信的小姐，幼小去国，普通的白话文她还可以勉强对付，碰到唐诗她就有困难了。但是她也理解到这两句诗是这封情书的高潮，但她并不解诗中意，未免太遗憾了。她找了两位来自港台、中文比她好的女同学帮忙翻译。无奈这两位女青年也爱莫能助。不得已她只好把这封信拿到她就读的大学里的中文班上去请教老师了。

这位老师原来也是该大学的研究生。他细读之下，当然认为这是一封情书佳作，也是他班上最好的实际教材，因而在全班细心研读全文之后，老师开始为这位迷惘的情人讲解唐诗了。

他说，唐朝（618—907）是中国诗歌的黄金时代，而唐朝的诗歌又可分为初、盛、中、晚四大阶段。上述"春蚕"这首诗呀，是属于第四期、晚唐大诗人李商隐的杰作。商隐生于813年，殁于857年，只活了四十几岁。但是他却是中国情诗的圣手。这两句诗在中国知识分子之中真是无人不能背诵，写得实在太美了！

“老师，”这位女学生仍不得其解地问道，“这两句诗究竟应怎样翻译呢？”

老师说：“你知道‘蚕’吗？”

“Silkworm.”全班同学不约而同地替她回答了。

“对了，”老师说，“silkworm 肚子里有胶质，这胶质从它嘴里一条条地吐出来，就是丝了。这个蚕，慢慢地吐，慢慢地吐——一直把丝吐完，吐到它死掉为止……”

“丝吐完，它并没有死啊！”原来这一班学生都是读过生物学的，知道蚕吐完丝要变蛹，蛹还要变蛾，蛾还要结婚，婚后还要生孩子……前途无限，以后蛾的家庭生活还有得过呢！中国人不懂科学，就说它死掉了，真是胡说！大家不服，所以全班都和老师争辩起来。

“这是情诗嘛！”老师说时抓抓自己的头，“写情诗，就当它‘死掉’才能感动人！”

“No!”这位收情诗的小姐大不以为然。她说：“谈情说爱多美好，为什么一定要‘死掉’才能感动人呢？……哦！我最怕进殡仪馆！”

“我也最讨厌说什么‘死呀！死呀’的，”另一位女同学也响应地说，“我才不要读这样的情诗呢！哼！”

她这句话，显然是代表全班学生说的，大家一致同意。

“下一句又说些什么呢？”另一位男学生总算替老师解围，把目标转移了。

“在第二句里，”老师说，“他自比蜡烛。”

这句话又引起了全堂的哄笑。

老师连忙解释说，中国蜡烛没有美国货好，一燃起来就如丧考妣，热泪横流。

“他说他爱你，”老师又补充着说，“爱得像一支中国蜡烛一样，他不到粉身碎骨，他想念你的眼泪永不会流干的！”

“他想念我！？”收信的小姐又感到奇怪了，“他想念我，为什么一定要哭呢？——方头大耳的男人！”

“中国人嘛！”老师尴尬地说，“中国人谈恋爱就要哭。”

“Ah，no!”全班又不约而同地齐声抗议。

“你们中国人谈恋爱一定要‘哭’吗？”一位金发女学生低声问她邻座的黑发女郎。

“只有他才要哭呢！”那收信人把她的情书举出来，在空气中一划。这时正好铃声大作，下课了。

这一课“唐诗”总算无疾而终。铃声虽然替中国式的爱情宣判了死刑，铃声也拯救了为着师生异趣、讲唐诗讲得难以收场的青年老师。

上面所说的这位青年老师当然不是朱文长，但是朱文长却是他的平辈，他们同是第二次大战后在美利坚的大学里教洋学生欣赏唐诗的拓荒者。他们在以英语教授唐诗的班上，都替写情书的中国同学帮过忙。朱文长教授不也是为帮忙解释唐诗名句“此物最相思”而伤过脑筋的吗？所以他们在文曲星的账簿上所积的阴功，差不多是一样的；他们在以英语讲解唐诗上所遭遇的困难，也大致相同。

中国是个诗人的国家。以前中国人做诗，又往往要说“诗必盛唐”，唐诗的确是中国的诗学正宗。不谈中国诗则罢，要谈，则必自唐诗始，然后再向前后延伸。所以一千多年来，单是谈唐诗的书，便可独自成立一个大图书馆，真是插架琳琅、汗牛充栋！可是这些专攻唐诗的诗人、诗评家、诗话作者等，几百年来，谈来谈去，也谈不出太多的新花样。

清朝乾隆年间《四库提要》的编辑们便把中国传统的诗评家分为五大“例”，每个例子举一人为代表。他们说南朝梁代作《诗品》的钟嵘，“第作者之甲乙而溯厥师承，为例各殊”；唐朝的和尚皎然所作的《诗式》，是“借陈法律”；和皎然同朝代的《本事诗》的作者孟棨的方法是“旁采故实”;宋朝刘攽所著的《中山诗话》和欧阳修所写的《六一诗话》,“又体兼说部”。除此之外，元、明诸儒，多不足论，所以他们认为传统中国文学批评里，“后所论者，不出此五例中矣”。

纪晓岚等这批乾嘉学人，把古今诗评就这样“五例”带过，虽多少有点武断，但是目录学者们如仔细查查，从钟嵘到王国维，大家所谈的，实在也跳不出“五例”太远。这就是传统中国诗评学的范围。纵有一枝红杏出墙来，也不会出得太多，因为它的根总归是在墙内啊！

这个中国传统由中原传到高丽，由高丽传入日本，南向则传入安南。这些邻国的骚人墨客虽然已不是“唐人”,但是对唐诗的研究,瓜不离藤,他们也摆脱不了我唐家香火。

本来，任何文人、思想家、哲学家……一般都跳不出他们自己的文化传统。文化传统是如来佛，文人学士只是些孙悟空。孙悟空如跳不出这个手掌，则齐天大圣的天地，仍然不过是一片巴掌而已，不论如何神通广大，腾云驾雾，他始终也不过是个巴掌里面的圣人罢了。

近百年来，时代不同了，“孙悟空”的天地变得广阔多了，他竟然能从“如来佛”的掌心跳到另外一位“佛祖”的掌心去了。跳出之后，果然耳目一新，近六七十年来留学归国的博士诗人们，真是成筐成篓的。旨哉易卜生，欷欤浮士德；上通廊庙，下及普罗……僵了千多年的诗评学，因而进入了一个崭新的时代。我国古代的诗人，也在新批评家的眼光里换了新装。杜子美、柳宗元都换了工人衣；温八叉、柳三变却穿起了资产阶级的燕尾服。同样的一群诗人——容我说句洋话——在不同的时代和不同的角度里，都显出了不同的“透视”(perspective)。无疑的，这是中国文学批评史上一个划时代的进步，它总算在“孔家店”所出产的“头巾”之外，又找到几顶“洋帽子”来戴戴了。

这些原是当年海外留学归来的新文人对我国诗评学流变中的最大

的贡献。可是吾人如仔细翻翻这批时髦的爷们的著作——从早期的胡适、周作人到晚近在港、台、北美搞“新批评”的哥儿们、姐儿们——他们给予我们读闲书人的印象是大同小异的。笼统地说一句，他们都是在欧美现行的文艺思潮激荡之下，为求变而变。这种求变之心，正和美国孩子们的剃头一样：嬉皮一来，大家都跟着做长毛，把巴伯（barber），理发师饿死算事；暹罗国王驾到，大家又把脑袋剃得精光，让青色的和尚头在春风里荡漾。为变而变的本身就是目的。胡适之先生说他自己在文学上求变的经过是“逼上梁山”。但是如果我们把“诗学革命”这件事仔细地拆开来看看，这位“但开风气”的大师实在是“自愿落草”，围剿他的人，也是他“落草”以后才惹起来的，“逼上梁山”云乎哉？

最近读闲书，又读到老朋友朱文长教授的《唐诗浅探》。细读之下，我觉得文长这本书倒是一本名副其实的“逼梁上山”的作品，一部能打破旧框框而又没有掉入时髦俗套的好书。作者“浅探”唐诗，原本也是从“五例”出发的，但是“五例”显然不能满足他的有特殊背景的要求，所以他才“红杏出墙”，搞出个“六例”来。这本小册子，我们骤然看来，不过是老生常谈，细读之下，才觉得它特别有新义，真是“周虽旧邦，其命维新”！

笔者说这句话，并不是要把我的朋友朱文长捧出来，“骑在人民头上”，说他“文起八代之衰”；我只觉得他这个“浅探”，却给唐诗做个新透视，而这个新透视是作者以洋文教洋人读唐诗这个特殊经验所逐渐培养出来的。他这个特殊经验，是我国近千年来，自欧阳修到王国维，所有的传统诗评家所未尝有的。根据新经验、新灵感做新透视，这便是这本小册子之所以能不落俗套的基本动力——这也是作者在千百本“深探”唐诗的著作之外，还要来“浅探”它一下的“正当理由”（justification）。

年前笔者路过李白纪念堂，不觉也“口占”了“来来往往一首诗”。我说李大师，“未见红尘十丈起，亏他犹自做诗仙！”做仙人要腾云驾雾、白日飞升，青莲居士连小飞机也未坐过，终日坐地喝酒，怎能成仙？余小子是乘飞机来的，当然飞机是给我们这些“来来往往”的“张打油”白坐了。李太白如果也能和我们一样,在三万五千尺高空“举杯邀明月”一下，那该多好！所以我们虽无古人之才，古人也没有我们今人坐飞机的福气。同样一座山，坐牛车去看和坐飞机去看，是不一样的；文长之所以能跳出旧框框，便是他在乘坐牛车之后，再乘坐飞机，又去看了一遍，倒不是因为文长之才一定要超过欧阳修、袁子才！

我们现代人谈古典文学，当然也有不如古人的地方——不是我们资质比古人差，而是我们没有古人研究古典文学的基本功。记得小的时候，老师要我背《孟子》，我反抗。被舅舅知道了，舅舅说:“你《孟子》还不愿背,我们以前还背小注子呢。”胡适之先生也告诉过我,他还能“背‘四书’的小注子”。笔者的“四书”永远未读透，就是因为我没有“背小注子”的基本功。

研究乃至欣赏旧诗词也要有一套基本功。俗语说：“熟读唐诗三百首，不会吟诗也会吟。”真正欣赏唐诗，一定要把唐诗读得多、读得熟，这就是了解唐诗的基本功的基本功。胸有数百首唐诗作“基本队伍”，然后再旁求其音韵、法律、异同、流变……如此再进一步求其运动化、正规化、西洋化、现代化……则无往不利。否则,像我辈浏览了一两本《唐诗合解》一类的书，再在洋教授要求之下读了几本“新批评”，然后就认为可以合二为一,《全唐诗》的精义皆在我几席间矣！这就有点儿不知天高地厚了。

《浅探》的作者是一位基本功相当深厚的诗学教员，他积四十年之经验，把他那套功夫的心得，用一种“卑之无甚高论”的现代语言传授出来，让读者也能跟着他来练一点——人人可练、但很多当代文士却不愿练也不知如何练的小功夫。有这点小功夫，谈中国传统诗歌便是槛内人；没这点小功夫，则是门外汉。诗界高手们也告诉过我们，内行和外行之间的距离并不大。但是就因为这点小距离，行内和行外却形成截然不同的两个世界。内行对外行是完全了解的,外行却永远不能了解内行。因而有许多才气极高、资质极好、读书甚勤的文人学士——尤其是在所谓留美学人这个小圈圈之内——往往就因为一窍未开，而做了一辈子外行而不自知；有时且难免在洋场出些不必要的洋相，这实在是一件可悲可悯的憾事。文长这本小册子的最大功用，据笔者看来，就是它能用我辈所通行的言语，来帮助我辈外行开此一窍。

当然，练点儿基本功来开一窍的办法，并非文长的独得之秘。和他同行教唐诗的还有一位家喻户晓的“林黛玉教授”，她也教导她的学生从练点儿容易的基本功做起，来开此一窍。

且听“黛玉教授”是怎样讲的：

> 且说香菱见了众人之后，吃过晚饭，宝钗等都往贾母处去了，自己便往潇湘馆中来。此时黛玉已好了大半了，见香菱也进园来住，自是欢喜。香菱因笑道：“我这一进来了，也得空儿，好歹教给我作诗，就是我的造化了！”黛玉笑道:“既要学作诗，你就拜我为师。我虽不通，大略也还教得起你。”香菱笑道：“果然这样，我就拜你为师。——你可不许腻烦的。”黛玉道:“什么难事，也值得去学？不过是起承转合。当中承转，是两副对子：平声的对仄声；虚的对实的，实的对虚的。若是果有了奇句，连平仄虚实不对都使得的。”香菱笑道:“怪道我常弄本旧诗，偷空儿看一两首，又有对得极工的，又有不对的；又听见说‘一三五不论，二四六分明’；看古人诗上，有顺的，亦有二四六上错了，所以天天疑惑。如今听你一说，原来这些规矩竟是末事，只要词句新奇为上。”黛玉说：“正是这个道理。词句究竟还是末事，第一是立意要紧。若意趣真了，连词

句不用修饰，自是好的；这叫作‘不以辞害意’。”香菱道：“我只爱陆放翁的‘重帘不卷留香久，古砚微凹聚墨多’，说得真的有趣！”黛玉道：“断不可学这样的诗。你们因不知诗，所以见了这浅近的就爱。一入这个格局，再学不出来的。你只听我说：你若真心要学，我这里有《王摩诘全集》，你且把他的五言律一百首细心揣摩透熟了，然后再读一百二十首老杜的七言律；次之再把李青莲的七言绝句读一二百首。肚子里先有了这三个人作了底子，然后再把陶渊明、应、刘、谢、阮、庾、鲍等人的一看，你又是这样一个极聪明伶俐的人，不用一年工夫，不愁不是诗翁了！”香菱听了，笑道：“既这样，好姑娘，你就把这书给我拿出来，我带回去，夜里读几首也是好的！”黛玉听说，便命紫鹃将王右丞的五言律拿来，递与香菱道：“你只看有红圈的，都是我选的，有一首念一首。不明白的问你姑娘；或者遇见我，我讲与你就是了。”香菱拿了诗，回到蘅芜院中，诸事不管，只向灯下一首一首地读起来……（《红楼梦》第四十八回）

以上这一大段，便是“林教授”替她的“学生”所上的欣赏唐诗和习作旧诗的第一堂课。不过她的学生香菱和我们今日的学生比起来，应该算是高班研究生了，因为她至少对做旧诗的最起码条件——平仄四声——的认识已不成问题，不再要老师去耳提面命了。

文长说：“唐诗里的律诗、绝句，也就是所谓近体诗，才是唐人超越古今、突出的成就。”同时他认为：“唐诗之所以超越前代，一大原因就是掌握了平仄声的和谐。”他又说，“因为近体诗已经驾驭了中国语言四声的特色，而发挥其最美的配合，这种最美的配合就是平仄两声的和谐。”

照文长的看法，不谙平仄的不但不能作旧诗词，甚至也不能了解旧诗词美在何处，当然更不够资格来批评旧诗词了——不管他搞的是新批评还是旧批评。

近代反对甚至“恨”近体诗、尤其是律诗的人，要算是胡适之先生了。但是他也认为，在音韵上没有入门的人，不能谈旧诗；音韵入门而在旧诗词习作上程度太差的，也不能批评旧诗，因为手太低的人，则眼就不可能太高。眼不够高，还谈什么批评呢?

对旧文学有相当基本训练的“古人”，当然就不会发生这些“稍息，立正”的问题。“林黛玉教授”就没有为平仄的问题伤过脑筋，因为她的学生虽然是位姨太太，而这位姨太太却深谙平仄，不需要从“稍息，立正”搞起。

朱教授在他的文章里一再提到，了解唐诗“谈何容易”。这是他老人家以教授学者的身份钻牛角，所以愈来愈没有底。笔者这个普通中国知识分子，倒觉得唐诗没啥神秘，因为唐诗原就是普通中国知识分子生命中不可分割的一部分，试问哪个中国知识分子不能“哼”两句唐诗?不能哼两句的知识分子，他头上也加不了“中国”两字了。

有一次，笔者在一个华侨学生的集会里，以英语询问他们：“你们小时候读过‘床前明月光’这首诗的，举起手来看看。”出乎我意料，竟有一半学生举手，而举手者，竟有许多不会说中国话（国语或任何方言）的。

笔者的两头“小犬”，中国话也说得别别扭扭。但是他二人和他们父母一样，两三岁时就会背诵“床前明月光，你是地上霜，我不是地上霜”了。“床前明月光”是8世纪大诗人李白（701—762）的名句，两三岁的中国孩子就能琅琅成诵，这在其他任何国家里都是不可想象的事。

中国人两三岁就开始读唐诗，愈大当然读得愈多，等到他大到能写情书的时候，难免也就要“春蚕到死，蜡炬成灰”地利用唐诗去向情人求爱了。所以唐诗实在是我们中国人精神生活上不可分割的一部分，

“哼唐诗”也是“中国知识分子”这个复合名词的诸条定义之一。有文学天赋或爱好诗歌的东方人,有时就更要“熟读唐诗三百首”了;既然“熟读唐诗三百首”,有时也就“不会吟诗也要吟”了。吟得好的,就变成了诗人;吟得欠佳的,就成为“张打油”了;“打”得“平仄和谐”也可琅琅哼出;“打”得平仄不调,那就荒腔走板了。朱教授说他的“中国朋友”“有雅兴提笔写几句”,但当其“得意地出示新作时”,又“对平仄没有研究”,就是上述这个历史规律的辩证发展!因而这个“对平仄没有研究”的“近体诗”如今就遍布于大陆、港、台、南北美洲的所有的中西文报刊!

但是这并不表示“对平仄没有研究”的就没有“诗才”;或者相反的,对平仄有研究的就不“打油”、就不“酸”。只是平仄和谐的旧诗可以哼;平仄不和谐的,就哼不出来。既然作“哼不出来的诗”,那么就作点余光中的“无韵诗”(blank verse)或冯玉祥的“丘八诗”好了,何必抱着旧诗体裁打滚呢?

本来嘛,“今人作诗宗李杜,李杜当日又宗谁?”李、杜本不必宗。但是吾人如既宗李、杜,当然是对李、杜的体裁有“偏好”;既对李、杜的体裁——近体诗、律诗、绝句——有偏好,那么学学李、杜的“平仄和谐”,不是很应该的吗?

其实,一般“不谙平仄”的诗人和诗评家,不是他们“不能”,而是“不为”;事实上也不是“不为”,而是“不知”——自己不自觉!自己不自觉的道理,也是因为无人指点,也无书可看。

现代中国人已逐渐走上工业化社会的忙碌生活,人们各忙其忙,谁又有空来找个“林黛玉教授”来指点作诗呢?不经指点(有时也是为着面子),那就只好“看书”了。可是传统谈音韵学的书籍,却正如文长所说的“高来高去”,愈看愈糊涂。

笔者青年时代便曾选过音韵学大师赵少咸教授的课,这位戴着顶瓜皮帽的老夫子，要我们分辨“一东”、“二冬”发音的不同，说什么“开口呼”、“合口呼”。他老人家以身作则，不知吹断多少根胡子，我这个笨学生到现在还不知道“东”和“冬”的发音有何不同。

文长这本小册子写得甚好，笔者亦乐于撰长文加以推发的道理，便是我觉得作者在“五例”之外，确有一些足称“六例”的心得，而能以“平凡的话”表达出来，不像赵教授那样呼啦呼啦地去吹胡子。

唐诗原是中国知识分子的共有财产，文绉绉的中国知识分子大家都可以背一点——从几首到几百首不等。但是等到一个人背了几十乃至几百首唐诗，人家问他唐诗是什么东西，要他就其要义作二十分钟的演讲，则很少人是不感困难的。朱著这本小册子的好处，便是它辞简意赅，雅俗共赏。一个大学生或中学生，只要能抽出几个钟头来细读一遍，他对唐诗也可像诸葛亮读书一样“知其大略”了。在一个工商业的社会里，大家都忙，谁有工夫去啃与本行无关的大书？读小书，要读其小而有益，则朱著这本《唐诗浅探》实在大大值得介绍。

学富五车、咿唔不离口的诗学大师们，我也劝他们看看这本书，因为这部教洋学生读唐诗的新书，中国文学批评史上尚未多见，读之可涤除土气和酸气。当然，教洋人读唐书的西文著作，今日也汗牛充栋，但那些难免都是写给洋人看的，文长说：“诗本来就‘不可译’。”和洋人谈唐诗，与唐人谈唐诗，味道又自不同。文长这本书是写给唐人看的，有心的唐人真应一读！

说文长的书好，并不是说我百分之百地同意他的看法。例如他谈陆法言的一条，我就不敢苟同。我认为世界上所谓标音，无一而非方言；而把方言标准化的，也无一而非出于少数语言学家的私断。少数人的私断，为多数人所接受，或多数人所发展，为少数人所鉴定，本是彼此影响、相互为用的。中国音韵的发展也跳不出这个公式。

文长说，“可见隋时南北语音业已不同”云云，其实岂但隋时，今时美国——乃至今日纽约市（不谈纽约州了）尚且不同。说美国英语的有所谓“纽约口音”（New Yorkish accent）；纽约市的口音之内，又有所谓“布鲁克林口音”（Brooklyn accent）。纽约市有电台数十家、电话五百万架、地下铁三千英里，交通、通信这样方便的都市，市南市北口音尚且不同，遑论隋时大家各方其言，“少数‘权威学者’用人工假造出来”不是很自然的事吗？

还有我嫌文长这本书“洋味”不够重，因为今日谈唐诗是有其世界意义的，我反对对唐诗无本质上的了解，而搬弄像“新批评”（New Criticism）一类新名词、洋名词来大帽压人。我也认为以单纯的“本土主义”（nativism）谈唐诗亦有其百尺竿头更进一步的必要。文长的千金是耶鲁大学专攻英国文学的高材生，他们父女在文字批评与译述上的合作，已经发出灿烂的光辉。将来日到中天，他们贤父女当会为中西文学的交流做出更大的贡献！

朱文长教授与笔者近年来时常通讯讨论各种问题，有时还会抬点有趣味的小杠子。最近他的《浅探》连载完毕时，承老友不弃，赐我一份，并且不念抬杠之旧恶，嘱我作一序文。作序，笔者自觉不敢，因为那是他们专搞唐诗的专家们的事。笔者对唐诗的了解还停滞在《唐诗三百首》的阶段，何敢不自量力为专家的作品来作序？所以我告诉作者：作序不敢，但我或可写点读后感，因为读后的感想是任何读者都可以执笔的，并不限于专家，所以我就拉杂地写了点感想向老朋友交卷。行外之言，尚乞博君子不吝赐教！

1978 年 9 月 12 日于北美洲

原载《唐诗浅探》，台湾商务印书馆

我的气功经验说

从一泓止水到手舞足蹈

我和气功结缘已有三十年。那是从60年代初美国时兴的一种养生活动“静坐”（meditation）开始的——那时我在哥伦比亚大学当兼任副教授，专任中文图书馆主任。

哥大那时是全美“中国学”中“民国史”这一科的重心。我不但是当时哥大所特有的“中国口述历史学部”的两位全时研究员之一，也是当时全美搜集和整理民国史料的少数专业人员之一，更在哥大研究院教授两门有关的课程。其时我正值壮年，精力旺盛而工作认真，白昼为大学工作鞠躬尽瘁，夜晚为自己的研究工作时常忙个通宵。我和老胡适之先生一样，对哥大这个“母校”真是忠心耿耿。我私人的研究工作是配合着大学的需要设计的，所以我自己的研究工作一半也是大学工作的一部分吧。

记得那时每晚晚餐之后，我都是回到校内研究室工作的，有时迟至午夜一两点还未回家。一次我在午夜之后，还捉到一个偷书之“贼”呢。原来他是一位有精神病的校外研究员，他在书库内睡着了，一觉醒来已是夜半1时。他在这漆黑一团的八阵图内着慌了，乃在书库内乱闯起来。我那时正一人一灯在书库内看书，听到异声，知是有贼，乃关灯夹尾而逃。不顾数寸积雪，我只穿件衬衫，便疾跑至校警室召来四个校警，把他一网成擒。原来他不是雅贼，而是位贪睡的精神病患者。

那时我时常深夜不归，朋友们发现我如此用功，有位朋友曾向我老伴说：“他如此用功，并未‘用’出些什么东西来嘛！”朋友所说的东西，显然指的是著书立说，他不知道我的兴趣是读书。古人说：“读书最乐。”连十二岁的胡洪骍也会说：“我不觉得读书是什么苦事。”正是这种不足为外人道的乐趣。

其时我为大学勤勤恳恳地工作，为自己认认真真地读书，虽无名无利，也倒心安理得。本图“万人如海一身藏”，做个不虞冻馁的读书人。谁知人毕竟是社会动物，在任何社会里你都是藏不了的。你读书、教书、写书、管书……往往都是你的包袱，成绩愈好，包袱愈重。在那同一时期太平洋彼岸被“揪斗”的“白专权威”的遭遇不就是这样吗？他们的罪名是他们的“权威”。我虽非权威，但是遭遇则一，所受精神折磨也是具体而微，大致相同。你为大学尽忠尽孝半辈子，如今拂袖而去和恋栈不去，精神痛苦都是一样的。在精神濒于分裂状态之下，唯一自救之术，便是找一个精神避难所——这个避难所我终于找到了，它的名字叫“静坐”。在静坐中我才逐渐体会了我国古圣先哲的教诲：“知止而后有定，定而后能静，静而后能安，安而后能虑，虑而后能得。”

我对“静而后能安”的体会，真是得其三昧。静坐乃变成我日常生活的一部分。

“静”是一泓止水，在微波不兴的状况之下，进入心安理得之境；心安理得之余，才能对天下事物的本末终始有清晰的认识。

在哥大中文图书馆内我也读了些佛经和道藏，再配合起耶教《圣经》的教义，我发现在所有宗教中“静而后能安”都是他们的共同基础。儒、佛无神，道、耶有神，认识不同，基础则一也。这时我对本师胡适之先生的禅学也感到不足了。胡之对佛，有其知识（knowledge），而无其体验（application）。吾人对“不立文字”之教，只可以“坐禅”来体验之，书本知识，终嫌不足也——我对“坐禅”因而也发生了兴趣。

“静坐”与“坐禅”，方式无殊也，而其内涵则有“止水”、“流水”之别！

“大学之道”近于“坐禅”，这是宋明诸儒体会出来的——其境界则较今日西方时兴的“静坐”又高出一筹了。

在领悟“坐禅”的过程中，我受老友沈家桢先生的影响很大。最近承星云大师之约和他们师徒一道去大陆朝名山、弘佛法，我的体会也很多。家桢先生曾劝我说：“练习‘打坐’，要找个师傅指点指点。”但是我对“打坐”，只觉得它是对修身养性有好处，并无意深入，要把涓涓细流，流入沧海，所以我一直只是个“单干户”的“静坐者”（meditator）。个性急躁而直率，退而省其私的静坐对我自己的修身养性的好处，是说不尽的。

静坐对我说来虽是很好的习惯——尤其是在日常生活和工作宛如救火的纽约市，但我一直没有把静坐和气功联在一起。

我第一次知道点气功常识，是从我的一位妹妹那里听到的。我这位妹妹在 50 年代读大学时是共青团员、中共的狂热拥护者，可是在 60 年代“文革”期间竟然数度被迫自杀未遂，后来在北大荒劳改营内又受尽折磨。在身心交瘁的情况之下，我们兄妹一别二十五年之后再次聚会了。我看她濒于崩溃的身心，真为之痛惜担心。她在 1981 年和我老伴初见时，她这位嫂嫂对她健康条件之坏，也深感惊悸。

一别六年，1986 年我们两家又重聚了。1986 年的妹妹简直换了个人，她健康、活泼，甚至恢复了我对她童年的印象，她嫂嫂也说她比 1981 年的她还要年轻十岁。

我对她说：“邓小平的开放政策，对你真有切身的好处啊！”

妹妹承认“开放政策”是她健康恢复的原因之一，但主要的还是她自己练气功的结果——她在练“鹤翔桩”。这是我第一次知道气功的实效和“鹤翔桩”这个名词。

气功有这么大的功能？妹妹姑妄言之，我也就姑妄听之了。

由于健康的恢复，妹妹便成为气功的信徒。她知道我外强中干，身体上也有许多毛病，如轻性的高血压、耳鸣和一些消化系统上的毛病。她乃不断地送些气功书给我，劝我和她一样变成气功信徒。做信徒我无心也，但是对读闲书却有既定的习惯。我把她寄给我的小册子都在三上（枕上、厕上、车上）读完了。开卷有益，这些“卑之无甚高论”的作品，对我读古书的经验却有很多启发。我对《大学》中的“静而后能安”便想出了新的解释来，甚至对老庄、孟荀、《淮南子》、《抱朴子》等都有了新的看法。以前的注疏家都和胡适之先生一样，只在文字上求解答，而缺乏文字之外的“体验”。

宋明诸儒显然是曾有身体力行的，但是他们很少明说，因此什么“天人合一”等教条，都变成“伟大的空话”；要不那就变成王阳明对竹子去“格物”一样，一辈子也“格”不出什么来；等而下之，就变成了某翁求“正心诚意”，连“昨夜与老妻敦伦一次”也正心诚意出来了。

我读了那些气功小册子，那里几乎千篇一律地谈到恒心、耐心、信心和调身、调息、调心等要点。我根据这些要点，也修正了我一贯静坐的方法。谁知无心插柳柳成荫，我这“修正主义”一来，竟把气功也“修正”到我自己身上来了。

那是1988年7月25日的夜半，也是我的“修正主义”实行数月之后，忽然间觉得头顶一炸，接着全身似乎有亿万只蚂蚁在上下乱爬，周而复始，一时颇为惊慌。随之便想到这或许便是书上所说的“气功八触”之一的“麻”的现象了，乃静心待之。

其后“麻触”渐渐变成经常现象了，静坐着的身躯继之以“微微动摇”，似乎也是书上所说的“外动”了。自此之后，我每日的日记上都把气功现象列为“头版头条”，以记其进度。这“外动”在日记上逐渐由“微动”、“小动”、“中动”、“大动”而及于“狂动”——非以意识控制的“手舞足蹈”。但此一“狂动”虽然不是意识所能控制的，可是我头脑却十分清醒，呼吸缓慢，对这自发的“手舞足蹈”，且有“看你横行到几时”的有趣心情。“狂动”约三五分钟之后乃自动停止，全身端坐如“泥塑木雕”——这四字是我在宋人道学家的笔记里看到的，想不到如今自身亦体验之也。

以上都是气功书上所说的“进度”和“现象”，我自己竟亦无师自通之。据书上言这只是气功的初阶，以后玄而又玄，花样多着呢。不过我个人的本事在目前也就到此为止了——以后是否还可继续前进，学出许多“神通”来，我就无法预言了。

可是到此为止，我已可肯定气功确是很神秘而又可以按步体验的东西，因为我自己的经验便可现身说法嘛。

我没有老师，我的老师就是妹妹送我的那几本小册子。小册子说我不会“走火入魔”的，所以我也就大胆地、有恒心地坚持下去，“以观其变”了。

气功是否对我也有些什么“疗效”呢？我只能说精神好些了。以前工作久了易于疲乏，现在显然是好多了。还有以前冬季时有腹泻，今冬是一次也没有过，而排泄系统畅通。此外还有一些生理现象，如子侄辈告我，面孔上的老人癍也淡减多矣。至于耳鸣和血压，则改善甚少。气功对五脏的影响，似乎远大于对神经系统也。

这是我这位“在家修行”的气功学徒的个人经验，写出来或可得到其他学徒的共鸣——我并且写了一本三百天没有间断的“气功日记”，记录其逐渐发生的现象，也可与其他学徒交换经验的。

原载《传记文学》第五十五卷第二期

“公子哥”和“老板娘”

绍唐兄：

今天收到您寄下的元月号《传记文学》，不免大吃一惊：怎么我那篇《论三位一体的张学良将军》的老文章，蒙兄青睐，又被挖出来刊登了呢？读到文末，您所指出的王海晨、胥波翻译的傅虹霖著的《张学良的政治生涯》，才恍然大悟，原来贵刊是取自该书。那本书在大陆上销了三十万册，但是我那位“得意门生”的傅博士，却坚持不送我一本——因为“错字太多”，“再版时再送老师一本”。今读贵刊载出之文，才真的理解了傅博士不送我一本的道理。你看那拙作上原用的“公子哥儿”词句，统统都变成了费解的“公子哥”了。绍老，您和在下幼年时都做过倒霉的“哥儿”的，谁知道这个“姥妪能解”的老名词，现在大陆上一般青年学者们懂都不懂了。我那个“公子哥儿”显然是大陆的年轻的编辑们改掉的。

还有，我在那篇小文中，也开玩笑地用了一句传奇文学上的通用语，我说：“赵四小姐的痴情，少帅，您生受了。”“生受了”是“四大传奇”上随处都可找到的，而这一昆曲上常用的台词，在皮黄上也被沿用。今日京戏舞台上，不也是时常听到“小生生受了”？可是我那篇拙文上的

“生受”了，却被戴了顶红帽子（一笑）——被加了个“一”字，变成“一生受之”，这就变成词义两变了。这个“一”字，显然也是大陆上的青年编辑们加上去的。“新”文学家们，本来就是不大看“旧”戏的。

我何以把这些有趣的小事都说成大陆上的事呢？这也是经验之谈。有一次我在西安开会，西北大学历史系主任彭树智教授在他的介绍词里把我大大地恭维了一顿。我在答谢时，说了句笑话：“诸位不能听彭老板的话……”谁知我话一出，全场愕然，因为百分之九十的听众竟不知道“老板”是什么意思！他们对这通俗名词已四十年未用了，我这个“老油条”忽然把这“古老的”（？）名词搬出来，“新油条”们就不懂了。在我也愕然之余，有位老教授含笑地向我说：“老唐呀，照我们现在的一胎制搞下去，再过四十年，恐怕连哥哥、弟弟、姐姐、妹妹、叔叔、伯伯、舅舅、姑妈、姨妈、婶婶、嫂嫂、老姑、小姑……全都不知道是什么东西了，还谈什么老板和老板娘呢！”老友这一说，我如大梦初醒。世界上的事，太难捉摸了。“自己”这个圈圈，实在是太小了。自作多情，感叹不尽！

弟德刚上

1989 年 1 月 12 日

原载《传记文学》第五十四卷

“我犯罪了！并无解说。”

向谢扶公与苏阿姨致意

绍唐兄：

今早家中水管不争气，滴滴答答。老婆要我修水管。修了一半，收到你的挂号长信，并拜读谢扶老骂我作“四人帮”的长文。本事不够好，水管还在继续漏，暂时就让它去漏吧，提起笔，立刻回兄一封信。这是懒人的破天荒，然兄有要务也。

关于顾少川先生的稿子，他既有得卖，我就可买到。“学问天下之公器”，我最恨学术商业化，兄既有顾公之诺，管其他“老小子”事呢！弟阅人多矣，“老小子”所知亦多，所谓“家有敝帚，享之千金”，不足挂齿也（编者注一）。

谢扶公骂我之文，乞兄不必顾虑，应该一字不易刊出。此事本是我不对，长者之骂，正志吾过也。自己该骂，就该让人骂。

谢公去岁寄一本诗集给我，说“兄如已有”的话，就叫我转送给殷志鹏。弟对旧诗兴趣仍然很大，但是也是个“室小书多似乱山”的人，我想让我先翻翻再转殷君，这就“拖”下来了，结果惹了扶公“狗血喷头”一场大恶骂，罪有应得，活该！兄还是把它登出去吧，免惹老人不快。务必！务必！

犯了错，要有勇气认错。人家骂，你最好赔不是，不必把“强辩”当“枪毙”，弄得那样紧张。

最近弟与李又宁教授联合请客，那是星期日，想不到我竟然泊错了车，吃了一张罚款单。那单上说：“你犯罪了吗？还是另有解说（可免罚款）？”老婆持票震惊，问我有无“解说”。我取票填入：“我犯罪了！并无解说。”乖乖地送上美钞三十五元，赔个罪了事。弟这样坦承犯罪，在我们安徽土话，叫作“伸直了睡”，不必弯弯曲曲的了。弟已另禀谢公，字写得拳头大一个，因他九十多岁了，眼睛不太好故也。

谢公是位极可爱的老前辈，一天到晚上帝、上帝的，耄耋而有童心，弟对他极其敬重。中国政客如果个个都有谢老十分之一的可爱，中国早就大治了。

谢老的旧诗并不太“灵光”，但他老人家总喜欢“口占一绝”。这也是扶公极可爱的地方之一。

让这样可爱而方方正正的老前辈“骂”两句“四人帮”，也是应该的——何况，其错原来是全在我呢！

据说老年人有火气是寿征，我为老人期颐之庆而祝福。弟对他的冒火，毫无反感。兄如向老人写信，亦乞代致意焉。

一不做，二不休。

干脆再向“骂”我的另一老前辈——苏雪林教授，也“解说”几句（编者注二）。

承兄寄下老人骂我之书，翻之未起丝毫反感。苏梅本是我的阿姨——她是我姑妈的“女师”和留法同学，她的同学之中，更不知道有多少个姑妈、姨妈、婶母、伯母。但是我那些这个妈、那个妈，当年都是一批“小姐”，不像苏梅是个“才女”呢。

现在我这些姑妈、姨妈们都已不在人间了，剩下个苏阿姨，居然还健在台南，我听到她老人家的消息，已经感到很高兴了。让她“骂”

两句，出口老人气，对健康也是有好处的。为着老人的健康，我也是罚票照填：“我犯罪了！并无解说。”三十五块美金照出无误——只要对她老人家健康有好处。

不过苏阿姨也太偏心。她在骂我的书上说我是：“妄诞、疯狂、荒谬、浅薄、轻率、欺诈、下流和轻薄；种种恶德，说不尽、道不完。”这一来好帽子被我这位坏人戴尽了，使我两位“坏人”朋友——湖南“骡子”周策纵、苏州“空头”夏志清，都气得胡子一飘一飘的，因为他二人竟然一顶也未分到。

为使两位老友气平，我原想写一篇叫《向阿姨顶嘴》的小文，把帽子也分一两顶给那两位“坏人”。后来你绍唐先生打电话来说“不必了，不必了”，我也就不想顶嘴了。

我们安徽人有句形容前辈老太太的话，叫“颠倒”——老人家年纪大了，颠颠倒倒。

我什么时候说过我老师胡适之先生是“外黄内白的香蕉”呢——在拙著哪一页？哪一行？别的例子就不必多举了。

向阿姨顶嘴一下，但是想起阿姨“年纪大了，颠颠倒倒”，也就不再多顶了。

我有位学长吴大姐——吴健雄。吴学长一向是对我爱护备至，更从未教训过我一句。这次在一起吃饭，她忽然破例认真地说了几句——说我不应该批评我们的老师胡适之先生。吴大姐举了好几个例子，但是竟然没有一个是我的书上有过的。

吴健雄教授的故事哪里来的呢？

谈笑之间，才知道苏阿姨把骂我之书也航寄了一本给她。吴学长是位科学家，对文史书籍只是偶尔翻翻的，谁知偶尔一翻就翻出“香蕉”来了。其他读者、作者可能也有相同的情况，那又叫我何从解释起呢？

苏梅是我的阿姨，健雄是我的学长，对这二位，我都宁愿“罚款”，不愿“顶嘴”的。不过，无辜地出了三十五块钱，对我这小气鬼来说，心里多少也觉得有点冤枉罢了。

德刚上

1984年4月7日

【编者注】一、“关于顾少川先生的稿子”，系指《顾维钧回忆录》而言。“老小子”为哥伦比亚大学里面的一位主管。

二、苏雪林教授骂唐德刚之书为《犹大之吻》，自费出版。主要是因唐德刚在《传记文学》所写胡适各文而引起的，苏认为对胡有“大不敬”与“重大冒犯”，因而大骂出“手”。

原载《传记文学》第四十四卷第五期